Pesan

Salib

Pesan

Salib

Dr. Jaerock Lee

URIM
BOOKS

Pesan Salib oleh Dr. Jaerock Lee
Diterbitkan oleh Urim Books (Representatif: Kyung-tae Noh)
73, Yeouidaebang-ro 22-gil, Dongjak-gu, Seoul, Korea
www.urimbooks.com

Hak Cipta © 2014 oleh Dr. Jaerock Lee
ISBN: 978-89-7557-892-2 03230
Hak Cipta Terjemahan © 2007 oleh Dr. Esther K. Chung. Digunakan dengan izin.

Sebelumnya diterbitkan pada tahun 2002 ke dalam Bahasa Korea oleh Urim Books, Seoul, Korea.

Edisi Pertama Juni 2007
Edisi Kedua Februari 2014

Diedit oleh Dr. Geumsun Vin
Dirancang oleh Biro Editorial Urim Books
Untuk informasi lebih lanjut hubungi urimbook@hotmail.com

Kata Pengantar

Harapan saya, Anda dapat mengenal hati Allah dan rencanaNya yang ajaib dalam kasih serta membangun fondasi yang kokoh untuk iman Anda...

Pesan Salib telah memimpin banyak orang kepada jalan keselamatan sejak tahun 1986 dan telah memperlihatkan begitu banyak karya Roh Kudus melalui kebaktian-kebaktian akbar di banyak Negara. Pada akhirnya, Allah Bapa memberkati saya untuk menerbitkannya. Segala pujian dan kemuliaan bagi Tuhan!

Banyak orang berkata mereka percaya kepada Allah sang Pencipta dan tahu akan kasih Putra-Nya, Yesus Kristus, tapi tidak dapat memberitakan Injil dengan percaya diri. Pada kenyataannya, hanya beberapa orang Kristen saja yang memahami hati dan pemeliharaan Allah. Terlebih lagi, beberapa orang Kristen terpisah dari Allah karena mereka tidak menemukan jawaban-jawaban yang jelas terhadap pertanyaan-pertyanyaan yang terdapat dalam Alkitab, dan juga tidak memahami akan pemeliharaan baik kasih Allah yang misterius.

Sebagai contoh, apa yang akan Anda katakan jika anda menemukan pertanyaan-pertanyaan berikut: "Mengapa Allah menemptakan pohon pengetahuan yang baik dan jahat dan membiarkan manusia memakan buah dari pohon itu?" "Mengapa Allah menciptakan neraka walaupun Ia mengorbankan Anak-Nya, Yesus Kristus untuk orang berdosa?" dan "Mengapa Yesus adalah satu-satunya Juruselamat?"

Saya tidak dapat mengerti pemeliharaan Allah yang dalam terhadap ciptaan-Nya dan pemeliharaan-Nya yang tersembunyi di dalam salib selama beberapa tahun pertama dalam kehidupan kekristenan saya. Setelah saya dipanggil menjadi pemberita Injil, saya mulai bertanya kepada diri saya sendiri, "Bagaimana saya dapat memimpin banyak orang kepada jalan keselamatan dan memuliakan Allah?" Timbul dalam diri saya bahwa saya harus memahami seluruh kata-kata dalam Alkitab termasuk cara-cara yang sulit untuk dipahami melalui interpretasi Allah dan memberitakannya ke seluruh dunia. Saya berpuasa sesering mungkin dan berdoa untuk hal ini. Tujuh tahun berlalu sebelum Tuhan memulai memulihkan mereka.

Pada tahun 1985, saat saya sedang berdoa dengan sungguh-sungguh, saya dipenuhi oleh Roh Kudus. Dia mulai menafsirkan rahasia pemeliharaan Allah yang telah tersembunyi. Itu adalah Pesan Salib. Saya mengkotbahkan hal ini setiap kebaktian

Minggu pagi selama 21 minggu. Kaset-kaset yang berisi Pesan Salib telah mempengaruhi banyak orang di dalam dan luar negeri. Di mana pun Pesan Salib diberitakan, Roh Kudus bekerja seperti api yang membara. Banyak orang bertobat dari dosa-dosanya dan disembuhkan dari sakit-penyakitnya. Mereka menyisihkan keraguan tentang pemeliharaan Allah dan mendapatkan kebenaran iman dan kehidupan kekal melalui pesan ini.

Jika Anda memahami dengan jelas mengapa Allah meletakkan pohon pengetahuan yang baik dan jahat di Taman Eden, Anda dapat memahami pemeliharaan-Nya terhadap perkembangan manusia dan akan mengasihi Allah dengan lebih sungguh lagi. Selanjutnya, dengan mengetahui tujuan hidup Anda yang sesungguhnya, Anda akan dapat berjuang melawan dosa-dosa Anda sampai pada penumpahan darah, cobalah dengan sebaik-baiknya untuk menyerupai hati Tuhan Yesus Kristus, dan berlakulah setia kepada-Nya hingga ajal.

Pesan Salib akan menunjukkan rahasia pemeliharaan Allah yan telah tersembunyi di dalam salib dan menolong Anda meletakkan dasar yang teguh untuk memiliki kehidupan kekristenan yang baik dan benar. Dengan demikian, siapa pun yang membaca buku ini akan dapat memahami pemeliharaan Allah yang dalam, serta kasih, memiliki iman yang sejati, mendirikan serta memimpin kehidupan Kristen yang berkenan di mata Tuhan.

Saya berterima kasih sebanyak-banyaknya kepada direktur dan karyawan Biro Editorial yang telah memberikan seluruh kemampuannya sehingga karya ini dapat diterbitkan. Saya berterima kasih juga kepada biro penterjemah.

Semoga orang-orang yang tidak terhitung banyaknya memahami pemeliharaan Allah yang dalam, berjumpa dengan Allah yang penuh kasih, dan diselamatkan sebagai anak-anak Allah yang sejati – semua ini saya doakan di dalam nama Tuhan Yesus Kristus!

Jaerock Lee

Pendahuluan

Pesan Salib adalah kebajikan dan kuasa Allah, pesan yang harus dimiliki oleh umat Kristen di seluruh dunia!

Segala puji syukur dan kemuliaan kepada Allah Bapa yang telah memimpin kami dalam menerbitkan *Pesan Salib*. Banyak sekali anggota Manmin di seluruh dunia yang telah menanti-nantikan terbitnya buku ini. Buku ini memberikan jawaban-jawaban yang jelas atas pertanyaan-pertanyaan yang selama ini ada di benak orang Kristen: Seperti apa Allah Sang Pencipta sebelum permulaan dunia dijadikan? Mengapa Allah menciptakan manusia dan menempatkannya di bumi? Mengapa Allah menciptakan pohon pengetahuan baik dan jahat dan meletakkannya di Taman Eden? Mengapa Allah mengutus Putra-Nya yang tunggal sebagai korban penebusan dosa manusia? Mengapa Allah merencanakan pemeliharaan keselamatan melalui salib yang terbuat dari kayu yang kasar? Pertanyaan-pertanyaan seperti ini dan banyak lagi.

Buku ini terdiri dari pesan-pesan yang penuh dengan Roh Kudus yang telah dikotbahkan oleh Pdt. Jaerock Lee dan memudahkan Anda untuk mengetahui dan mengerti betapa dalam, lebar dan besarnya kasih Allah.

Bab 1, "Allah Sang Pencipta dan Alkitab", memperkenalkan Allah kepada Anda dan bagaimana Dia bekerja di antara kita. Melalui Bab ini Anda akan menemukan bukti tentang Allah yang hidup dan menyadari kebenaran Alkitab akan sejarah dan manusia. Bahkan lebih dari itu, teori evolusi akan terbukti salah dan ciptaan Allah adalah benar.

Bab 2, "Allah Menciptakan dan Memelihara Manusia", menyatakan bahwa Allah menciptakan segala sesuatu di jagad raya ini dan membentuk manusia sesuai dengan rupa Allah. Dapat dikatakan juga bahwa Bab ini mengajarkan arti yang benar akan kehidupan manusia dan tujuan Allah membesarkan manusia sebagai anak-anak spiritual Allah yang sejati.

Bab 3, "Pohon Pengetahuan tentang yang Baik dan Jahat", memberikan jawaban-jawaban terhadap pertanyaan-pertanyaan mendasar untuk seluruh umat Kristen. Mengapa Allah menempatkan pohon pengetahuan yang baik dan jahat? Bab ini menjelaskan alas an secara terinci dan membantu Anda memahami kasih Allah yang dalam, pemeliharaan Allah yang misterius yang membesarkan manusia di bumi.

Bab 4, "Rahasia yang Tersembunyi Sebelum Waktu Dijadikan", menjelaskan hubungan antara hukum penebusan tanah dan hukum spiritual mengenai keselamatan manusia (Imamat 25). Dijelaskan pula bahwa semua manusia sebelumnya harus melewati jalan yang menuju maut karena dosa-dosanya tetapi Allah telah menyiapkan jalan yang indah untuk keselamatan mereka jauh sebelum waktu dijadikan. Pada Akhirnya, Bab ini mengajarkan Anda mengapa Allah menyembunyikan jalan keselamatan hingga waktu untuk Dia memilih dan bagaimana Yesus memenuhi syarat untuk kondisi hukum penebusan tanah.

Bab 5, "Mengapa Yesus Satu-satunya Juruselamat?" menjelaskan bagaimana rencana Allah untuk keselamtan manusia yang tersembunyi sebelum waktu dijadikan dipenuhi melalui Yesus Kristus, alasan atas penyalibannya, berkat dan hak –hak sebagai anak-anak Allah, arti dari nama Yesus Kristus, "alasan mengapa Allah tidak ada nama lain selain Yesus Kristus di bawah langit di mana manusia dapat diselamatkan, dan seterusnya. Anda akan merasakan kasih Allah yang tak terukur jika nda mengerti arti spiritual yang terkandung di dalam pesan pada Bab ini.

Bab 6, "Pemeliharaan Salib", memudahkan Anda mengerti

arti yang mendalam tentang penderitaan Yesus. Mengapa Yesus dilahirkan di antara binatang dan dibaringkan di dalam palungan jika Dia benar-benar Anak Allah? Mengapa Dia miskin sepanjang hidupnya? Mengapa Dia dicambuk di seluruh tubuhnya, dimahkotai duri, dan tangan serta kakinya dipaku? Mengapa Dia menderita kesakitan hingga mencurahkan selruh air dan darah-Nya?

Bab ini memberikan jawaban-jawaban yang tepat untuk pertanyaan-pertanyaan seperti di atas dan membantu Anda memahami implikasi spiritual di dalam penderitan-Nya. Segala macam sakit penyakit, begitu pula dengan berbagai masalah seperti kemiskinan, peceraian keluarga, kesulitan dalam usaha, dan lain sebagainya akan diselesaiakan melalui pengertian dan iman Anda terhadaparti spiritual penderitaan Yesus. Bab ini menolong Anda untuk mengetahui kasih Allah yang dalam, mengatasi segala kuasa jahat, dan berpartisipasi dalam alam roh.

Bab 7, "Tujuh Perkataan Terakhir Yesus di atas Kayu Salib", menjelaskan implikasi spiritual tujuh kata terakhir Tuhan Yesus di atas salib tepat sebelum Dia mati. Melalui tujuh kata terakhir di atas salib, Ia telah memenuhi misi yang Ia terima dari Allah Bapa-Nya. Bab ini menekankan bahwa Anda sahrusnya mengerti akan besarnya kasih Allah kepada manusia, menantikan kedatangan-Nya yang kedua kali, dan berjuang dalam pertandingan yang baik dalam pengharapan akan kebangkitan.

Bab 8, "Iman yang Sejati dan Kehidupan Kekal", mengatakan kepada Anda bahwa kita menjadi satu dengan Mempelai Pria, yaitu Yesus Kristus hanya dengan iman yang sejati. Alkitab mengingatkanm kepada orang-orang yang berkata mereka percaya akan Sang Juruselamat Yesus Kristus tetapi tidak dapat diselamatkan pada penghakiman di Hari Terakhir. Alkitab menaruh bobot bukan hanya dengan percaya Yesus Kristus tetapi juga dengan memakan tubuh Anak Manusia dan meminum darah-Nya untuk mencapai keselamatan. Anda dapat memiliki iman sejati yang akan memimpin Anda kepada jalan keselamatan pada saat anda makan tubuh-Nya dan minum darah-Nya. Bab ini juga mengajarkan Anda sifat iman sejati, bagaimana Anda memperolehnya, dan apa yang harus anda lakukan untuk mencapai keselamatan secara utuh.

Bab 9, "Dilahirkan dari Air dan Roh", pertama membahas dialog antara Yesus dan nikodemus. Dialog tersebut telah menyimpulkan *Pesan Salib*. Hatimu harus diperbarui terus-menerus memalui air dan Roh Kudus hingga Yesus Kristus kembali dan Anda harus tetap menjaga seluruh roh, jiwa dan tubuh tidak bercela pada kedatangan Tuhan Yesus Kristus yang kedua kalinya, saat di mana Tuhan menerima Anda sebagai mempelainya yang indah.

Bab 10, "Apakah Ajaran Sesat itu?" menyelediki kesesatan dan membahas pengertian negatif dan yang salah menagenainya. Saat ini, banyak orang salah atau menyalahkan pekerjaan Tuhan yang kuat sebagai ajaran sesat karena mereka tidak mengetahui definisi alkitabiah dari kesesatam. Bab ini mengingatkan Anda untuk Anda tidak menyalahkan atau menghakimi pekerjaan Roh Kudus sebagai ajaran sesat dan menjelaskan artinya, bagaimana Anda membedakan Roh Kebenaran dan roh dusta, dan beberapa aliran denominasi. Pada akhirnya, bab ini menguraikan bahwa Anda harus berjaga-jaga dan berdoa senantiasa serta tinggal di dalam kebenaran agar tidak tergoda oleh roh dusta atau pun pencobaan.

Rasul Paulus berbicara mengenai Pesan Salib, kebajikan Allah, di dalam 1 Korintus 1:18, "*Sebab pemberitaan mengenai salib adalah suatu kebodohan bai mereka yang akan binasa, tetapi bagi kita yang diselamatkan pemberitaan itu adalah kekuatan Allah.*" Setiap orang dapat memiliki iman yang benar, bertemu dengan Allah yang hidup dan menikmati kehidupan kekristenan sepenuhnya saat ia memahami rahasia yang yang tersembunyi di dalam salib dan menyadari pemeliharaan Allah yang dalam terhadap uamt manusia.

Pesan Salib adalah pengajaran dasar hidup Anda. Oleh karena itu, saya berdoa di dalam nama Tuhan supaya anda dapat meletakkan suatu dasar untuk kehidupan kekristenan Anda dan mencapai keselamatan secara utuh dan kehidupan kekal.

Geumsun Vin
Direktur Biro Editorial

Daftar Isi

Bab 1

Allah Sang Pencipta dan Alkitab

- Allah adalah Pencipta
- Aku adalah Aku
- Allah adalah Mahatahu dan Mahakuasa
- Allah adalah Penulis Alkitab
- Setiap Kata dalam Alkitab adalah Benar

"Pada mulanya Allah menciptakan langit dan bumi."

Kejadian 1:1

Allah adalah Pencipta

Saat ini, ada banyak buku yang terhitung jumlahnya di seluruh dunia, tetapi tidak ada buku lain selain Alkitab yang memberikan jawaban secara terinsi dan jelas terhadap pertanyaan-pertanyaan asal-usul diciptakannya jagad raya, serta permulaan dan akhir dari umat manusia.

Alkitab memberikan jawaban yang jelas terhadap petanyaan tentang asal-usul jagad raya dan kehidupan. Kejadian 1:1 berkata, *"Pada mulanya Allah menciptakan langit dan bumi."* Dan Ibrani 11:3 menuliskan, *"Karena iman kita mengerti, bahwa alam semesta telah dijadikan oleh Firman Allah, sehingga apa yang kita lihat telah terjadi dari apa yang tidak dapat kita lihat."*

Tidak semua yang terlihat terbuat dari sesuatu yang sudah ada, melainkan diciptakan dari yang "tidak ada" oleh perintah Allah.

Manusia dapat membuat sesuatu dari yang sudah ada, dengan kata lain, merubah atau menkombinasikan bahan yang sudah ada untuk dapat menciptakan sesuatu. Tetapi ia tidak dapat menciptakan sesuatu dari yang tidak ada.

Tidak dapat dibayangkan jika manusia dapat menciptakan mahkluk hidup. Meskipun ia telah mengembangkan teknologi limu pengetahuan yang sanggup menciptakan komputer intelijen buatan (artificial intelligence/ A.I) atau menkloning domba, ia tidak dapat menciptakan bahkan seekor amoeba dari sesuatu yang tidak ada.

Oleh karena itu, manusia hanya mengembangkan mahkluk hidup dari sesuatu yang telah diberikan oleh Allah, dan menyatukannya dengan berbagai cara. Anda perlu mengetahui bahwa manusia tidak dapat berbuat lebih dari itu.

Untuk itu, Anda perlu tahu bahwa hanya Allah yang sanggup menciptakan sesuatu dari yang tidak ada menjadi ada. Hanya Allah Sang Pencipta yang menciptakan alam semesta, sejarah dunia, hidup dan mati, serta berkat dan kutuk umat manusia.

Bukti yang Membawa Anda untuk Percaya kepada Allah Sang Pencipta

Segala sesuatu – sebuah rumah, sebuah meja, atau bahkan sebuah paku, telah dirancang oleh seseorang. Bensa-banda tersebut terjadi tanpa mengatakan bahwa seharusnya ada seorang yang merancang alam semesta yang sangat luas ini. Seharusnya ada seseorang yang menciptakan dan merwatnya. Ini adalah Allah Sang Pencipta yang berulang kali diberitakan di dalam ALkitab.

Saat Anda melihat sekeliling Anda, ada banyak sekali bukti ciptaan. Sebagai contoh yang mudah, perhatikan jumlah manusia yang begitu banyaknya di muka bumi ini. Dengan mengabaiakan ras, usia, jenis kelamin, status social, dan sebagainya, setiap manusia memiliko dua mata, dua telinga, satu hidung dengan dua lubangnya, dan satu mulut. Walaupun setiap binatang mempunyai perbedaan yang tipis menurut jenisnya masing-masing, tetapi ia memiliki struktur wajah yang sama. Sebagai contoh, gajah memiliki hidung yang panjang (belalai) tapi terletak di tengah-tengah wajahnya. Tidak terletak di atas kedua matanya, di bawah mulut, ataupun di atas kepalanya. Setiap gajah memiliki dua lubang hidung, dua mata, dua telinga, dan satu mulut. Semua burung di udara, semua ikan di laut atau di sungai, memiliki struktur yang sama.

Bukan hanya setiap binatang memiliki struktur wajah yang sama, tetapi semua mamalia memamahbiak dan bereproduksi dengan cara yang sama pula. Begitu pula dengan cara menkonsumsi makanan, yaitu dengan mulutnya dan apapun yang masuk ke dalam mulut kemudian ke dalam perut dan dikeluarkan oleh tubuh. Semua binatang berpasangan dengan jenis kelamin yang berlawanan serta melahirkan keturunannya.

Jika Anda menyatukan factor-faktor nyata ini, Anda tidak mungkin mengatakan bahwa ini adalah sebuah kebetulan atau bukti evolusi diatur oleh "the survival of the fittest." Tidak satu pun dari hal-hal ini yang dapat dijelaskan oleh teori evolusi.

Oleh karena itu, kenyataan bahwa baik manusia maupun binatang memiliki struktur wajah yang sama, cukup untuk membuktikan bahwa segala sesuatu diciptakan dan dirancang oleh Allah Sang Pencipta. Jika Allah bukan satu-satunya Allah melainkan satu diantara banyak allah, mahkluk-mahkluk hidup akan memiliki jumlah organ tubuh yang berbeda serta struktur tubuh dan posisi yang berbeda pula.

Lagipula, jika Anda melihat alam semesta dengan lebih dekat, anda akan dapat menemukan lebih banyak lagi bukti ciptaan di dalamnya. Sungguh mengangumnkan bahwa segala sesuatu di dalam tata surya seperti halnya revolusi dan rotasi bumi bekerja tanpa terjadi kesalahan sedikit pun.

Lihatlah jam pada pergelangan tangan Anda. Di dalamnya terdapat sejumlah besar bagian-bagian yang rumit. Ia tidak akan berfungsi, jika kehilangan salah satu bagian yan terkecil sekalipun. Unutk itu, jagad raya ini dicipakan untuk beroperasi di bawah pemeliharaan Allah.

Sebagai contoh, tidak seorang manusia pun atau bentuk kehidupan lainnya yang dapat terjadi tanpa bulan yang berputar mengelilingi bumi. Bulan tidak dapat diposisikan sedikit lebih jauh atau lebih dekat dari bumi, dari posisinya saat ini. Allah menempatkannya pada jarak yang tepat sehingga manusia dapat hidup di bumi.

Oleh karena posisi bulan saat ini, gravitasinya yang menarik menghasilkan pasang dan surutnya laut. Pasang menyebabkan laut bergerak serta memurnikannya. Begitu juga dengan segala sesuatu di jagad raya dibuat untuk bergerak dengan akurat berdasarkan pemeliharaan Allah.

Mengapa Sebagian Orang tidak Percaya akan Allah Sang Pencipta?

Beberapa orang percaya akan Allah Sang Pencipta dan hidup menurut Firman-Nya. Mengapa orang-prang, yang dapat menemukan alasan serta menemukan jawaban atas segala sesuatu dalam ilmu pengetahuan, tidak percaya akan Allah Sang Pencipta?

Jika Anda telah belajar dari orang-orang Kristen yang beriman bahwa Allah hidup dan Pencipta yang berkuasa sejak masa kanak-kanak, tidak akan sulit untuk percaya akan Allah Sang Pencipta.

Bahkan saat ini, banyak di antara Anda yang terpengaruh teori evolusi sejak masa remaja, dan begitu banyak "pengetahuan" yang tidak sepenuhnya benar. Anda juga berhubungan dengan mereka yang tidak percata kepada Allah atau yang meragukan Dia.

Setelah hidup dalam lingkungan yang demikian, jika Anda ke gereja dan mendengar Firman Allah, Anda akan sering mengalami keraguan serta pertenangan dan tidak dapat percaya kepada Allah Sang Pencipta karena pengetahuan Anda sebelumnya bertolak belakang dengan yang Anda pelajari dan dengar di gereja.

Selam Anda tidak menghilangkan pikiran dan pengetahuan yang Anda pelajari di dunia, bahkan jika Anda bergereja secara rutin, Anda tidak dapat memiliki iman secara rohani; Iman yang dibangkitkan oleh Allah-yang jauh dari segala kerahuan.

Anda tidak dapat percaya akan kerajaan sorga atau neraka tanpa iman secara rohani. Anda berpikir bahwa dunia yang terlihat ini adalah satu-satunya dunia, dan hidup menurut carta-cara Anda sendiri.

Berapa kali Anda melihat teori-teori yang telah diakui dan diterima pada saat itu, berbalik atau digantikan oleh teori yang baru sesudahnya? Bahkan jika ini bukan kasus yang sebenarnya, adalah benar bahwa teori-teori konvensional dan pernyataan-pernyataan telah mengalami perbaikan secara terus-menerus dan ditambahkan dengan penemuan-penemuan baru dikemudian hari.

Seiring dengan berjalannya waktu dan berkembangnya ilmu pengetahuan, manusia membuat penjelasan yang lebih baik, bahkan menemukan teori-teori walaupun tidak tidak sempurna. Saya tidak mengatakan bahwa para peneliti dari berbagai ilmu pengetahuan semuanya salah.

Masih ada banyak hal di bumi yang tidak dapat dijelaskan dengan kapsitas manusia, jadi Anda harus mengakui kenyataan ini.

Sebagai contoh, mengenai jagad raya, Anda belum pernah baerada di bagian yang jauh dari bumi di dalam jagad raya ini, juga Anda belum pernah kembali ke zaman dahulu. Walaupun demikian, manusia berusaha menjelaskan jagad raya ini dengan menyiapkan berbagai hipotesa dan teori.

Sebelum manusia pergi ke bulan, kita mengira "Mungkin ada beberapa kehidupan di atas sana atau mahkluk hidup yang lain mungkin berada suatu tempat di tata surya ini dibalik bumi." Tetapi kemudian, sesudah perjalanan manusia ke bulan, kita mengumumkan, "Tidak ada tanda kehidupan di sana." Hari-hari ini, para ilmuwan mengatakan "Ada kemungkinan tanda-tanda kehidupan di mars" atau "Ada jejak air di Planet Mearh."

Walaupun Anda telah melakukan penelitian untuk waktu yang sangat lama dan meningkatkan pengetahuan Anda, jika Anda tidak mengetahui kehendak, pemeliharaan dan kuasa Allah Sang Pencipta, Anda akan berakhir dengan batas kapasitas manusia.

Oleh karena itu, Roma 1:20 tertulis, *"Sebab apa yang tidak nampak dari pada-Nya, yaitu kekuatan-Nya yang kekal dan keilahian-Nya, dapat nampak kepada pikiran dari karya-Nya. Sebaliknya pikiran mereka menjadi sia-sia dan hati mereka yang bodoh menjadi gelap."* Siapa pun yang membuka hatinya dan bermeditasi dapat merasakan kuasa Allah dan sifat keTuhanan-Nya melalui ciptaan-cptann-Nya seperti matahari, bulan, dan bintang-di mana melalaui ciptaan-Nya Allah memperbolehkan Anda untuk mengenal keberadaan-Nya dan percaya kepada-Nya.

Aku adalah Aku

Mendengar akan Allah Sang Pencipta, banyak orang bertanya-tanya, "Bagaimana Dia ada pada mulanya?" "Dari mana asal-Nya?" atau "Dengan wujud apa Dia ada?"

Pengetahuan dan pikrian manusia tidak dapat melampaui batas tertentu, hal ini menunjukkan bahwa segala sesuatu seharusnya ada permulaan dan ada akhirnya. Untuk itu, kita menginginkan jawaban-jawaban yang jelas untuk pertanyaan-pertanyaan seperti di atas. Bagaimana pun, keberadaan Allah melampaui pengertian manusia, sehingga Dia adalah Dia "Dulu", "Sekarang", dan "Yang Akan Datang."

Keluaran 3 menggambarkan suatu peristiwa di mana Allah memerintahkan Musa untuk memimpin bangsa Israel ke tanah

Kanaan. Sebaliknya, musa bertanya kepada Allah bagaimana ia harus menjawab bangsa Israel jika mereka menanyakan tentang nama Allah.

Pada saat itu Allah berkata kepada Musa, "AKU ADALAH AKU", dan memerintahkan ia untuk berkata "AKULAH AKU telah mengutus aku kepadamu."

AKULAH AKU adalah istilah yang digunakan Allah untuk menunjukkan diri-Nya secara pribadi, yang berarti tidak ada yang melahirkan Dia, atau menciptakan Dia, tetapi Dia adalah sempurna adanya, Pencipta Diri-Nya.

Pada Mulanya Allah adalah Terang yang Bersuara

Yohanes 1:1 menuliskan, *"Pada mulanya adalah Firman: Firman itu bersama-sama dengan Allah dan Firman itu adalah Allah."* Dengan jalan ini, Allah yang adalah Firman pada mulanya adalah sesuatu yang yang telah ada dengan sendirinya secara sempurna dengan tidak diciptakan. Bagaimana dan di mana Ia menjadi ada?

Allah adalah roh, sehingga Ia adalah wujud Firman dalam empat dimensi, dunia roh, bukan tiga dimensi yang dapat terlihat. Allah tidak menjadi ada dalam bentuk apa pun, tetapi sebagai Terang yang besar dan indah dengan suara yang jernih dan jelas, dan Ia memerintah atas seluruh dunia.

Jadi, 1 Yohanes 1:5 berkata, *"Dan inilah berita, yang telah kami dengar dari Dia, dan yang kami samoaikan kepada kamu: Allah adalah terang dan di dalam Dia sama sekali tidak ada kegelapan."* Ayat ini mengandung arti rohani dan menunjukkan ekspresi gambaran Allah yang adalah terang pada mulanya.

Pada mulanya, Allah mengambil wujud sebagai terang yang memilik suara. Suaranya jernih, manis dan lembut, dan bergema di seluruh jagad raya. Bagi mereka yang pernah mendengar suara Allah secara pribadi dapat memahami hal ini.

Pada Mulanya, Allah Sendiri Adanya

Allah Sang Pencipta telah ada sebelum segala sesuatunya dijadikan, telah merencanakan untuk membesarkan anak-anak rohani-Nya yang sejati dan terus melakukannya. Oleh sebab itu, jika Anda telah memahami sepenuhnya Allah ADALAH AKU, sudah seharunya Anda merubah semua cara berpikir, serta cara pandang Anda dan kemudian menerima karya ciptaan yang disediakan Allah.

Tidak seperti hal-hal yang diciptakan Allah, yang dibuat manusia memiliki keterbatasan dan kekurangannya. Dengan berkembangnya ilmu pengetahuan dan peradaban manusia secara terus menerus, banyak produk-produk yang dibuat tetapi tetap memiliki banyak kekurangan.

Sebagian orang membuat berhalanya dengan emas, perak, perunggu dan logam dan menyebutnya tuhan yang dihadapannya mereka bertekuk lutut dan meminta berkat. Terbuatnya hanya dari kayu, logam, atau patung dari batu yang tidak bernafas, bicara ataupun mengedipkan mata (Habakuk 2:18-19).

Walaupun mereka mengaku dirinya bijaksana, orang tidak

dapat membedakan antara kebenarang dan kepalsuan, tetapi justru membuat patung dan menyebutnya dewa yang mereka sembah (Roma 1:22-25). Batapa konyol dan memalukannya hal ini?

Karenannya, bagi orang-orang yang menyembah dan melayani ilah-ilah yang sia-sia karena bebal terhadap Allah, seharusnya bertobat sepenuhnya, menyembah Allah ADALAH AKU, dan melakukan tugas-tugasnya sebagai anak-anak-Nya.

Allah adalah Mahatahu dan Mahakuasa

Allah Sang Pencipta yang menciptakan jagad raya adalah sempurna dan telah ada sebelum terjadinya segala sesuatu., dan Dia adalah Mahatahu dan Mahakuasa. Alkitab mencatat banyak sekali kejaiban dan mujizat yang tidak dapat dilakukan dengan kuasa dan hikmat manusia.

Karya-karya yang penuh kuasa ini adalah pekerjaan yang Mahatahu dan Mahakuasa yang sama kamarin dan hari ini, terjadi di waktu Perjaanjian Baru serta Perjanjian Lama melalui banyak manusia yang memiliki kuasa-Nya.

Hal ini adalah karena – seperti yang dikatakan Yesus dalam Yohanes 4:48, *"Jika kamu tidak melihat tanda dan mujizat, kamu tidak percaya."* Manusia tidak akan percaya jika tidak melihat karya-karya Allah yang perkasa.

Allah Menunjukkan Mujizat-Mujizat dan Tanda-Tanda yang Indah

Keluaran menuliskan seacra terinci bahwa Allah yang Mahatahu dan Mahakuasa telah melakukan mujizat serta tanda-tanda indah melalui Musa dan ia memimpin bangsa Israel keluar dari Mesir ke dalam tanah Kanaan.

Sebagai contoh, pada saat Allah mengutus Musa kepada Firaun, Raja Mesir, ia membawa di hadapannya Sepulah Tulah dan membawa bangsanya berjalan di atas tanah kering dengan membelah Laut Merah serta melenyapkan tentara Mesir ke dalam gelombang laut seketika.

Bahkan setelah Keluaran, air mengalir dari batu saat Musa memukulnya dengan tongkatnya, air yang pahit berubah menjsdi manis, dan manna turun dari surga supaya jutaan orang dapat hidup tanpa memikirkan makanannya.

Kemudian, dalam Perjanjian Lama, kita menemukan Allah memberikan kuasa kepada Elia untuk bernubuat selama tiga setengah tahun masa kekringan, hujan turun kagi karena doanya dan membangkitkan orang mati.

Dalam Perjanjian Baru, kita melihat Yesus, Anak Allah, membangkitkan Lazarus yang telah mati selama empat hari, membuka mata yang buta, dan menyembuhkan banyak orang dari berbagai penyakit, kelemahan dan roh-roh jahat. Dia berjalan di atas air dan menenangkan angin dan gelombang.

Allah telah menunjukkan mujizat-mujizat yang luar biasa melalui rasul Paulus sehingga jika saputangan dan kain yang telah menyentuhnya diberikan kepada yang sakit maka penyakit mereka sembuh dan roh jahat meninggalkan mereka (Kisah Para Rasul 19:11-12). Banyak tanda-tanda menyertai Petrus yang adalah salah satu murid Yesus yang terbaik. Orang-orang membawa yang sakit ke jalanan dan membaringkannya di atas tempat tidur atau kasur, sehingga paling tidak bayangannya mungkin dapat mengenai sebagian dari mereka saat ia melewati jalan itu (Kisah Para Rasul 5:15).

Selain itu, Allah melakukan keajaiban-kejaiban dan menunjukkan tanda-tanda melalui Stefanus dan Filipus di dalam Alkitab, dan Dia terus-menerus menunjukkannya melalui gereja kita, bahkan sampai hari ini.

Allah adalah Penults Alkitab

Allah adalah Roh, jadi Dia tidak terlihat tetapi selalu menunjukkan diri-Nya dalam berbagai cara. Allah pada umumnya menyatakan diri-Nya melalui alam dan khususnya dalam kesaksian orang-orang yang telah disembuhkan dan menerima jawaban dari Dia. Allah juga menyatakan diri-Nya secara terinci di dalam Alkitab.

Karena itu, melalui Alkitab, anda dapat mengenal Satu Allah yang Benar, bertemulah dengan Dia dan capailah keselamatan dan kehidupan kekal dengan menyadari pekerjaan Allah. Terlebih lagi, anda akan dapat memiliki kehidupan yang sukses dan memberikan kemuliaan bagi Allah dengan memahami hati Allah dan menyadari bagimana cara mengsihi-Nya dan bagaimana dikasihi oleh-Nya (2 Timotius 3:15-17).

Segala Tulisan Diilhamkan Allah

2 Petrus 1:21 berkata *"Sebab tidak pernah nubuat dihasilkan oleh kehendak manusia, tetapi oleh dorongan Roh Kudus orang-orang berbicara atas nama Allah."* Dan 2 Timotius 3:16 mengatakan *"Segala tulisan yang diilhamkan."* Ini berarti bahwa Alkitab dari Kejadian sampai Wahyu adalah Firman Allah yang dituliskan oleh kehendak Allah.

Oleh karena itu, ada banyak kata-kata seperti "Allah berkata," "Tuhan berkata," dan "Tuhan Allah berkata." Ini meyakinkan kita bahwa Alkitab bukan kata-kata manusia tetapi dari Allah.

Alkitab memiliki enam puluh enam kitab terdiri darti tiga puluh sembilan kitab dalam Perjanjian Lama dan dua puluh tujuh kitab dalam Perjanjian Baru. Jumlah penults diperkirakan ada 34. Periode penulisan Alkitab berjangka waktu dari 1500 tahun Sebelum Masehi sampai dengan 100 tahun sesudah Masehi, jadi sekitar 1,600 tahun. Yang luar biasa adalah, walaupun yang menulis banyak, Alkitab secara keseluruhan adalah sepenuhnya berkaitan dari awal sampai akhir, dan satu ayat berhubungan dengan ayat lainnya.

Jadi Yesaya 34:16 berbunyi *"Carilah di dalam kitab TUHAN dan bacalah: Satu pun dari mahkluk itu tidak ada yang ketinggalan dan yang satu tidak ketinggalan yang lain: sebab begitulah perintah yang keuar dari mulut TUHAN, dan Roh TUHAN sendiri telah mengumpulkan mereka."*

Hal seperti di atas dapat tertulis karena penults asli Alkitab adalah Allah, bahwa Roh Kudus memerintah atas hati-hati para penults dan menyatukan kata-katnya. Yang perlu Anda ingat adalah, para penulis Alkitab adalah sebagai alat untuk menulis sedangkan penults aslinya adalah Allah.

Mari kita ambil sebuah contoh. Misalnya ada seorang ibu yang sudah berumur tinggal di daerah pedesaan. Ia mengirimkan sebuah surat kepada anaknya yang tinggal di kota. Ia tidak dapat menulis sehingga ia mendiktekan isi suratnya kepada anak yang tertua. Pada saat anaknya yang berada di kota menerima surat itu, ia akan berpikir bahwa ibunya yang telah mengirim surat, bukan kakaknya, walaupun sesungguhnya telah ditulis oleh sang kakak. Sama halnya dengan Alkitab.

Surat Cinta Allah Penuh Berkat dan Janji

Alkitab telah ditulis oleh hamba-hamba Allah yang penuh dengan Roh untuk menyatakan Allah sendiri. Anda harus percaya kenyataannya bahwa Alkitab adalah firman Allah yang setia yang menyatakan diri-Nya.

Firman Allah adalah roh dan hidup (Yohanes 6:63), sehingga siapa-pun yang mendengar dan percaya akan mendapatkan kehidupan kekal dengan jiwanya yang menerima hidup yang berkelimpahan. Siapa-pun yang percaya dan taat akan Firman Allah akan menikmati hidup makmur dan menjadi anak Allah yang sempurna.

Allah datang ke dunia dalam ripa tubuh manusia untuk menunjukkan diri-Nya kepada umat manusia, dan tubuh itu adalah Yesus. Filipus, salah satu murid Yesus tidak percaya akan hal ini dan meminta Yesus untuk menunjukkan Allah kepadanya. Ia gagal menyadari bahwa Yesus adalah Allah dalam rupa manusia, seperti yang dikatakan dalam amsal, "Menara apu tidak bersinar di dasarnya. "

Yohanes 14:8 dan ayat-ayat nerikutnya memperkenalkan dialog antar Yesus dengan Filipus:

> *Kata Filipus kepada-Nya: "Tuhan, tunjukkanlah Bapa itu kepada kami, itu sudah cukup bagi kami." Kata Yesus kepadanya: "Telah sekian lama Aku bersama-sama kamu, Filipus, namun engkau tidak mengenal Aku? Barangsiapa telah melihat Aku, ia telah melihat Bapa: bagaimana engkau berkata: Tunjukkanlah Bapa itu kepada kami. Tidak percayakah engkau, bahwa Aku di dalam Bapa dan Bapa di dalam Aku? Apa yang aku katakan kepadamu, tidak Aku katakan dari diri-Ku sendiri, tetapi Bapa yang diam di dalam Aku, Dialah yang melakukan pekerjaan-Nya"* (Yohanes 14:8-10)

Meskipun Yesus memberikan bukti yang meuakinkan bahwa Ia dan Allah adalah satu dengan cara menunjukkan berbagai mujizat yang mustahil terjadi tanpa kuasa Allah, Filipus meminta Yesus untuk menunjukkan Bapa kepadanya. Yesus mengatakan kepada Filipus agar percaya akan ajaran-ajaran-Nya dengan mujizat sebagai buktinya.

Allah datang ke dunia dalam rupa tubuh manusia agar dapat menyatakan diri-Nya dan Allah membuat Alkitab tertulis karena hampir mustahil bagi manusia untuk melihat-Nya dengan mata manusia.

Oleh karena itu, Anda memiliki berkat-berkat dan jawaban-jawaban yang Allah janjikan dalam Alkitab saat Anda memiliki hubungan yang berharga dengan Allah yang hidup melalui Alkitab, mengetahui kehendak-Nya, dan mempelajari Firman-Nya.

Setiap Kata dalam Alkitab adalah Benar

Catatan-catatan sejarah membuat kita memiliki pengetahuan orang-orang atau kejadian pada waktu tertentu di masa lalu. Sejarah adalah perhitungan perubahan-perubahan yang terjadi pada masa itu dan membuat Anda mengetahuoi secara terinci hal-hal spesifik mengenai manusia ataupun kondisi kehidupan di masa itu.

Sejarah manusia telah membuktikan bahwa Alkitab adalah Benar. Anda menemukan diri Anda melihat bahwa Alkitab bersejarah dan adalah kenyataan, terutama jika Amda melihat secara teliti kejadian, orang-orang, tempat, atau budaya yang dicatat dalam Alkitab.

Karena Perjanjian Lama telah benar-benar ditulis berdasrkan fakta-fakta obyektif sperti bagian-bagian informasi yang penting maupun sepele yang telah terjadi terhadap seseorang, orang-orang ataupun kelompok dari zaman Adam dan Hawa, Israel telah mempertimbangkan Perjanjian Lama sebagai dokumen yang bersejarah dan dan kudus bagi bangsanya dan diwariskan sampai dengan hari ini. Bahkan banyak peneliti sejarah yang mengakui Alkitab sebagai sumber yang nyata.

Sejarah Membuktikan Kebenaran Alkitab

Pertama-tama, berdasarkan Alkitab, saya ingin membagikan sejarah Alkitab dengan Anda dan membuktikan bahwa Firman Allah dalam Alkitab adalah benar.

Adam nenek moyang dari umat manusia telah berdosa terhadap Allah, sehingga keturunannya yaitu semua umat manusia sesudahnya telah pergi ke jalan dosa dan hidup tanpa mengetahui Allah, Penciptanya. Setelah itu, Allah memilih satu bangsa dan ingin menyatakan kehendak-Nya dan pemeliharaan-Nya melalui bangsa itu.

Pertama, Allah memanggil Abraham yang memiliki "ladang hati" yang terbaik, menyucikannya, dan mengangkat dia sebagai Bapa Iman. Abraham adalah bapa dari Ishak, Ishak adalah bapa dari Yakub "Israel" dan membuat 12 anak lelaki.

Pada saat Yaskub masih hidup, Allah memindahkannya ke Mesir dan memampukan dia membuat suatu bangsa dengan memperbanyak keturunannya dan akhirnya memimpin mereka ke tanah Kanaan.

Allah memberikan kepadsa Musa Perintah selama ia tinggal di padang belantara, melatih bangsa Israel untuk hidup menurut Firman Allah, dan memimpin mereka hanya oleh Firman-Nya.

Setelah mereka di pimpin sampai ke tanah Kanaan, mereka menjadi makmur hanya jika taat akan Perintah Allah. Saat bangsa Israel menyembah berhala dan melakukan kejahatan, kekuatan bansanya menurun dan menderita karena serangan dari luar. Bangsa Israel menjadi tawanan atau budak. Saat mereka bertobat, bangsa mereka dipulihkan. Siklus tersebut berulang kali terjadi.

Untuk itu, Allah menunjukkan kepada seluruh umat manusia melalui sejarah Israel bahwa Allah itu hidup dan Ia memerintah segalanya dengan Firman-Nya.

Anda juga dapat melihat nubuatan-nubuatan di dalam Alkitab telah digenapi dan sedang dalam proses penggenapan. Misalnya, dalam Lukas 19:43-44, Yesus menghubungkan kejatuhan Yerusalem dengan mengatakan:

> *Sebab akan datang harinya, bahwa musuhmu akan mengelilingi engkau dengan kubu, lalu mengepung engkau dan menghimpit engkau dari segal jurusan, dan mereka akan membinasakan engkau beserta dengan pendudukmu dan pada tembokmu mereka tidak akan membiarkan satu batu pun terletak di atas batu yang lain, karena engkau tidak mengetahui saat, bilamana Allah melawat engkau.*

Dalam ayat-ayat ini, Yesus mengartikan bagaimana kota Yerusalem akan dihancurkan karena kelemahan mereka yang meningkat. Nubuatan digenapi tahun 70 Sesudah masehi, saat Jenderal Titus dari Kerajaan Roma menyuruh orang-orangnya benteng menghadap Yerusalem, mengelilinginya dan membunuh banyak orang di balik tembok itu. Hal ini terjadi setelah 40 tahun nubuatan Yesus.

Yesus berkata dalam Matius 24:32, *"Tariklah pelajaran dari perumpamaan tentang pohon ara: Apabila ranting-rantingnya melembut dan mulai bertunas, kamu tahu bahwa musim panas sudah dekat.* " Pohon Ara di sini melambangkan bangsa Israel, dan perumpamaan ini mengajarkan bahwa Israel akan menjadi merdeka saat kedatangan Yesus yang kedua kali sudah dekat. Akhirnya, sejarah mengakui bahwa Firman 4Allah tersebut menjadi kenyataan saat Israel yang telah jatuh pada tahun 70 Sesudah masehi, secara ajaib terjadi kembali pada 14 mei 1948-1900 tahun sesudah keancurannya.

Nubuat-Nubuat dalam Perjanjian Lama dan Penggenapannya dalam Perjanjian Baru

Saya mengakui bahwa Firman Allah dalam Alkitab adalah benar dengan mempelajari bagaimana nubuatan dalam Perjanjian Lama telah digenapi dalam Perjanjian Baru.

Hukum dalam Perjanjian Lama bukanlah jalan yang tepat untuk "mendapatkan anak-anak Allah yang sejati." Ini hanyalah bayangan untuk menunjukkan Allah. Itu sebabnya Allah telah menjanjikan kedatangan Mesias di dalam Perjanjian Lama. Pada saatnya tiba, Ia mengutus Anak-Nya ke dunia untuk menggenapi janjinya.

Adalah terbukti bahwa Yesus datang ke dunia 2000 tahun yang lalu. Sejarah Barat dibagi menjadi dua bagian besar menurut kelahiran Yesus. "B.C." singkatan dari Sebelum Yesus (Before Christ, yang artinya sejarah sebelum masa Yesus, sedangkan "A.D." adalah singkatan dari Anno Domini yang artinya "di dalam tahun Allah kita." Bahkan sejarah itu sendiri menegaskan kelahiran Yesus.

Mari kita lihat dalam Kejadian 3:15

Aku akan mengadakan permusuhan antara engkau dan perempuan ini, antara keturunanmu dan keturunannya; keturunannya akan meremukkan kepalamu, dan engkau akan meremukkan tumitnya.

Ayat tersebut menubuatkan bahwa Juruselamat kita, keturunan dari perempuan itu akan menghancurkan kuasa maut. "Perempuan" dalam hal ini adalah Israel. Sebenarnya Yesus datang ke dunia sebagai anak Yusuf yang berasal dari suku Yehuda dari Israel (Lukas 1:26-32).

Yesaya 7:14 berbunyi, *"Sebab itu Tuhan sendirilah yang akan memberikan kepadamu suatu pertanda:Sesungguhnya seorang perempuan muda mengandung dan melahirkan seorang anak laki-laki, dan ia akan menamakan Dia Imanuel."*

Hal ini menunjukkan bahwa Anak Allah akan diutus untuk menebus dosa-dosa umat manusia melaui yang dikandung Roh Kudus. Tentunya, Yesus lahir dari perawan Maria oleh Roh Kudus (Matius 1:18-25).

Yesus dinubuatkan akan lahir di daerah Bethlehem, seperti tertulis dalam Mikha 5:2, yang berbunyi:

Sebab itu ia akan membiarkan mereka sampai waktu perempuan yang akan melahirkan telah melahirkan; lalu selebihnya dari saudar-saudaranya akan kembali kepada orang Israel.

Menggenapi Firman tersebut, Yesus telah lahir di Bethlehem, Yehuda pada masa Raja Herodes. Bahkan sejarah menegaskan hal ini. Pembantaian banyak bayi-bayi yang tidak bersalah oleh Raja Herodes pada saat kelahiran Yesus (Yeremia 31:15; Matius 2:16), kedatangan Yesus ke Yerusalem (Zakaria 9:9; Matius 21:1-11) dan kenaikkan Yesus ke sorga (Mazmur 16:10; Kisah Para Rasul 1:9), telah dinubuatkan dan digenapi demikian.

Terlebih dari itu, pengkhianatan Yudas Iskariot, yang sudah mengikut Yesus selama 3 tahun (Mazmur 41:9) dan mengkhianati Yesus demi 30 keping perak (Zakharia 11:12) keduanya dinubuatkan dan digenapi.

Anda kemudian dapat percaya bahwa Alkitab adalah Benar dan sungguh adalah Firman Allah, khususnya bila Anda lihat semua nubuatan dalam Perjanjian Lama secara tepat digenapi.

Nubuatan dalam Alkitab akan Digenapi

Allah membuat Yesus Kristus menjadi Juruselamat kita dengan menggenapi seluruh nubuatan dalam Perjanjian Lama selam masa Perjanjian Baru. Setiap nubuat tentang Yesus, pelajaran dari sejarah Israel, dan sejarah umat manusia telah terlaksanakan tanpa kesalahan sedikit pun. Penelitian yang cermat akan sejarah dunia mengarah kepada penemuan bahwa seluruh kata-kata nubuatan dalam Alkitab telah menjadi kenyataan dan akan menjadi kenyataan.

Para nabi baik dalam masa Perjanjian Lama dan Perjanjian Baru menubuatkan bangkit dan jatuhnya kuasa dunia, kehancuran dan pembangunan kembali Yerusalem, dan keadaan orang-orang penting di masa depan. Banyak nubuat dalam Alkitab sudah digenapi dansekarang sedang digenapi, dan orang-orang akan melihat Kedatangan Yesus yang kedua kalinya, Kebangkitan, dan Kerajaan Seribu Tahun, dan Penghakiman Tahkta Putih Besar. Tuhan kita saat ini sedang menyiapkan tempat bagi Anda seprti dalam janjinya (Yohanes 14:2), dan akan segera akan membawa Anda ke tempat yang kekal.

Bumi kita saat ini sedang menderita kelaparan, gempa bumi, cuaca yang tidak normal, dan kecelakaan yang besar. Anda seharusnya tidak menganggapnya sebagai suatu kebetulan, melainkan menyadari bahwa Kedatangan Yesus yang kedua sudah dekat (Matius 24:3-14). Anda harus meraih keselamatan penuh dengan berjaga-jaga dan menghiasi diri sebagai seorang mempelai.

Bab 2

Allah Menciptakan dan Memelihara Manusia

- Allah Menciptakan Manusia
- Mengapa Allah Memelihara Manusia
- Allah Memisahkan Gandum dari Jerami

"Maka Allah menciptakan manusia itu menurut gambar-Nya, menurut gambar Allah diciptakan-Nya dia; laki-laki dan perempuan diciptakan-Nya mereka. Allah memberkati mereka lalu Allah berfirman kepada mereka: Beranakcuculah dan bertambah banyak; penuhilah bumi dan taklukkanlah itu, berkuasalah atas ikan-ikan di laut dan burung-burung di udara dan atas segala binatang yang merayap di bumi."

Kejadian 1:27-28

Setidaknya satu kali dalam hidup, Anda menanyakan beberapa pertanyaan mendasar seperti asal mula, tujuan, maksud dan arti dari kehidupan. Kemudian Anda akan mencoba, mendapatkan jawaban-jawabannya. Banyak orang mencoba berbagai macam metode untuk memecahkan persoalan ini tetapi padaakhirnya hanya berlalu tanpa mendapatkan satu pun jawaban yang benar.

Orang-orang bijak terkenal di dunia seperti Confucius, Buddha, atau Socrates juga telah berjuang untuk mendapatkan jawaban-jawaban mendasar. Confucius berfokus kepada hal-hal moral, yang menyatakan bahwa kebajikan sempurna diartikan sebagai keberadaban yang ideal; dan telah menghimpun banyak murid. Buddha menjalankan penebusan dosa untuk waktu yang lama agar dapat terlepas dari kehidupan duniawi. Socrates mengejar kebenaran dengan caranya sendiri serta mencari kebenaran sejati.

Bagaimana pun, tidak seorangpun di antara mereka berhasil menemukan solusi yang tetap dan mendasar, yang mencapai kebenaran sejati atau mendapatkan kehidupan kekal. Hal tersebut karena, kebenaran yang tersembunyi sebelum dunia diciptakan adalah suatu hal yang spiritual, yaitu kehidupan yang tidak terlihat samapi Anda paham akan pemeliharaan Allah Sang Pencipta tentang perkembangan manusia.

Allah Menciptakan Manusia

Bentuk misterius yang berisi organ-organ dan sel dan jaringan-jaringan dari tubuh seorang manusia tidak dapat diukur. Allah yang menciptakan manusia demikian, ingin mendapatkan anak-anak sejati di mana Dia dapat membagikan Kasih-Nya untuk selama-lamanya. Untuk tujuan tersebut, Allah membuat manusia menurut gambar dan rupa-Nya dan telah memelihara manusia dan menyiapakan sorga.

Lalu, bagaiamana cara Allah menciptakan segala sesuatu di jagad raya serta membentuk manusia?

Ciptaan Allah di Hari ke-Enam

Kejadian 1 menjelaskan dengan baik proses selama Allah menciptakan sorga dan bumi dalam enam hari. Allah berkata, *"Jadilah Terang"* (ay.3). Maka terjadilah terang. Kemudian Ia berkata, *"Hendaklah segala air yang di bawah langit berkumpul pada satu tempat, sehingga kelihatan yang kering"* (ay.9). Dan kita-pun tahu, demikianlah jadinya. Dan seterusnya.

Seperti dikatakan dalam Ibrani 11:3 *"Karena iman kita mengerti, bahwa alam semesta telah dijadikan oleh firman Allah, sehingga apa yang kita lihat telah terjadi dari apa yang tidak dapat kita lihat."* Allah menciptakan seluruh jagad raya dengan firman-Nya.

Allah menciptakan terang pada hari pertama, menciptakan cakrawala pada hari ke dua, dan di hari ke-tiga, Dia membiarkan air di bawah langit berkumpul ke satu tempat dan menyebut bagian yang kering dengan "darat" serta air yang berkumpul disebut dengan "laut." Ia membiarkan darat memproduksi tumbuh-tumbuhan; tumbuhan yang berbiji, dan pohon di darat dan berbuah dari bijinya. Pada hari ke-empat, Ia menciptakan matahari, bulan dan bintang di cakarawala, dan membiarkan matahari menguasai siang dan bulan untuk menguasai malam. Pada hari ke lima, Ia menciptakan binatang-binatang di laut dan segala sesuatu yang bergerak di dalamnya, menurut jenisnya, dan segala jenis burung yang bersayap menurut jenisnya. Di hari ke-enam, Dia menciptakan binatang ternak, segala jenis binatang melata di muka bumi, masing-masing menurut jenisnya.

Manusia Diciptakan Menurut Gambar Allah

Allah Sang Pencipta telah menyiapkan sebuah lingkungan untuk enam hari di mana manusia dapat hidup, lalu menciptakan manusia menurut gambar-Nya. Dia memberkati manusia sebagai tuhan atas segala mahkluk, dan berkata kepadanya menaklukkan dan berkuasa atas semua itu.

Maka Allah menciuptakan manusia itu menurut gambar-Nya, menurut gambar Allah diciptkan-Nya; laki-laki dan perempuan diciptakan-Nya mereka. Allah memberkati mereka, lalu Allah berfirman kepada mereka: "Beranakcuculah dan bertambah banyak; penuhilah bumi dan taklukkanlah itu, berkuasalah atas ikan-ikan di laut dan burung-burung di udara dan atas segala binatang yang merayap di bumi" (Kejadian 1:27-

28).

Lalu, Bagaiamana Allah membentuk manusia?

"Ketika itulah Tuhan Allah membentuk manusia itu dari debu tanah dan menghembuskan nafas hidup ke dalam hidungnya; demikianlah manusia itu menjadi mahkluk yang hidup" (Kejadian 2:7).

Dalam ayat ini, debu berarti tanah liat. Penenun yang ahli, menggunakan tanah liat uang berkualitas, menhasilkan keramik yang memiliki nilai uang yang tinggi. Sebaliknya, penenun yang lain, membuat pecah-belah yang tidak berkaca, genteng keramik, atau batu bata.

Nilai dari sebuah pecah belah pada umumnya tergantung dari siapa pembuatnya, seberapakah tingkat keahlian pembuatannya, tanah liat seperti apa yang digunakan, dan barabagai pecah belah seperti apakah yang dibuat. Saat Allah yang Perkasa Sang Pencipta membentuk manusia menurut gambar-Nya, betapa indah hasil yang dibuat-Nya?

Sesudah membentuk manusia menurut gambar-Nya dari debu, Allah menghembuskan ke dalam lubang hidungnya, nafas kehidupan, yaitu, energi yang hidup. Manusia itu menjadi roh yang hidup. Nafas kehidupan adalah kekuatan, kuasa, energi, dan roh Allah.

Allah Menghembuskan Nafas Kehidupan kepada Manusia

Bila Anda memikirkan proses pancaran sinar radiasi, Anda akan lebih mudah memahami proses bahwa manusia diciptakan sebagai roh yang hidup. Jika Anda ingin membuat pancaran sinar yang beradiasi, Anda harus pertama-tama menyiapkan yang benar-benar bagus buatannya lalu menghubungkannya ke aliran listrik. Bagaimana pun, sinarnya tidak akan menyala sampai Anda menyalakan sakelarnya.

Televisi di rumah Anda bekerja dengan cara yang sama. Anda tidak dapat melihat sesuatu di layar sebelum dinyalakan, tetapi sekali menyala, Anda dapat melihat dan mendengar beragam gambar san suara. Anda dapat melihat gambar hanya dengan menyalakan televisi. Bagaimana pun, di balik televisi, bagian-bagian yang berhubungan menyatu dalam susunan yang sanagt rumit.

Demikian halnya, Allah bukan hanya membuat bentuk manusia, tetapi juga organ-organ di dalamnya dan tulang-tulang yang terbuat dari debu tanah. Ia membuat urat nadi di mana darah mengalir di dalamnya serta sistem saraf yang dapat berfungsi secara sempurna.

Kuasa allah dapat merubah debu menjadi kulit yang lembut jika atau saat Ia inginkan. Seperti halnya memperbolehkan arus listrik mengalir, Ia menghembuskan nafas kehidupan ke dalam manusia. Kemudian darah di dalamnya mulai segera bersirkulasi, dan manusia dapat bernafas dan hidup.

Terlebih lagi, karena Allah membuat unit-unit memori pada

sel otak manusia, manusia memasukkan dan mengingatapa yang didengar dan dirasakan di dalam sel-sel otak. Apa yang telah dimasukkan dan diingat menjadi pengetahuan, dan pengetahuan menghasilkan pikiran. Saat Anda menggunakan pengetahuan yang tersimpan dalam hidupm Anda menyebunya hikmat.

Manusia, walaupun hanya mahkluk belaka, telah meningkatkan hikmat dan pengetahuannya, dan mengembangkan pengetahuan keberadaban yang berkaitan. Saat ini, manusia menjelajahi jagad raya dan membuat komputer serta memasukkan banyak sekali informasi ke dalam dirinya atau mengulanginya supaya dapat menghasilakn keuntungan yang besar dari komputer, sama seperti Allah membuat unit memori di dalam sel-sel otak. Manusia sudah demikian jauh sampai tercipta komputer A.I yang dapat mengenali huruf-huruf atau suara manusia dan dapat berkomunikasi dengan yang lainnya. Mereka akan menjadi lebih berkembang lagi seiring berjalannya waktu.

Betapa lebih mudahnya bagi Allah Perkasa Sang Pencipta untuk membentuk manusia dari debu tanah dan menghembuskan nafas kehidupan untuk menjadikannya mahkluk hidup!

Sanagatlah mudah bagi Allah yang dapat membuat sesuatu dari yang tidak ada, tetapi sangatlah dahsyat dan ajaib bagi manusia (Mazmur 139:13-14).

Mengapa Allah Memelihara Manusia

Allah mengajarkan pemeliharaan Allah melalui banyak perumpamaan. Karena hal-hal spriritual tidak dapat dipahami dengan pengetahuan manusia, Ia menggunakan obyrk-obyek yang ada di dunia sebagai perumpamaan untuk membuat Anda mengerti.

Hal-hal ini banyak berhubungan dengan pemeliharaan. Sebagai contoh, perumpamaan tentang seorang penabur (Matius 13:3-23; Markus 4:3-20; Lukas 8:4-15), perumpamaan tentang biji sesawi (Matius 13:31-32; Markus 4:30-32; Lukas 13:18-19), perumpamaan tentang lalang di anatar gandum (Matius 13:24-30, 36-43), perumpamaan tentang kebun anggur (Matius 20:1-16), dan perumpamaan tentang penggarap-penggarap kebun anggur (Matius 21:33-41; Markus 12:1-9; Lukas 20:9-16).

Perumpamaan-perumpamaan ini menunjukkan bahwa para petani membersihkan ladang, menabur benih, memeliharanya, dan memanen hasilnya, Allah membentuk dan memelihara manusia di bumi akan memisahkan gandum dari kulitnya.

Allah ingin Berbagi Kasih yang Sejati dengan Anak-Anak-Nya

Allah bukan saja memiliki sifat keilahan tetapi memiliki juga sifat kemanusiaan. Keilahan adalah kuasa Mahatahu dan Maha hadir Allah Sang Pencipta itu sendiri, dan kemanusiaan adalah pikiran dari seorang manusia. Oleh karena itu, Allah menciptakan dan memerintah atas seluruh jagad raya, sejarah manusia, dan hidup. Ia juga merasakan sukacita, kemarahan, dukacita dan kesenangan, dan ingin berbagi kasih dengan anak-anak-Nya.

Alkitab menunjukkan berulang kali bahwa Allah memiliki kepribadian seperti halanya manusia; Allah bersukacita dan memberkati manusia pada saat mereka diciptakan menurut gambar Allah, melakukan apa yang benar, tetapi Ia meratap dan murka saat mereka melakukan dosa. Kerinduan Allah untuk berkomunikasi dengan anak-anak-Nya dan memberikan hal-hal yang baik seringkali tercerminkan dalam Firman Allah.

Jika Allah hanya memiliki sifat keilahian, Ia tidak akan perlu untuk beristirahat di hari ke-enam Ia menciptakan alam semesta, dan mungkin tidak akan menginginkan suatu persekutuan dengan kita, denagn berkata *"Tetaplah berdoa"* (1 Tesalonika 5:17), *"Berserulah kepadaku, maka Aku akan menjawab engkau dan akan memberitahukan kepadamu hal-hal yang besar dan yang tidak terpahami, yakni hal-hal yang tidak kau ketahui"* (Yeremia 33:3).

Terkadang Anda ingin sendiri, tetapi mungkin akan lebih bahagia jika ada teman yang sehati dan sepikir yang dapat membagi cintanya dengan Anda. Sama pula halnya, Allah menciptakan manusia menurut ganbar-Nya karena Ia ingin bertukar kasih dengan seseorang. Ia memelihara roh manusia di bumi ini karena Ia menginginkan anak-anak yang dapat memahami hati-Nya dan mencintai-Nya dari lubuk hati yang terdalam.

Allah Ingin Anak-Anak yang Taat oleh Kehendak Bebasnya

Sebagian orang mungkin bertanaya mengapa Allah menciptakan manusia dan telah terus memeliharanya meskipun ada banyak malaikat dan penghuni sorga yang taat. Walau demikian, mereka tidak memiliki karakter manusia yang adalah penting untuk membagi kasih. Dengan kata lain, mereka tidak memiliki kehendak bebas yang dapat mereka pilih. Mereka mentaati perintah dengan baik seperti robot, tetapi tidak dapat merasakan sukacita, kemarahan, dukacita, atau pun kesenangan seperti halnya manusia. Karena itu, mereka tidak dapat berbagi kasih dengan Allah dari dalam hati mereka.

Sebagai contoh, misalkan Anda memiliki dua orang anak. Satu dari mereka menuruti perintah Anda tanpa menunjukkan ekspressi emosi apa punu, pwndapat atau pun kasih seperti robot yang sudah diprogram secara baik. Yang satunya terkadang menyalitkan hati Anda, tetapi dengan cepat menyesali perbuatannya, mendekati Anda dengan manis, serta mengekspresikan kasihnya dengan berbagao cara. Lalu, mana yang lebih mencintai Anda? Pastinya, yang ke-dua.

Misalkan Anda memiliki robot yang bisa memasak, membersihkan rumah, dan melayani Anda. Walau demikian, Anda tidak mencintai robot itu lebih dari anak-anak Anda. Tidak perduli seberapa kerasnya si robot bekerja untuk Anda dan seberapa menolongnya, ia tidak dapat menggantikan menggantikan posisi anak-anak Anda.

Begitu pula halnya, Allah lebih menginginkan manusia yang

dengan sukacita mentaati Dia oleh kehendak bebasnya dengan alasan dan emosi daripada malaikat dan penghuni sorga, yang seperti robot yang diprogramkan untuk taat. Dia memberikan manusia kehendak bebas dan Firman-Nya. Lalu Ia mengajrkan kepada manusia apa yang baik dan yang jahat dan apa jalan keselamatan dan jalan maut itu. Ia menunggu dengan sabar sampai mereka menjadi anak-anak yang sejati.

Pemeliharaan Allah dengan Kasih Sayang Orang Tua

Tertulis di dalam Kejadian 6:5-6 *"Ketika dilihat Tuhan bahwa kejahatan manusia besar di bumi dan bahwa segala kecenderungan selalu membuahkan kejahatan semata-mata, maka menyesallah Tuhan, bahwa Ia telah menjadikan manusia di bumi, dan hal itu memilukan hati-Nya."*

Apakah hal ini berarti bahwa Allah tidak mengetahui kenyataan ini pada saat Ia membuat manusia? Ia sudah mengetahuinya dengan sangat. Allah adalah mahatahu dan mahakuasa jadi Ia telah mengetahu segala sesuatu sebelum waktu dijadikan. Walau demikian, Ia telah menciptakan dan terus memelihara manusia.

Jika Anda adalah orang tua, anda mungkin akan mengerti hal ini dengan lebih mudah. Betapa susahnya melahirkan seorang anak dan memeliharanya! Saat seorang perempuan sedang mengandung, banyak kesakitan seperti rasa mual yang dirasakan selama sembilan bulan. Pada saat melahirkan, kesakitan yang luar biasa dirasakan oleh sang ibu. Untuk memberi makan, pakaian, dan mengajarkan anak-anak, orang tua berusaha dan bekerja keras siang dan malam. Saat anak-anak pulang terlambat, orang tua kawatir akan mereka. Saat mereka sakit, oang tua merasakan sakit yang lebih dari pada anak-anaknya.

Mengapa orang tua tetap memelihara anak-anaknya walaupun dengan sakit dan usaha yang demikian? Alasannya adalah orang tua ingin obyek di mana mereka dapat membagi cintanya, khususnya yang dapat merasakan kasih orang tua dan dapat mengasihi orang tuanya dengan hatinya. Bagi orang tua, bahkan sakit yang demikian menghasilkan kebahagiaan. Lebih dari itu, jika anak-anak sangat mirip dengan orang tuanya, betap indahnya mereka! Tentu saja, semua anak-anak tidak dapat patuh kepada orang tuanya. Ada anak-anak yang mencintai dan menghormati orang tuanya, tetapi ada juga yang membencinya.

Demikian pula, dengan mengetahui seluruh kesakitan dalam membesarkan anak-anak, orang tua tidak mengaggap hal-hal demikian sebagai suatu kesakitan. Melainkan, mereka melakukan usaha-usaha yang luar biasa, mengharapkan anak-anaknya bertumbuh dengan baik dan menjadi sukacita mereka. Dengan cara yang sama, Allah tahu bahwa manusia dapat menjadi tidak taat, menjadi koruptor, dan menyebabkan kemarahan, tetapi Ia juga tahu bahwa ada anak-anaknya yang sejati yang mau berbagi kasih dengan-Nya. Untuk itu, Allah menciptakan manusia dan memeliharanya oleh kehendak-Nya.

Allah ingin Dipermuliakan oleh Anak-Anak-Nya yang Sejati

Allah sedang memelihara roh manusia di bumi bukan hanya untuk mendapatkan anak-anak sejati tetapi juga untuk dipermuliakan melalui mereka. Allah dapat menerima kemuliaan dari banyak malaikat dan penghuni sorga yang sangat banyak. Bagaimana pun, yang benar-benar Dia rindukan adalah untuk dimuliakan oleh yang dipelihara-Nya, anak-anak sejati dari dalam hatinya.

Allah berkata dalam Yesaya 43:7 *"Semua orang yang disebutkan dengan nama-Ku yang Kuciptakan untuk kemuliaan-Ku, yang Kubentuk dan yang Kujadikan!"* dan memerintahkan kepada Anda dalam 1 Korintus 10:31, *"Aku menjawab: Jiak engkau makan atau jika engkau minum, atau jika engkau melakukan sesuatu yang lain, lakukanlah semuanya itu untuk kemuliaan Allah."*

Allah adalah Pencipta, Kasih dan Kebenaran. Ia memberikan Putra-Nya yang tunggal untuk menyelamatkan kita, dan menyiapkan sorga dan kehidupan kekal. Ia adlah lebih dari layak untuk dimuliakan. Disamping itu, Ia ingin mengembalikan kemuliaan kepada mereka yang memuliakan-Nya.

Untuk itu, Anda harus menjadi anak Allah yang sejati yang dapat membagi kasih dengan Dia selamanya dengan menegerti mengapa Allah ingin dimuliakan melalui anak-anak spiritual yang dipelihara-Nya.

Allah Memisahkan Gandum dari Jerami

Petani memelihara ladang karena mereka ingin menghasilkan panen yang sangat banyak. Allah juga memelihara roh manusia di bumi untuk mendapatkan anak-anak sejati yang bukan hanya mencintai dan memuliakan Dia dari dalam hatinya tetapi juga membagi cintanya dengan Dia di sorga kekal.

Selalu terdapat gandum dan jerami saat panen, jadi para petani memisahkannya, menyatukan gandum ke dalam lumbung dan membakar kulitnya dengan api. Dengan cara yang sama, Allah kan memisahkan gamdum dari debu jerami di akhir pemeliharaan roh manusia:

> *Alat penampi sudah ditangan-Nya. Ia akan membersihkan tempat pengirikan-Nya dan mengumpulkan gandum-Nya ke dalam lumbung, tetapi debu jerami akan dibakar-Nya dalam api yang tidak terpadamkan* (Matius 3:12).

Oleh karena itu, Anda harus percaya dengan teguh bahwa Allah memelihara roh manusia di bumi, dan pada waktu-Nya Dia akan mengumpulkan gandum – anak-anak sejati ke dalam sorga untuk kehidupan yang kekal, tetapi membakar jerami dengan api neraka yang tidak terpadamkan.

Kemudian, mari kita masuk lebih dalam lagi, manusia seperti apakah gandum dan jerami di mata Tuhan, dan tempat seperti apakah sorga dan neraka itu.

Gandum dan Jerami

Gandum adalah simbol mereka yang percaya kepada Yesus Kristus, berjalan dalam kebenaran, dan membagi kasih dengan Allah. Mereka adalah anak-anak terang yang telah pulih dari gambaran Allah yang hilang, dan melakukan apa pun yang diperintahkan Allah.

Sebaliknya, jerami menggambarkan merek yang tidak menerima Yesus Kristus, atau mereka yang mengaku percaya tetapi tidak hidup menurut firman-Nya, dan mengikuti kehendak jahatnya sendiri.

1 Timotius 2:4 menggambarkan Allah adalah *"yang menghendaki supaya semua orang diselamatkan dan memperoleh pengetahuan dan akan kebenaran."* Artinya, Allah menginginkan semua manusia menjadi gandum dan masuk ke dalam kerajaan sorga. Allah sedang membuat Anda menyadari hal ini dengan berbagai cara dan memimpin Anda kepada keselamatan. Walaupun demikian, beberapa orang akhirnya melanggar kehendak Allah dan memelihara hidupnya berdassarkan menurut kehendak bebasnya. Orang-orang seperti ini tidaklah ledih baik dari binatang dihadapan Allah karena mereka telah kehilangan nilai-nilai manusia.

Petani membakar jerami ke dalam api atau menggunakannya sebagia pupuk karena jika gandum dan jerami disatukan dalam lumbung maka gandum akan menjadi busuk. Untuk itu, Allah akan tidak akan membiarkan jerami masuk ke dalam kerajaan sorga di mana gandum berada. Tidak demikian halnya dengan binatang, manusia memiliki roh yang kekal karena Allah telah menghembuskan nafas hidup ke dalamnya saat Allah menciptakannya. Jadi, Allah tidak dapat menghancurkan jerami, atau membiarkannya habis.

Tidak terelakkan bagi Allah untuk mengumpulkan gandum ke dalam sorga, membiarkan mereka menikmati sukacita kekal dan membakar jerami ke dalam api neraka yang tidak terpadamkan untuk selama-lamanya. Oleh karena itu, Anda harus menyimpan hal ini dalam benak Anda agar tidak dilemparkan dalam api neraka.

Sorga yang Indah dan Neraka yang Mengerikan

Di satu sisi, sorga terlalu indah untuk dibandingkan dengan apa pun di dunia ini. Contohnya, bunga-bunga di dunia ini akan akan segera layu, tetapi bunga=-bunga di sorga tidak akan pernah layu atau pun gugur karena segala sesuatu di yang ada di sorga adalah kekal. Jalannya terbuat dari emas yang sebening gelas. Sungai Kehidupan bersinar bagaikan kristal murni mengalir, dan rumah-rumah terbuat dari berbagai permata yang berharga. Keindahannya tidak terkatakan (berkaitan dengan *Surga I & II*).

Di sisi lain, neraka adalah tempat di mana cacing tidak akan mati, dan api tidak terpadamkan. Semua orang di sana akan akan digarami dengan api (Markus 9:48-49). Terlebih lagi, terdapat lautan api dan belerang di dalam neraka yang panasnya tujuh kali lipat panas dari lautan api (Wahyu 20:10, 15). Orang-orang yang tidak diselamatkan harus hidup di dalam lautan apai yang tidak terpadamkan atau lautan belerang selamanya. Betapa megerikan dan menakutkannya hidup di sana untuk selamanya. (Berkatian dengan Neraka)!

Untuk itu, Yesus berkata dalam Markus 9:43 *"lebih baik engkau masuk ke dalm hidup dengan tangan kudung dari pada dengan utuh kedua tanganmu di buang ke dalam neraka..."*

Mengapa Allah yang adalah Kasih harus membuat keduanya, nerakan yang mengerikan dan sorga yang indah? Bila orang jahat diperbolehkan masuk ke tempat di mana orang-orang baik dan yang dikasihi Allah akan tinggal, akan menyakitkan bagi orang-orang baik dan sorga akan tercemari dengan kejahatan. Singkatnya, Allah membuat neraka karena Ia mengasihi umat manusia dan ingin memberikan kepada anak-anakNya yang terbaik.

Penghakiman Tahta Putih Besar

Seorti halnya petani menabur benih dan menuainya tahun demi tahun, Allah telah memelihara roh Allah sejak Adam di usir dari Taman Eden dan begitu seterusnya sampai kedatangan Yesus kembali.

Allah menunjukkan kehendaknya kepada bapa-bap iman yang terdahulu seperti Nuh, Abraham, Musa, Yohanes Pembaptis, Petrus, dan Rasul Paulus. Hari ini, Dia terus menerus memelihara roh manusia melalui para penginjil dan para pengerja-Nya. Walau demikian, bila yang terakhir datang setelah suatu permulaan, maka pemeliharaan roh manusia tidak untuk selamanya.

2 Petrus 3:8 mengatakan, *"...yang satu ini tidak boleh kamu*

lupakan, yaitu, bahwa di hadapan Tuhan satu hari sama seprti seribu tahun dan seribu tahun sama seperti satu hari." Seprti halnya Allah beristirahat di hari ke tujuh setelah hari ke-enam menciptakan alam semesta, kedatangan Yesus dan Milenium Baru, waktu Sabatha akan datang setelah enam ribu tahun sejak ketidaktaatan Adam. Sesudah itu, melalui penghakiman Tahta Putih yang Besar, Allah akan memperbolehkan gandum masuk ke dalam sorga dan akan melemparkan jerami ke dalam api neraka.

Oleh karena itu, saya berdoa di dalam nama Tuhan Yesus Kristus agar Anda dapat memahami pemeliharaan Allah dan kasih akan pemeliharaan manusia secara dalam, menuju hodup yang penuh berkat, dan memuliakan Allah dengan harapan yang sungguh-sungguh untuk sorga.

Bab 3

Pohon Pengetahuan yang Baik dan Jahat

- Adam dan Hawa di Taman Eden
- Adam Tidak Taat Kerena Kehendaknya
  Sendiri
- Upah Dosa adalah Maut
- Mengapa Allah Meletakkan Pohon
  Pengetahuan

Tuhan Allah mengambila manusia itu dan menempatkannya dalam taman Eden untuk mengusahakan dan memelihara taman itu. Lalu Tuhan Allah memberi perintah ini kepada manusia: "Semua pohon dalam taman ini boleh kaumakan buahnya dengan bebas, tetpai pohon pengetahuan tentang yang baik dan yang jahat itu, janganlah kau makan buahnya, sebab pada hari engkau memakannya pastilah engkau mati."

Kejadian 2:15-17

Bagi mereka yang tidak mengetahui kasih Allah pencipta serta pemeliharaan-Nya yang dalam dan amat sangat besar, akan bertanya "Mengapa Allah menmpatkan pohon pengetahuan yang baik dan yang jahat di taman Eden?" "Mengapa Ia membiarkan orang yang pertama untuk menuju ke jalan kehancuran?" Mereka mengira bahwa manusia tidak akan mati dan dapat menikmati hidup bahagia di taman Eden jika saja Allah tidak menempatkan pohon pengetahuan di sana.

Beberapa orang bahkan mengatakan hal yang serupa yaitu, "Allah mungkin tidak tahu sebelumnya bahwa Adam akan memakan buah dari peohon pengetahuan yang bauk dan jahat" karena mereka tidak percaya akan kemaha kuasaan dan kemaha tahuan Allah. Apakah Ia menempatkan pohon kehidupan dengan pengetahuan yang kurang tanpa mengetahui ketidak taatan Adam di masa depan? Atau apakah Allah menempatkan pohon pengetahuan dengan sengaja dan memimpin manusia ke jalan maut? Tentu tidak!

Lalu, mengapa Allah menempatkan pohon pengetahuan yang baik dan yang jahat di tengah-tengah Taman Eden? Mengapa Adam tidak taat kepada perintah Allah dan jatuh ke dalam maut?

Adam dan Hawa di Taman Eden

Allah membentuk manusia dari debu tanah menghembuskan ke dalam hidungnya nafas kehidupan, dan manusia itu menjadi mahkluk yang hidup (Kejadian 2:7). Mahkluk hidup adalah mahkluk yang memiliki roh yang tidak memiliki pengeatahuan apa pun saat pertama diciptakan. Mari kita ambil contoh yang sederhana. Bayi yang baru lahir tidak memiliki hikamat dan pengetahuan. Bayi itu memiliki sistem memori di dalam otaknya, tetapi belum pernah melihat, mendengar, atau diajarkan sesuatu. Sehingga bayi itu hanya bergerak dengan perasaan.

Begitu juga Adam tidak memiliki hikmat roh atau pengetahuan saat is pertama kali menjadi mahkluk hidup.

Adam Belajar Pengeathuan Hidup dari Allah

Allah menanam sebuah taman di timur, di dalam Eden dan menempatkan manusia di sana. Allah memberikan Adam pengetahuan tentang hidup dan kebenaran secara pribadi, berjalan dengannya agar Ia dapat membuat Adam mneguasai dan mengusahakan Taman Eden.

Kejadian 2:19 berbunyi, *"Lalu Tuhan Allah membentuk dari tanah segala binatang hiutan dan segala burung di udara. Di bawa-Nyalah semuanya kepada manusia itu untuk melihat, bagaimana ia menamainya; dan seperti nama yang diberikan manusia itu kepada tia-tiap mahkluk yang hidup, demikianlah nanti nama mahkluk itu."* Adam telah diperlengkapi dengan pengetahuan tentang hidup cukup untuk memerintah atas segalanya.

Juga, bagi Allah, tidak baik bagi Adam untuk sendiri. Untuk itu, Allah membuat dia tertidur dengan nyenyak agar dapat membuat penolong yang sepadan dengannya. Allah mengambil salah satu tulang rusuk manusia itu dan menutupinya dengan daging saat manusia itu tertisur. Lalu Allah menciptakan seorang wanita dari tulang rusuk yang telah diambil dari manusia itu, dan membawa perempuan itu kepadanya. Allah menyatukan manusia itu dengan istrinya, dan mereka menjadi satu dangung (Kejadian 2:20-22).

Hal ini bukan karena Adam merasa sendiri tetapi karena Allah telah sendiri untuk waktu yang lama sebelum segala sesuatu dijadikan dan merasakan kesendirian itu. Kasih dan Anugerah Allah yang besar menjadikan Allah untuk membuat penolong bagi Adam, dan Allah, telah mengetahui hal ini sebelumnya, memberkati manusia dan istrinya agar berbuah, beranak cucu, dan memenuhi bumi.

Hidup Adam yang Panjang di Taman Eden

Lalu, berapa lama Adan dan istrinya, Hawa tinggal di taman Eden? Alkitab tidak menjelaskan hal ini secara terinci, tetpai Anda harus tahu bahwa mereka hidup jauh lebih lama dari yang diperkirakan manusia.

Alkitab menyatakan hal ini hanya dalam beberapa ayat saja. Oleh karena itu, banyak orang mengira Adam memakan buah terlarang dan jatuh ke dalam kehancuran tidak lama sesudah

Allah menempatkannya di Taman Eden. Beberapa dari mereka bertanya, "Alkitab berkata, sejarah umat manusia adalah enam ribu tahun, tetapi bagaimana Anda dapat menjelaskan fosil-fosil yang berada sejak ratusan ribu tahun yang lalu?"

Sejarah perkembangan manusia di dalam Alkitab adalah sekitar 6,000 tahun, mulai dari saat Adam dan Hawa diusir dari Eden. Tidak termasuk waktu lama selama mereka hiduo di Taman Eden. Setelah jangka waktu yang lama, telah terjadi perubahan besar secara geografi dan geologi seperti reaksi lapisan kulit bumi dan beberapa siklus reproduksi dan kepunahan telah terjadi. Seprti yang telah dibahas dalam Bab I, banyak fosil yang membuktikan hal ini.

Sesaat setelah Allah memberkati Adam dan istrinya dalam Kejadian 1:28, manusia pertama, Adam, sebelum dikutuk, ia telah berjalan bersama Allah, dan melahirkan banyak anak untuk waktu yang lama dan memenuhi Taman Eden. Seperti halanya allah dari segala sesuatu, Adam telah mengelola dan mengusahakan bumi juga Taman Eden.

Adam Tidak Taat Karena Kehendaknya Sendiri

Allah memberikan kepada Adam dan Hawa masing-masing kehendak bebas dan membiarkan mereka menikmati kelimpahan serta sukacita Taman Eden. Tetapi, ada satu hal yang dilarang Allah. Allah memerintahkan mereka untuk tidak makan dari pohon pengetahuan yang baik dan jahat.

Jika Adam telah mengerti hati Allah yang terdalam dan mencintainya dengan sungguh-sunguh, ia tidak akan memakan buah terlarang itu karena ia mengetahui perintah Allah. Bagaimana pun ia tidak mentaati perintah khusus ini sebab ia tidak mencintai Allah dengan sungguh-sungguh.

Allah menempatkan pohon pengetahuan baik dan jahat di dalam Taman Eden dan menciptakan hukum yang ketat anatara Allah dan manusia. Ia memperbolahkan manusia menyimpan perintah-Nya atas kehendaknya sendiri. Hal itu karena Allah ingin memiliki anak-anak sejati yang akan taat kepada Dia dari dalam hatinya.

Adam Mengabaikan Firman Allah

Di dalam Alkitab, Allah seringkali menjanjikan berkat-barkat kepada mereka yang taat akan seluruh perintah-Nya dan mengindahkannya (Ulangan 15:4-6, 28:1-14). Tetapi, siapa yang dapat mentaati seluruh perintah-Nya? Bahkan Alkitab pun mengakui bahwa hanya ada beberapa orang di dunia ini yang dapat melakuakannya.

Allah mungkin telah mengjarkan kepada manusia pertama, Adam bahwa ia akan menikmati kehidupan kekal serta berkat-berkatnya selama ia mentaati perintah Allah, tetapi akan mencapai kematian kekal jika tidak mentaati Allah. Allah telah mengingatkan dia untuk tidak makan buah dari pohon pengetahuan yang baik dan yang jahat.

Walaupun demikian, Adam dan Hawa mengabaikan perintah Allah, dan makan buah terlarang tersebut. Setan mencoba mengganggu rencana Allah untuk membesarkan anak-anak roh yang sejati sejak semula. Pada akhirnya, setan berhasil membujuk mereka untuk makan buah itu melalui ular yang adalah binatang paling cerdik di antara binatang lainnya (Kejadian 3:1). Adam dan Hawa tidak taat akan perintah Allah. Lalu, bagaimana Adam dapat melanggar perintah Allah walaupun ia adalah roh yang hidup dan hanya diajarkan kebenaran Allah?

Dalam Kejadian 2:15, Kkita menemukan bahwa Adam mengusahakan dan memelihara Taman Eden, Adam menerima kuasa dan otoritas dari Allah untuk memerintah dan menjaganya. Allah menjadikan dia penjaga kalau-kalau setan atau iblis dapat masuk ke dalamnya. Sayangnya, setan tidak gagal untuk menguasai ular dan membujuk Adam dan Hawa melalui ular itu. Bagaimana mungkin ini tejadi?

Dengan kata lain, Setan adalah roh jahat yang memiliki otoritas atas kerjaan udara. Setan tidak berbentuk. Dalam Efesus 2:2, Setan digambarkan sebagai *"penguasa kerajaan angkasa, yaitu roh yang sekarang sedang bekerja di anatar orang-orang durhaka."*

Karena Setan seperti gelombang radio yang terbang melintasi angkasa, Setan dapat mengendalikan ular di Taman Eden untuk membujuk Adam dan Hawa. Kejadian 1 menunjukkan ayat istimewa yang diulang-ulang. Pada akhir setiap hari penciptaan, Alkitab mengulang, "Allah melihat bahwa semuanya itu baik." Ayat ini tidak disebutkan pada hari ke-dua di mana cakrawala diciptakan.

Lagi, di dalam Efesus 2:2 berbicara mengenai waktu *"Kamu*

hidup di dalamnya, karena kamu mengikuti jalan dunia ini, karena kamu mentaati penguasa kerajaan angkasa, yaitu roh yang sekarang sedang bekerja di anatar orang-orang durhaka. " Allah sangat mengetahui bahwa roh jahat akan berkuasa atas kerajaan angkasa.

Hawa Jatuh ke Dalam Godaan si Ular

Ular adalah salah satu binatang di taman itu. Bagaimana ia berhasil menggoda Hawa untuk tidak taat kepada perintah Allah?

Di Taman eden, manusia dapat berkomunikasi dengan semua mahkluk hidup seperti bunga, pohon, burung, binatang dan lainnya. Hawa juga dapat berkomunikasi dengan ular. Sesungguhnya, ular disenangi oleh manusia dan berhubungan baik dengan mereka tidak seperti saat ini. Dahulu, ular adalah lembut, bersih, panjang, bulat dan bijak dan Hawa bermurah hati kepadanya. Mereka mengenal Hawa dengan baik dan memuji dia. Kasus ini sama dengan anjing yang sangat di mana pemiliknya sangat bermurah hati kepadanya karena mereka lebih pintar dan mengikuti dengan lebih baik dibandingkan binatang lainnya.

Walaupun demikian, orang-orang berkata, "Ular itu mengerikan, beracun, dan menjijikkan." Mereka tidak menyukai ular bahkan dengan perasaan mereka karena ular adalah yang mengakibatkan manusia pertama Adam dan istrinya untuk melanggar perintah dan mendorong mereka kepada jalan maut.

Untuk memahami sifat dari ular, Anda harus mengetahui

karakter tanah yang sesungguhnya. Setiap lapisan tana memeliki kandungan dan perbandingan bahan yang berbeda. Subur tidakanya tanah tergantung dari elemen yang ditambahkan di dalamnya. Pada waktu Allah menciptakan segala jenis binatang di darat dan burung-burung di udara, Dia memilih tanah yang sesuai untuk masing-masing binatang (Kejadian 2:19)

Allah tidak menjadikan ular cerdik pada mulanya. Allah membuatnya cukup bijak untuk mencintai manusia. Walau demikian, ular menjadi cerdik setelah sifat jahat masuk ke dalamnya. Jika si ular tidak menerima suara Setan melainkan melakukan kehendak Allah saja, ia mungkin dapat menjadi binatang yang bijak dan baik. Karena ia mendengarkan dan mentaati suara Setan, bagaimana pun, ular menjadi binatang yang cerdik, yang mengakibatkan Hawa jatuh ke dalam maut.

Karena Hawa Mengubah Firman Allah

Ular mengetahui apa yang dikatakan Allah kepada Adam.: *"....Jangan kamu makan buah dari pohon itu. Kalau kamu makan dari pohon pengetahuan yang baik dan yang jahat, kamu akan mati"* (Kejadian 2:16-17). Jadi, ular bertanya kepada Hawa dengan cerdik, *"Apakah Allah benar-benar mengatakan, 'Jangan kau makan dari semua pohon di taman ini?'"* (Kejadian 3:1).

Bagaimana Hawa menjawab ular itu?

Lalu sahut perempuan kepada ular it: "Buah pohon-pohonan dalam taman ini boleh kami makan, tetapi

tentang buah pohon yang ada di tengah-tengah taman,
Allah berfirman: Jangan kamu makan atau pun raba
buah itu, nanti kamu akan mati" (Kejadian 3:2-3).

Allah telah memberikan Adam peringatan yang jelas:
"Jangan kamu makan dari pohon itu, sebab pada hari kamu
memakannya, pastilah engkau akan mati" (Kejadian 2:17). Ia
menekankan bahwa mereka tidak akan hidup setelah makan
dari phon itu. Walaupun demikian, tanggapan Hawa tidak
sejelas itu. Ia hanya menjawab dengan samar-samar, "Kamu akan
mati." Ia melewatkan kata "pasti." Dengan kata lain, yang
dimaksudkan Hawa, "Jika Kamu makan buah terlarang, Anda
mungkin mati, mungkin juga tidak."

Hawa tidak menyimpan perintah Allah di dalam benaknya
dan sedikit meragukan Fieman Allah. Sesudah ular itu
mendengarkan jawabannya yang samar-samar dan ragu-ragu,
menjadikan ular itu untuk dengan cepat menggodanya. Bahkan
mengubah perintah Allah. Ular itu mengatakan kepada
perempuan itu, "Kamu sekali-kali tidak akan mati." Hal ini
mulai meribah perintah Allah dan mendorong perempuan itu:
"tetapi Allah mengetahui, bahwa pada waktu kamu
memakannya matamu akan terbuka, dan kamu akan menjadi
seperti Allah, tahu tentang yang baik dan yang jahat"
(Kejadian 3:5). Hawa tergoda lagi, dan rasa penasaran pun
bertambah.

Hawa Tidak Taat atas Kehendak Bebasnya

Sesudah Setan menafaskan keinginan-keinginan dosa ke dalam perempuan itu melalui pemikiran yang tidak benar, pohon itu tampak berbeda dari yang sebelumnya ia ketahui. Kejadian 3:6 berbunyi, *"Perempuan itu melihat bahwa pohon itu baik untuk dimakan dan sedap kelihatannya, lagipula pohon itu menarik hati karena memberi pengertian. Lalu ia mengambil dari buahnya dan dimakannya dan diberikannya juga kepada suaminya yang bersama-sama dengan dia, dan suaminya pun memakannya."*

Hawa seharusnya keluar dari godaan ular itu secara tuntas. Kebutuhan manusia berdosa, keinginan mata, dan harga diri hidup telah menguasainya dan membawa dia jatuh ke dalam dosa ketidaktaatan.

Sebagian orang berkata, "Bukankah Adam dan Hawa makan buah dari pohon pengetahuan yang baik dan jahat karena mereka memiliki 'sifat dosa' di dalam diri mereka?" Mereka tidak memiliki sifat dosa melainkan kebaikan di dalam mereka sebelum mereka tidak taat. Mereka hanya memiliki kehendak bebasnya sendiri di mana mereka dapat atau tidak dapat makan buah terlarang melawan perintah Allah.

Selang waktu berlalu, mereka mengabaikan perintah Allah. Setan menggoda mereka melalui ular itu dan mereka menyerah kepada godaan. Dengan jalan itu, dosa datang melalui mereka dan mereka melanggar perintah yang telah dibuat Allah.

Hal ini serupa dengan kasus pertumbuhan anak-anak dalam kejahatan. Bahkan anak-anak yang jahat dalam perbuatan, dan kata tidak selalu jahat dari kelahirannya. Pada mulanya, ia meniru kata-kata buruk atau kata-kata kutuk dari anak-anak yang lain tanpa mengetahui artinya. Atau ia mengikuti seorang anak lelaki memukul anak lainnya, dan menikmati memukul anak –anak lelaki lainnya dan melihat mereka berlinangan air mata. Jadi ia memukul anak-anak lainnya berulang-ulang dan kejahatan masuk ke dalamnya dan bertumbuh di dalamnya.

Begitu pula, Adam tidak memiliki sifat dosa pada mulanya. Saat ia tidak taat kepada perintah Allah dan makan dari phon itu oleh kehendak bebasnya, dosa telah masuk dan kejahatan timbul di dalam dirinya.

Upah Dosa adalah Maut

Seperti yang dikatakan Allah kepada Adam, "Jangan engaku makan dari pohon pengetahuan yang baik dan jahat. Nanti pastilah engkau akan mati," Adam dan Hawa sungguh-sungguh telah mati setelah mereka makan dari pohon itu. Dikatakan dalam Yakobus 1:15, *"Dan apabila keinginan itu telah dibuahi, ia melahirkan dosa,; dan apabila dosa itu sudah matang, ia melahirkan maut."*

Roma 6:23 mengajarkan kepada Anda hukum spiritual yang sebenarnya mengenai hasil dari perbuatan dosa, *"Upah dosa ialah maut."* Mari kita lihat bagaimana maut datang kepada Adam dan Hawa karena ketidaktaatan mereka.

Kematian Roh

Allah dengan jelas berkata kepada Adam, "Pastilah engkau akan mati, saat memakan dari pohon pengetahuan yang baik dan jahat." Walaupun demikian, mereka tidak mati seketika setelah tidak mentaati perintah Allah. Mereka hidup sangat lama dan melahirkan banyak lagi anak-anak. Jika demikian, apakah "kematian" yang diperingatkan Allah?

Kematian yang dimaksudkan Allah bukanlah kematian secara daging tetapi kematian roh. Manusia diciptakan dengan roh yang dapat berkomunikasi dengan Allah, jiwa yang adalah hamba dari rohnya, serta tubuh di mana roh dan jiwanya berdiam. 1 Tesalonika 5:23 mengatakan bahwa manusia terdiri dari roh, jiwa dan tubuh. Saat Adam dan Hawa melanggar perintah Allah, roh mereka, yang menguasai manusia itu, mati.

Allah tidak dapat disalahkan dan tidak bercacat cela, dan yang Kudus yang berdiam di dalam terang yang tidak dapat digapai, sehingga manusia berdosa tidak dapat bersama-sama dengan Dia. Adam dapat berkomunikasi dengan Allah saat roh-nya hidup, tetapi tidak dapat lagi berkomunikasi dengan Allah sesudah roh-ya mati karena dosa.

Awal dari Kehidupan Sengsara

Taman Eden adalah tempat yang berlimpah dan indah di mana tidak terdapat kekuatiran dan kecemasan, dan Adam dan Hawa dapat hidup selama-lamanya dengan makan dari pohon kehidupan. Tetapi mereka diusir dari Taman Eden setelah mereka berbuat dosa. Sejak saat itu, masalah-masalah dan masa sukar bermula.

Perempuan menjadi sangat kesakitan saat melahirkan. Ia menjadi berahi kepada suaminya dan suaminya akan berkuasa atas drinya. Dengan bersusah payah engkau akan mencari rezekimu dari tanah seumur hidupmu, semak duri dan rumput duri yang dihasilkannya bagimu, dan tumbuh-tumbuhan di padang akan menjadi makananmu (Kejadian 3:16-17).

Allah berkata kepada Adam di dalam Kejadian 3:18-19, *"semak duri dan rumput duri yang dihasilkannya bagimu, dan tumbuh-tumbuhan di padang akan menjadi makananmu. Dengan berpeluh engkau akan mencari makananmu sampai engkau kembali lgi menjadi tanah, karena dari situlah engkau diambil, sebab engkau debu dan engkau akan kembali menjadi debu."* Melalui ayat-ayat ini, Allah menunjukkan bahwa manusia harus kembali menjadi debu tanah.

Karena Adam, bapa orang beriman, melakukan dosa ketidaktaatan dan roh-nya mati, seluruh keturunannya dilahrikan sebagai orang berdosa dan menuju ke jalan maut.

Roma 5:12 mencatat peninggalan Adam: *"Sebab itu, sama sprti dosa telah masuk ke dalam dunia oleh satu orang, dan oleh dosa itu juga maut, demikianlah maut itu telah menjalar kepada semua orang, karena semua orang telah berbuat dosa."*

Setiap Manusia Dilahirkan dengan Dosa Warisan

Allah memampukan manusia untuk berbuah dan bertambah

banyak melalui benih hidup yang Dia berikan saat Dia membuat mereka. Manusia terjadi oleh bersatunya sperma dengan telur yang Allah berikan kepada setiap leki-leki dan perempuan sebagai benih-benih kehidupan. Karena sperma atau telur memiliki karakter dari masing-masing orang tuanya, bayi hasil dari bersatunya sperma dan telur, mempunyai kesamaan dengan orang tuanya dalam hal penampilan, karakter, selera, kebiasaan, kesukaan, cara jalan, dan lain sebagainya.

Dengan cara demikian, sifat dosa Adam telah diwariskan kepada keturunannya sesudah Adam bapa umat manusia, melakukan dosa. Ini disebut dengan "Dosa Warisan." Keturunan-keturunan Adam lahir dengan dosa warisan. Jadi, tidak terelakkan bahwa setiap manusia adalah orang berdosa.

Sebagian orang tidak percaya mengeluh, "Mengapa atau bagaimana mungkin saya seorang berdosa? Saya tidak pernah melakukan dosa." Atau yang lain bertanya, "Bagaimana dosa Adam dapat sampai kepada saya?"

Mari kita mengambil contoh seorang anak. Seorang ibu mengasuh anaknya yang usianya belum satu tahun. Ia menyusui anak yang lain dihadapan mata kepala anaknya sendiri. Sudah pasti anaknya akan menjadi marah dan mencoba menjauhkan bayi yang satunya itu. Jika sang ibu tidak berhenti menyusui bayi yang satunya atau bayi itu tidak berhenti mnghisap payudaranya, mungkin anaknya akan menyikut atau memukul ibunya atau bayi yang satunya. Jika sang ibu terus memberikan asi, anaknya mungkin akan berlinangan air mata.

Walaupun tidak ada yang mengajarkan kepadanya cemburu, iri hati, dengki, serakah atau memukul, si bayi sudah memiliki semua hal-hal jahat itu di dalam pikirannya sejak ia dilahirkan. Kenyataan ini menjelaskan bahwa manusia dilahirkan dengan dosa warisan yang diwariskan oleh orang tuanya.

Berapa banyak lagi dosa yang dilakukan manusia itu sendiri sepanjang hidupnya? Anda harus mengerti bahwa bukan saja perbuatan-perbuatan dosa, tetapi segala bentuk kejahatan yang ada di dalam pikiran seseorang adalah dosa dihadapan Allah yang adalah terang itu sendiri. Allah mengetahui dan melihat setiap kejahatan di dalam pikiran seprti kebencian, keserakahan, penghukuman, dan banyak lainnya.

Oleh karena itu, Alkitan mengatakan kepada kita bahwa tak seorang pun yang dapat dibenarkan di hadpan Allah oleh karena melakukan hukum Taurat, karena justru karena hukum Taurat orang mengenal dosa (Roma 3:20, 23).

Bukan Hanya Manusia, tetapi Segala Sesuatu Terkutuk

Pada waktu Adam yang adalah allah dari segala sesuatu, berdosa dan dikutuk, tanah dan ladang, semua binatang di padang dan burung di udara dikutuk bersama-sama dengan dia. Sejak saat itu, serangga-serangga yang mengganggu dan beracun seperti lalat atau nyamuk yang menyebarkan segala jenis penyakit menjadi mahkluk hidup.

Tanah mulai menghasilkan tumbuhan yang berduri dan manusia dapat memanen hasilnya untuk dimakan hanya dengan bekerja keras dan hasil jerih payah tangannya. Manusia dipaksa untuk menhadapi air mata, kesusahan, kesakitan, penyakit, kematian, dan sejenisnya karena mereka terkutuk di dunia ini.

Karena itu, Roma 8:20-22 berbunyi: *"Karena seluruh mahkluk telah ditaklukkan kepada kesia-siaan, bukan oleh kehendaknya sendiri, tetapi oleh kehendak Dia, yang telah menaklukkannya, tetapi dalam pengharapan, karena mahkluk itu sendiri juga akan dimerdekakan dari perbudakkan kebinasaan dan masuk ke dalam kemerdekaan kemuliaan anak-anak Allah. Sebab kita tahu, bahwa sampai sekarang, segala mahkluk sama-sama mengeluh dan sama-sama merasa sakit bersalin."*

Lalu, bagaimana ular di kutuk? Dalam Kejadian 3:14, Allah berkata kepada ular yang cerdik yang menggoda manusia untuk berdosa, *"Karena engkau berbuat demikian, terkutuklah engkau di antara segala ternak dan di antara segala binatang hutan; denagn perutmulah engkau akan menjalar dan debu tanhlah akan kau makan seumur hidupmu."* Ular, bagaimanapun, tidak makan debu tetapi binatang-biantang seperti nburung-burung, katak, tikus, atau serangga. Allah mengatakan dengan jelas, "Kamu akan makan debu tanah sepanjang hidupmu." Bagaimana Anda mengartikan ayat ini?

"Debu" di dini melambangkan "manusia yang dibuat dari debu tanah" (Kejadian 2:7), dan "ular itu" adalah musuh Anda, setan dan Iblis (Wahyu 20:2). "Debu tanahlah akan kaumakan seumur hidupmu" melambangkan bahwa setan dan Iblis mengganyang orang-oran yang tidak hidup berdasarkan Firman Allah melainkan berjalan dalam kegelapan.

Bahkan anak-anak Allah menghadapi kesusahan dan masa sukar yang disebabkan oleh setan dan Iblis jika mereka melakukan kejahatan melawan kehendak Allah. Hari ini, setan dan Iblis mengaum-ngaum seperti singa yang mencari mangsanya (1 Petrus 5:8). Jika menemukan, mereka akan dijadikan budak dibawah kutuk dosa dan menarik mereka kepada jalan kehancuran. Jika mungkin, mereka mencoba menggoda bahkan anak-anak Allah.

Setan dan Iblis menggoda mereka yang berkata, "Saya percaya kepada Allah," tetapi ragu akan Firman Allah, dan memimpin mereka ke jalan maut. Biasanya, setan dan Iblis mencoba menggoda orang-orang terdekat Anda, seprti pasangan hidup Anda, teman, dan kerabat-seperti cara mereka menggoda Hawa melalui ular itu, salah satu binatang peliharaan yang paling disayangi.

Sebagai contoh, pasangan atau teman Anda mungkin bertanya, "Tidak cukupkah bagimu untuk menghadiri hanya Kebaktian Penyembahan Minggu Pagi saja? Apakah kamu harus menghadiri Kebaktian Penyembahan Minggu Malam juga?" atau "Apakah kamu berusaha sebaik mungkin untuk berkumpul setiap hari?" "Allah memahami dan mengetahu bahkan hati Anda yang terdalam sekalipun, karena Ia adalah Mahatahu dan Mahakuasa. Perlukah Anda menangis di dalam doa?"

Allah memerintahkan Anda untuk mengingat hari Sabat dan menjadikannya kudus (Keluaran 20:8), cobalah untuk berkumpul di dalam nama Tuhan (Ibrani 10:25), dan berserulah di dalam doa (Yeremia 33:3). Setan tidak dapat menggoda atau membuat dosa mereka yang diam di dalam Firman Allah sepenuhnya (Matius 7:24-25).

Seperti yang dikatakan di dalam Efesus 6:11, *"Kenakanlah seluruh perlengkapan senjata Allah, supaya kamu dapat bertahan melawan tipu muslihat Iblis,"* Anda harus memeprlengkapi diri Anda dengan Firman Kebenaran dan dengan berani mengusir musuh Anda yaitu setan dan Iblis dengan iman.

Mengapa Allah Menempatkan Pohon Pengetahuan?

Allah menempatkan pohon pengetahuan yang baik dan jahat di Taman Eden bukan untuk membawa manusia keluar kepada jalan kehancuran, tetapi untuk memberikan kepada mereka kebahagiaan sejati. Dengan tidak menguraikan rencana besar Allah, banyak orang salah mengerti kasih dan keadilan Allah dan bahkan tidak percaya kepada Allah. Mereka hidup dalam kehidupan yang membosankan dan tidak hidup tanpa mencari tahu tujuan dari hidup mereka.

Lalu, mengapa Allah menempatkan pohon pengetahuan yang baik dan jahat di dalam Taman Eden, dan mengapa hal ini membawa berkat yang besar?

Adam dan Hawa Tidak Mengenal Kebahagiaan Sejati

Taman Eden sangatlah indah dan berlimpah melampaui yang Anda bayangkan. Allah membuat segala jenis pohon yang tumbuh dari tanah. Pepohonan yang indah untuk dipandang dan baik untuk makanan. Di tengah-tengah Tman terdapat pohon kehidupan dan pohon pengetahuan yang baik dan yang jahat (Kejadian 2:9).

Lalu, mengapa Allah menempatkan pohon pengetahuan yang baik dan jahat di tengah-tengah Taman bersama dengan pohon kehidupan sehinga terlihat dengan jelas? Allah tidak pernah bermaksud untuk membawa mereka ke jalan kehancuran dengan cara menggoda mereka untuk makan dari pohon itu. Ada pemeliharaan Allah untuk membuat kita mengerti relativisme pohon pengetahuan yang baik dan jahat dan menjadi anak-anak-Nya yang benar dan secara spiritual yang dapat meraskan hati-Nya.

Saat manusia merasakan air mata, kesusuhan, kemiskinan atau sakit-penyakit, orang mugkin mengira bahwa Adam dan Hawa pasti sangat senang waktu berada di Taman Eden karena mereka tidak merasakan kesakitan seprti air mata, kesusahan, kemiskinan atau sakit-penyakit di dunia ini. Walaupun demikian, orang-orang di Taman Eden tidak mengenal baik kebahagiaan sejati maupun kasih sejati karena mereka tidak mengalami relatifitas.

Mari kita mengambil satu contoh. Ada dua anak laki-laki. Satu lahir dan bertumbuh di dalam kemiskinan, tetapi yang satunya lahir dalam kelimpahan dan menikamtinya. Jika Anda memberikan kepada masing-masing hadiah mainan yang sangat mahal, respon seperti apakah yang akan ditunjukkan mereka?

Di satu sisi, anak laki-laik yang tumbuh di dalam kelebihan tidak akan terlalu berterima kasih karena ia sering merasakan nilai mainan seperti tu. Di sisi yang lain, anak laik-laki yang satunya yang tumbuh dalam kemiskinan akan sangat berterima kasih dan menghargai mainan itu dengan sangat berharga.

Kebahagiaan Sejati datang dari Relatifitas

Dengan cara yang sama pula, mereka yang mengalami hal-hal yang relatif tentang kebebasan tau kelimpahan dan menikmati kebahagiaan sejati atau kebebasan sejati. Tiak seprti Taman eden, banyak hal relatif yang terdapat di dunia ini. Jika Anda ingin mengetahui dan menikmati kebenaran nilai dari sesuatu, Anda harus mengalami hal-hal relatifnya, Anda tidak dapat kebenaran nilainya dengan sepenuhnya jika Anda tidak mengalami aspekaspek kebalikkannya.

Sebagai contoh, Jika anda ingin merasakan kebahagiaan sejati, Anda harus merasakan ketidak bahagiaan sejati. Jika Anda ingin mengetahu nilai cinta yang sejati, Anda harus merasakan kebencian. Anda tidak dapat menyadari nilai kesehatan Anda dengan sepnuhnya sampai Anda dalam kesakitan karena penyakit atau kesehatan yang buruk. Anda tidak akan menyadari nilai kehidupan kekal dan tidak dapat bersyukur kepada Allah sampai Anda memahami bahwa sesungguhnya ada kematian dan neraka.

Manusia pertama, Adam menikmati apa pun yang ia ingin makan dan memiliki otoritas untuk mengelola segala sesuatu di Taman Eden. Ia mencapai semua itu dengan susah payah dan dengan hasil keringatnya. Untuk alasan itu, ia tidak menunjukkan rasa syukur kepada Allah yang telah memberikannya semua, ataupun mengetahui anugerah-Nya dan kadih di dalam dirinya.

Kemudian, Adam melanggar perintah Allah dengan memakan buah itu. Ia adalah roh yang hidup sampai dengan saat itu, tetapi setelah ia berbuat dosa, rohnya mati dan ia menjadia manusia daging. Ia dan istrinya diusir dari Taman Eden dan datang untuk hidup di bumi ini. Ia mulai mengalami apa yang tidak pernah ia alami sebelumnya di Taman Eden: air mata, kesusahan, sakit-penyakit, kesakitan, kemalangan, kematian dan sebagainya. Pada akhirnya, ia datang untuk mengalami segala sesuatu yang bertolak belakang dengan kebahagiaan Taman Eden.

Di dalam proses tersebut, Adam dan Hawa dapat mengertyi dan merasakan seperti apa kabahagiaan dan ketidakbahagiaan itu dan betapa berharganya kebebasan dan kelimpahan yang Allah telah berikan kepada mereka di Taman Eden.

Hidup Anda akan menjadi tidak berarti jika Anda hidup selamanya tanpa mengetahui apa itu kebahgiaan dan ketidakbahagiaan. Bahkan jika saat ini Anda mengalami masa sukar, hidup Anda akan menjadi lebih bernilai dan berarti jika Anda dapat merasakan kebahagiaan sejati nantinya.

Sebagai contoh, bahkan jika orang tua mengetahui bahwa anak-anaknya akan menderita dalam belajar, mereka tetap membiarkan anak-anaknya pergi ke sekolah. Jika mereka mencintai anak-anaknya, orang tua kakan dengan siap menolong mereka blajar dengan keras atau mengalami banyak hal-hal yang baik. Kasus yang sama seperti hati Allah Bapa yang mengirim manusia ke dunia ini dan memelihara mereka sebagai anak-anak-

Nya yang sejati melalui berbagai pengalaman.

Untuk alasan yang sama pula, Allah menempatkan pohon pengetahuan yang baik dan jahat di Taman Eden dan tidak mencegah Adam dan Hawa memakan dari pohon itu di dalam kehendak bebasnya. Ia merencanakan segala ssuatu sehingga manusia dapat mengalami segala jenis sukacita, kemarahan, kesusahan dan kesenangan di dunia ini dan menjadi anak-anak-Nya yang sejati melalui perkembangan manusia.

Lewat pengalaman-pengalaman yang menyakitkan, pada akhirnya mereka dapat mengerti nilai dan arti sesungguhnya mengenai hal-hal tersebut di dalam hati mereka yang terdalam.

Karena mereka akan mengetahui dan merasakan kebahagiaan sejati melalui perkembangan manusia, anak-anak Allah tidak akan mengkhianati Allah lagi, tidak seperti Adam dan Hawa, bereapa pun lamanya waktu berlalu.Melainkan, mereka akan mencintai-Nya lebih dan lebih lagi, dipenuhi dengan sukacita dan syukur dan memberi kemuliaan yang lebih besar kepada Dia.

Kebahagiaa Sejati di dalam Sorga

Anak-anak Allah yang telah mengalami air mata, kesusahan, sakit, penyakit, kematian, dan lain sebagainya di dunia ini akan masuk ke dalam sorga kekal dan menikmati kebahagiaan kekal, kasih, sukacita, dan syukur untuk selamanya. Mereka akan merasakan sukacita dari kebahagiaan yang sempurna di sorga.

Di dunia yang penuh kedagingan, segala sesuatu menjadi busuk dan mati, tetapi tidak ada kebusukkan, kematian, air mata, dan kesusahan di kerajaan sorga yang kekal. Allah dianggap yang paling tinggi di dunia ini, tetapi semua jalan di Yerusalem Baru di sorga terbuat dari emas murni. Rumah-rumah sorgawi terbuat dari permata yang sangat indah dan berharga. Betapa menakjubkan dan indahnya itu!

Saya telah meremehkan emas atau permata sebagai yang paling berharga di dunia ini, sampai saya berjumpa dengan Allah, tetapi mulai saat itu, saya belajar mengenai sorga yang kekal. Saya mulai beranggapan bahwa segala sesuatu di dunia ini lenyap dan tak berarti. Hidup di dunia ini adalah sementara dibandingkan dengan kenyataan kekal. Jika anda sungguh-sungguh percaya dan berharap akan sorga kekal, Anda tidak akan pernah kehilangan dunia ini. Melainkan Anda hanya akan memikirkan apa yang akan Anda lakukan atau tidak lakukan untuk menyelamatkan satu atau lebih orang, atau bagaiamana Anda akan menginjili semua orang di seluruh dunia. Anda akan mengumpulkan bagi diri Anda penghargaan di sorga dengan memberikan persembahan yang terbaik kepada Allah dengan segenap hati Anda, tanpa mencoba berusaha menyimpan harta untuk diri Anda sendiri di bumi.

Rasul Paulus dapat melalui jalannya yang berat sampai kepada akhir dengan sukacita dan rasa syukur, karena ia melihat sorga ke tiga yang Allah tunjukkan melalui penglihatan kepadanya. Dia harus melalui masa-masa yang sukar sebagai rasul untuk orang-orang kafir. Allah menunjukkan kepadanya keindahan sorga dan mendorong dia untuk pergi ke menurut jalannya dan pada akhirnya berharap sorga. Ia dipukuli dengan tongkat, seringkali disiksa, dirajam batu, seringkali dipenjara, dan memncurahkan darahnya saat memberitakan injil Tuhan. Tanpa memperhatikan hal-hal ini, rasul Paulus mengetahui semua hal-hal tersebut akan dihargai dengan sangat besar melampaui yang dapat dijelaskan di sorga. Di akhir, semua masa sukarnya adalah untuk berkat-berkat sorgaei yang besar.

Anak Allah tidak menginginkan dunia ini. Mereka hanya menginginkan kerajaan sorga. Dunia ini adalah seementara di hadapan Tuhan, tetapi kehidupan di kerajaan sorga adalah kekal. Sehingga mereka dapat selalu hidup dengan sukacita, berharap untuk hadiah-hadiah besar yang akan Allah berikan kepada mereka di sorga menurut apa yang telah mereka lihat dan lakukan.

Untuk itu saya berdoa di dalam nama Tuhan kita Yesus Kristus bahwa Anda akan memahami kasih yang besar dan pemeliharaan Allah Sang Pencipta serta mempersiapkan diri Anda untuk masuk kedalam sorga,yaitu menikmati kehidupan kekal dan kebahagiaan sejati di dalam sorga yang indah menakjubkan dan mulia.

Bab 4

Rahasia yang Tersembunyi Sebelum Waktu Dijadikan

- Otoritas Adam Beralih kepada si Iblis
- Hukum Penebusan Tanah
- Rahasia yang Tersembunyi Sebelum
  Permulaan Waktu
- Yesus Memenuhi Syarat Menurut
  Hukum

Sungguhpun demikian kami memberitakan hikmat di kalangan mereka yang telah matang, yaitu hikmat yang bukan dari dunia ini, dan yang bukan dari penguasa-penguasa dunia ini, yaitu penguasa-penguasa yang akan ditiadakan. Tetapi yang kami beritakan ialah hikmat Allah yang tersembunyi dan rahasia, yang sebelum dunia dijadikan, telah disediakan Allah bagi kemulian kita. Tidak ada dari penguasa dunia ini yang mengenalnya, sebab kalau sekiranya mereka mengenalnya, mereka tidak menyalibkan Tuhan yang Mulia."

1 Korintus 2:6-8

Adam dan Hawa telah digoda oleh ular itu di Taman Eden, melanggar perintah Allah, dan makan dari pohon pengetahuan yang baik dan jahat karena mereka memilki keinginan untuk menjadi seperti Allah di dalam pikiran mereka. Sebagai hasilnya, mereka dan semua keturunannya menjadi orang-orang berdosa.

Dari sudut pandang manusia Adam dan Hawa seharusnya menderita karena merka telah dibawa keluar dari Taman Eden dan seharusnya menuju kepada jalan kematian. Bicara secara spiritual, bagaimanapun, adalah berkat Allah yang luar biasa karena mereka mendapat kesempatanuntuk menikmati keselamatan,kehidupan kekal dan berkat-berkat sorgawi melalui Yesus Kristus.

Melalui perkembangan manusia,rahasia yang telah tersembunyiuntuk kemuliaan anda sebelum waktu dijadikan telah disingkapkan dan jalan keselamatan telah terbuka lebar untuk semua bangsa. Mari kita masuk lebih dalam kepada rahasia yang telah tersembunyi sebelum waktu dijadkan, dan bagaimana jalan keselamatan telah dibuka.

Otoritas Adam Beralih kepada si Iblis

Didalam Lukas 4:5-6, kita temukan iblis mencobai Yesus

yang baru saja selesai berpuasa 40 hari.

Kemudian ia membawa Yesus kesuatu tempat yang tinggi dan dalam sekejap mata ia memperlihatkan kepada-Nya semua kerajaan dunia. Kata iblis kepada-Nya: "Segala kuasa itu serta kemuliaannya akan ku berikan kepada-Mu, sebab semuanya itu telah diserahkan kepadaku dan kau memberikannya kepada siapa saja yang kau kehendaki."

Iblis berkata bahwa ia akan mengalihkan otoritas kepada Yesus karena ia telah diberikannya dari seseorang. Mengapa Allah, yang memerintah segala sesuatu, memperbolehkan semua otoritas beralih kepada iblis?

Dikatakan di dalam Kejadian 1:28 Allah memberkati mereka, lalu Allah berfirman kepada mereka: *"Beranak cuculah dan bertambah banyak; penuhilah bumi dan taklukkanlah itu, berkuasalah atas ikan-ikan di laut dan burung-burung di udara dan atas segala binatang yang merayap di bumi."*

Adam merima otoritas dan kuasa untuk mengelola dan memrintah atas segala sesuatu yang berasal dari Allah. Ia pada waktu itu adalah allah dari segala sesuatu, tetapi setelah waktu yang lama, ia dan istrinya telah terpengaruh untuk makan dari pohon pengetahuan yang baik dan jahat oleh ular yang licik. Ia melakukan dos ketidak taatan kepada Allah.

Tertulis di dalam Roma 6:16, *"Apakah kamu tidak tahu, bahwa apabila kamu menyerahkan dirimu kepada sesorang sebagai hamba untuk mantaatinya, kamu adalah hamba orang itu, yang harus kamu taati, baik dalam dosa yang memimpin kamu keada kematian, maupun dalam ketaatan yang memimpin kamu kepada kebenaran?"* Anda adalah budak dari dosa dan akan dibawa kepada kematian. Jika Anda tatt akan kebenaran firman, bagiamanapun anada adalah budak dari kebenaran dan akan masuk ke dalam sorga.

Adam melakukan dosa ketidak taatan kepda Allah dan menjadi budak dosa. Ia tidak lagi memiliki semua otoritas dan kuasa yang Allah berikan kepadanya. Ia harus menyerahkan otoritas dan kuasa kepada iblis seperti halnya segaa yang dimiliki oleh seorang budak menjadi hak milik tuannya. Singkat kata, Adam menyerahkan otoritas dan kuasa yang telah Allah berikan kepadnya kepada iblis, karena ia telah berdosa dan menjadi budak dosa.

Ketidaktaatan adam menhasilkan dosa semua umat manusia, yang menyebabkan ia dan selurrh keturunannya melayani iblis sebagai budak dan dihancurkan oleh maut.

Hukum Penebusan Tanah

Apa yang harus dilakukan oleh manusia agar dibebaskan dari Setan dan iblis dan diselamatkan dari dosa dan kematian? Sebagian orang berkata, "Allah mengampuni semua orang tanpa syarat karena Allah adalah kasih. Ia berlimpah rahmat dan pengampunannya." Bagaimanapun 1 Korintus 14:40 berkata, *"Tetapi segala sesuatu harus berlangsung dengan sopan dan teratur."* Allah meakukan segala sesuatu dengan cara yang teratur sesuai dengan hukum kerajaan roh. Allah tidak melakukan hal-hal yang melanggar hukum spiritual sebab Ia adalah allah kebenaran dan keadilan.

Di dalam kerajaan roh, ada hukum untuk menghukum oang-orang berdosa, yang mengatakan, *"Upah dosa ialah maut."* Juga, terdapat hukum pembebasan prang berdosa. Hukum roh ini seharusnya diterapkan untuk memulihkan otoritas Adam yang telah diserahkan kepada iblis.

Lalu, apakah hukum pembebasan untuk orang berdosa? Adlah hukum pembebasan tanah yang tercatat di daam Perjanjian lama. Sebelum waktu dijadikan, Allah Bapa telah menyiapkan jalan rahasia untuk keselamatan manusia melalui hukum ini.

Hukum Penebusan Tanah

Ini adalah perintah Allah kepada umat Israel di dalam Imamat 25: 23-25:

> *Tanah jangan dijual mutlak, karena Akulah pemilik tanah itu, sedang kamu adalah orang asing dan pendatang bagi-Ku. Di seluruh tanah milikmu haruslah kamu memberi hak menebus tanah. Apabila saudaramu jatuh miskin, sehingga harus menjual sebagian dari miliknya, maka seorang kaumnya yang berhak menebus, yakni kaumnya yang terdekat harus datang dan menebus yang telah dijual saudaranya itu.*

Setiap bagian tanah adalah milik Allah dan tidak boleh dijual secara mutlak. Jika seseorang menjual tanahnya karena kemiskinannya, allah memperbolehkan ia atau saudara terdkatnya untuk membeli kembali tanah yang telah dijualnya. Ini adalah hukum penebusan tanah.

Orang-orang Israel membuat sertifikat kontrak tanah menurut hukum penebusan tanah dan bukan menjualnya secara mutlak, saat melakukan jual-beli tanah.

Penjual dan pembeli menuliskan hal-hal secara terinci mengenai tanahnya yang dikontrakkan pada sertifikat sehingga si penjual atau kerabat terdekatnya dan menebusnya suatu saat di kemuidian hari. Mereka membuatkan salinannya dan mengecap tanda di keduanya di hadapan dua atau tiga saksi mata. Satu kontrak di segel dan disimpan di ruangan di Bait Suci. Kontrak yang satunya di simpan di ruang masuk, terbuka dan tidak disegel. Hukum penebusan tanah memperbolehkan si penjual dan kerabat terdekatnya untuk menebus tanah tersebut kapan pun.

HukumPenebusan Tanah dan Keselamatan Manusia

Mengapa Allah menyiapkan jalan keselamatan menurut hukum penebusan tanah? Kejadian 3:19 dan 23 menunjukkan hukum penebusan tanah memiliki hubungan langsung dengan keselamatan umat manusia:

Dengan berpeluh engkau akan mencari makananmu, sampai engkau kembali lagi menjadi tanah, karena dari situlah engkau diambil; sebab engkau debu dan engkau akan kembali menjadi debu (Kejadian 3:19).

Lalu Tuhan Allah mengusir dia dari Taman Eden supaya ia mengusahakan tanah dari mana ia diambil (Kejadian 3:23).

Allah berkata kepada adam setelah ketidaktaatannya, "Kamu adalah debu dan kamu akan kembali menjadi debu." Di sini, "debu" melambangkan manusia yang dibentuk dari debu. Karena itu,manusia kembalikepada ebu setelah kematiannya.

Hukum penebusan tanah ini mengatakan baha tanah-tanah adlah milik Allah dan tidak boled dijual mutlak (Imamat 25:23-25). Ayat-ayat ini memiliki arti bahwa semua manusia diciptakan dari debu tanah yang adalah milik Allah dan tidak dapat dijual mutlak. Hal ini juga menunjukkan bahwa tidak ada otoritas dan kuasa Adam yang diberikan oleh Allah yang dapat dijual mutlak karena itu semua kepunyaan Allah.

Otoritas Adam diserahkan kepada musuh kita setan dan iblis, tetapi siapa yang layak untuk menebus otoritas Adam yang hilang dapat mengembalikannya dari musuh kits oblis. Begitu pula halnya, Allah kebenaran menetapkan penebus yang sempurna menurut hukum penebusan tanah. Penebus itu oalah Penyelamat semua manusia.

Rahasia yang Tersembunyi Sebelum Permulaan Waktu

Sebelum waktu dijadikan, Allah Kasih telah mengetahui bahwa adam akan tidak taat kepad-Nya dan semua keturunannya akan jatuh ke jalan kematian. Ia menyiapkan jalan keselamatan dengan rahasia dan menyembunyikannya sampai waktu pemilihan-Nya tiba.

Jika iblis sudah mengetahui jalan Allah, mungkin Allah akan mengulur memulihkan dosa dan kematian semua manusia sehingga ia tidak akan kehilangan otoritas. 1 Korintus 2:7 menganalisa bahwa *"Tetapi yang kami beritakan ialah hikmat Allah yang tersembunyi sebelum dunia dijadikan, telah disediakan Allah bagi kemuliaan kita."*

Yesus Kristus, Hikmat Allah

Roma 5:18-19 berkata, *"Sebab itu, sama seperti oleh satu pelanggaran semua orang beroleh penghukuman, demikian pula oleh satu perbuatan kebenaran semua orang beroleh pembenaran untuk hidup. Jadi sama seperti oleh ketidaktaatan satu prang semua orang telah menjadi orang berdoa, demikian pula oleh ketaatan satu orang semua orang menjadi benar."*

Semua manusia dapat menjadi benar dan diselamatkan melalui ketaatan satu orang manusia seprti halnya semua manusia menjadi orang berdosa dan jatuh ke dalam kematian karena ketidaktaatan satu orang.

Begitu pula halnya, Allah mengurus Yesus Kristus, yang telah disiapkan-Nya sebagai jalan keselamatan di dalam rahasia dan merelakan Yesus disalibkan dan dibangkitkan kembali. Mulai saat itu, barangsiapa percaya kepada-Nya diselamatkan. Di dalam 1 Korintus 1:18, Allah berkata kepada kita *"bahwa pemberitaan salib adlaah suatu kebodohan bagi mereka yang akan lenyap, tetapi bagi kita orang yang diselamatkan, ini adalah kekuatan Allah."*

Kedengarannya bodoh bagi beberapa orang bahwa Anak Allah yang Maha Kuasa dihina dan dibunuh oleh ciptaan-Nya. Bagaimanapun, rencana "bodoh" Allah ini jauh lebih bijak daripada kepntaran manusia dan yang lemah dari Allah lebih kuat dari manusia (1 Korintus 1:19-24). Alkitab mengatakan secara eksplisit, bahwa tidak seorang manusia pun dapat dibenarkan di hadapan Allah dengan melakukan hukum ini. Tetapi, Allah telah membuka jalan keselamatan bagi semua orang yang percaya kepada Yesus Kistus dengan cara yang mudah ini.

Upah dosa ialah maut. Dengan demikian tidak seorang pun dapat diselamatkan jika Yesus tidak mati bagi dosa-dosa kita. Yesus mati di atas kayu salib untuk dosa kita dan bangkit kembali oleh kuasa Allah. Begitu pula halnya, Allah menyiapkan jalan yang mungkin terlihat lemah atau bodoh dan menyembunyikannya untuk waktu yang lama.

Allah telah menyembunyikan Yesus Kristus dan pengorbanannya dengan rahasia karena musuh kita setan dan iblis, jika mengetahui hal ini, mereka akan menghalangi jalan keselamatan. Iblis tidak akan membunuh Yesus di kayu salib jika ia mengetahui bahwa Allah telah menyiapkan jalan keselamatan melalui salib untuk menebus semua manusia dari dosa-dosanya, untuk menyelamatkan mereka dari maut, dan mengembalikan otoritas Adam dari iblis.

Lagi, ingat 1 Korintus 2:7-8: *"Tetapi yang kemi beritakan ialah hikmat Allah yang tersembunyi dan rahasia, yang sebelum dunia dijadikan, telah disediakan Allah bagi kemuliaan kita. Tidak ada pengusasa dunia ini yang mengenalnya, mereka tidak menyalibkan Tuhan yang mulia."*

Yesus Memenuhi Syarat Menurut Hukum

Seperti halnya setiap kontrak memeiliki peraturannya, kehidupan roh juga memiliki peraturan, yang menunjukkan bahwa yang menebus haruslah memenuhi syarat untuk dapat mengembalikan otoritas Adam dari iblis menurut hukum penebusan tanah.

Sebagai contoh, misalkan ada seorang pria yang sedang mengalami kebangkrutan dalam usahanya. Ia memliki hutang yang besar tetapi tidak memiliki kemampuan untuk melunasinya. Jika ia mempunyai seorang saudara yang mencintainya, saudaranya itu akan melunasi hutang-hutangnya dalam sekejap.

Semua manusia berdosa semenjak kejatuhan Adam yang memerlukan seorang penebus yang memenuhi syarat untuk membasuh dosa-dosanya. Lalu, apakah syarat-syarat sorng penebus? Mengapa Alkitab berkata hanya Yesus Kristus yang memenuhi syarat?

Pertama, Seorang Penebus Haruslah Seorang Manusia

Di dalam Imamat 25:25, dikatakan, *"Apabila saudaramu jatuh miskin, sehingga harus menjual sebagian dari miliknya, maka seorang kaumnya yang berhak menebus, yakni kaumnya yang terdekat harus datang dan menebus yang telah dijual saudaranya itu."* Hukum penebusan tanah mengatakan bahwa jika seseorang jatuh miskin dan menjual barang miliknya, kaumnya yang terdekat dapat menebus apa yang telah dijualnya.

1 Korintus 15:21-22 menuliskan, *"Sebab sama seperti maut datang karena satu orang manusia, demikian juga kebangkitan orang mati datang karena satu orang manusia. Karena sama seperti semua orang mati dalam persekutuan dengan Adam, demikian pula semua orang akan dihidupkan kembali dalam persekutuan dengan Kristus."* Syarat pertama dari Penebus yang dapat mengembalikan otoritas Adam adalah bahwa ia haruslah seorang manusia. Kenyataan ini dijelaskan lagi dengan lebih terinci di dalam Wahyu 5:1-5:

> *Maka aku melihat di tangan kanan Dia yang duduk di atas takhta itu, sebuah gulungan kitab, yang ditulisi sebelah dalam dan sebelah luarnya dan dimeterai dengan tujuh materai. Dan aku melihat seorang malaikat yang gagah, yang berseru dengan suara nyaring, katanya: "Siapakah yang layak membuka gulungan kitab itu dan membuka materai-materainya?" Tetapi tidak ada seorangpun yang di sorga atau yang di*

bumi atau yang di bawah bumi, yang dapat membuka gulungan kitab itu atau yang dapat melihat sebelah dalamnya. Maka menangislah aku dengan amat sedihnya, karena tidak ada seorang pun yang dianggap layak untuk membuka gulungan kitab itu maupun melihat sebelah dalamnya. Lalu berkatalah seorang dari tua-tua itu kepadaku: "Jangan engkau menangis! Sesungguhnya, singa dari suku Yehuda, yaitu tunas Daud, telah menang, seingga Ia dapat membuka gulungan kitab itu dan membuka ketujuh materainya."

"Sebuah gulungan kitab, yang ditulisi sebelah dalam dan sebelah luarnya dan dimeterai dengan tujuh materai" menunjukkan sebuah kontrak yang telah dibuat antara Allah dan iblis saat Adam tidak taat kepada Allah dan menjadi orang berdosa. Rasul Yohanes tidak dapat menemukan seseorang yang layak mematahkan materai-materainya dan membuka gulungan kitab itu, baik yang di sorga, di bumi maupun yang di bawah bumi.

Hal ini karena malaikat-malaikat di sorga bukanlah manusia, semua manusia di dunia adalah orang berdosa sebagai keturunan Adam, dan yang di bawah bumi, hanya ada roh-roh jahat yang adalah miliknya iblis dan jiwa-jiwa yang mati yang akan jatuh ke dalam neraka.

Pada saat itu, salah satu dari tua-tua mengatakan kepada Yohanes, "Janganlah engkau menangis! Sesungguhnya, singa dari suku Yehuda, yaitu tunas Daud, telah menang, seingga Ia dapat membuka gulungan kitab itu dan membuka ketujuh materainya." Di sini, tunas Daud diartikan sebagai yesus, yang dilahirkan sebagai keturunan Raja Daud dari suku Yehuda (Kisah Para Rasul 13:22-23). Oleh karena itu, Yesus memenuhi syarat pertama dalam hukum penebusan tanah.

Sebagian orang mungkin berkata bahwa "Allah adalah Mutlak. Yesus sesungguhnya adalah Allah karena Ia adalah Anak Allah. Ia tidak pernah menjadi manusia." Ingat, bagaiamana pun, Yohanes 1:1 yang mengatakan Pada mulanya adalah Firman: Firman itu bersama-sama dengan Allah dan Firman itu adalah Allah. Dan Yohanes 1:14 yang mengatakan *"Firman itu telah menjadi manusia, dan diam di antara kita."* Allah yang adaqlah Firman, telah menjadi manusia dan hidup di dunia ini di antara kita.

Adalah Yesus yang seutuhnya Allah dan yang telah menjadi daging seperti manusia. Ia adalah sungguh-sungguh Firman dan Anak Allah. Ia memiliki sifat kemanusiaan dan ketuhanan. Bagaimana pun, I adilahirkan dan dibesarkan dalam rupa manusia di dalam daging. Sejarah umat manusia dibagi menjadi dua bagian berdasarkan kelahiran Yesus sebagai pemishanya: B.C., *Before Christ*, dan A.D., *Anno Domini*. Hal ini menyaksikan bahwa Yesus menjadi daging dan turun ke dunia. Kelahiran Yesus, latar belakangnya, dan penyalibannya adalah juga bagian dari kenyataan yang jelas.

Oleh karena itu, Yesus, adalah manusia dan memenuhi syarat untuk menjadi Penebus.

Kedua, Ia bukanlah Keturunan Adam

Seorang yang memiliki hutang tidak dapat membayar hutang orang lain. Seseorang yang tidak memiliki hutang dan memiliki kemampuan membantu yang lain dapat melunasinya. Dengan cara yang sama, penebus semua manusia haruslah tidak bercacat cela agar dapat menebus semua manusia dari dosa dan kematian. Semua manusia adalah keturunan Adam dan berdosa karena bapa pertama dari semua manusia yatiu Adam, telah berdosa. Tidak ada seorang pun keturunan Adam yang memenuhi syarat untuk menjadi penebus semua manusia karena mereka sendiri adalah orang berdosa. Bahkan salah satu orang terbesar dalam sejarah tidak dapat bertanggung jawab atas dosa orang lain.

Apakah Yesus memiliki qualifikasi tersebut?

Matius 1:18-21 menjelaskan kelahiran Yesus. Ia dikandung oleh Roh Kudus, bukan melalui bersatunya laki-laki dan perempuan. Ayat-ayat tersebut menuliskan:

Kelahiran Yesus Kristus adalah seperti berikut: Pada waktu Maria, ibu-Nya, bertunangan dengan Yusuf, ternyata ia mengandung dari Roh Kudus, sebelum mereka hidup sebagai suami isteri. Karena Yusuf suaminya, seorang yang tulus hati dan tidak mau mencemarkan nama isterinya di muka umum, ia bermaksud menceraikannya dengan diam-diam. Tetapi ketika ia mempertimbangkan maksud itu, malaikat Tuhan nampak kepadanya dalam mimpi dan berkata: "Yusuf, anak Daud, janganlah engkau takut mengambil

Maria sebagai isterimu, sebab anak yang di dalam kandungannya adalah dari Roh Kudus. Ia akan melahirkan anak laki-laki dan engkau akan menamakan Dia yesus, karena Dialah yang akan menyelamatkan umat-Nya dari dosa mereka."

Yesus adalah keturunan Daud menurut genetika-Nya (Matius 1:1-17; Lukas 3:23-38). Bagaimanapun, Ia dikandung dari Roh Kudus sebelum Maria bersetubuh dengan Yusuf. Karena itu, ia tidak memiliki sifat dosa.

Setiap orang dilahirkan dengan dosa warisan sebab ia diwariskan sifat dosa dari orang tuanya. Dengan kata lain, setelah Adam berdosa, ia menurunkan sifat dosanya kepada semua keturunannya. Sifat dosa ini telah diwariskan kepada semua manusia hingga hari ini, dan dosa itu disebut dengan "dosa warisan." Untuk alasan inilah, semua keturunan Adam menjadi orang berdosa dan tidak dapat menebus orang lain.

Namun, Allah Bapa merencanakan Putra-Nya Yesus untuk dikandung oleh Roh Kudus di dalam rahim Perawan Maria. Dengan jalan ini, Yesus menjadi daging dan turun ke dunia, tetapi bukanlah keturunan Adam.

Ketiga, Ia Harus Mempunyai Kuasa Melawan Musuh, Iblis

Lagi, Imamat 25:26-27 mengatakan kepada kita:

Apabila seseorang tidak mempunyai penebus, tetapi kemudian ia mampu, sehingga di sapatnya yang perlu untuk meneebus miliknya itu, maka ia harus memasukkan tahun-tahun sesudah penjualannya itu dalam perhitungan, dan kelebihannya haruslah dikembalikannya kepada orang yang membeli dari padanya, supaya ia boleh pulang ke tanah miliknya itu.

Singkatnya, seorang penebus harus memiliki kuasa untuk membeli kembali tanah yang dijualnya. Seorang yang miskin tidak dapat membayar hutang temannya walaupun ia sangat ingin melakukannya. Begitu pula, Penebus harus tidak memiliki dosa agar dapat menebus semua manusia dari dosa-dosanya. Tidak memiliki dosa adalah salah satu kekuatan dalam alam roh.

Seorang Penebus harus mempunyai kuasa untuk melawan musuh setan dan iblis untuk mengemablikan otoritas Adam yang telah hilang. Artinya, seorang penebus tidak boleh memiliki baik dosa warisan ataupun dosanya sendiri. Hanya Penebus yang tidak berdosa yang dapat membebaskan semua manusia dari iblis dan melawan setan dsan iblis.

Apak Yesus tidak berdosa?

Yesus tidak memiliki dosa warisan karena ia dikandung oleh Roh Kudus. Ia mentaati hukum Allah sepenuhnya karena ia dibesarkan di bawah pengawasan orang tuanya yang takut akan Allah. Ia telah memenuhi hukum dengan kasih. Ia disunatkan pada hari ke delapan sesudah kelahirannya (Lukas 2:21). Ia tidak pernah melakukan dosa dan hanya patuh akan kehendak Allah

Bapa hingga ia disalibkan di usianya yang ke 33 (1 Petrus 2:22-24; Ibrani 7:26).

Yesus dapat mengalahkan iblis dan menebus semua manusia karena Ia tidak memiliki dosa sama sekali. Ketidakberdosaannya disaksikan melalui pekerjaan kuasa-Nya. Ia mengusir setan, menjadikan yang buta melihat, yang tuli mendengar, yang lumpuh berjalan, dan menyembuhkan segal jenis penyakit yang tidak dapat disembuhkan. Badai yang keras menjadi tenang dan angin ribut berhenti saat Ia menghardik angin dan berkata kepada danau, "Diam! Tenanglah!" (Markus 4:39)

Yang Terakhir, Ia Harus Memiliki Kasih yang Berkorban

Bahkan seorang kayapun tidak dapat menebus tanah jika ia tidak memiliki kasih terhadap orang yang menjual tanah. Dengan cara yang sama pula, seorang Penebus harus memiliki kasih terhadap orang berdosa sampai pada titik di mana ia mengorbankan diri-Nya untuk menyelesaikan sekali dan untuk semua masalah-masalah dosa.

Dalam Rut 4:1-6, Boaz sangat menyadari akan kemiskinan Naomi dan mengatakan kepada kaumnya yang terdekat – seorang penebus untuk membeli tanahnya kembali jika ia menghendakinya. Namun, orang itu menolak, mengatakan kepada Boaz, *"Jika demikian, aku ini tidak dapat menebusnya, sebab aku akan merusakkan milik pusakaku sendiri. Aku mengharap engkau menebus apa yang seharusnya aku tebus, sebab aku tidak dapat menebusnya."* Ia tidak menebus tanah itu untuk Naomi dan Rut walaupun ia cukup kaya untuk melakukannya. Hal tersebut karena ia tidak memiliki kasih yang berkorban. Lagi pula, Boaz, kaumnya yang terdekat sesudah orang itu-penebus, menebus tanah itu sebab ia memiliki kasih yang berkorban.

Boaz menjadi penebus yang sah dan menikah dengan Rut karena ia memiliki kasih yang sukup untuk menebus tanah milik Naomi. Anak laki-laki yang dilahirkan oleh Rut dan Boaz adalah kakek moyang dari Raja Daud dan tercatat dalam garis keluarga Yesus.

Yesus disalibkan oleh karena kasih. Yesus adalah Firman, tetapi menjadi daging dan datang ke dunia ini. Ia bukanlah keturunan Adam karena Ia dikandung melalui Roh Kudus. Sehingga Ia dilahirkan tanpa dosa warisan. Ia memiliki kuasa untuk menebus semua manusia dari dosa-dosanya karena Ia tidak berdosa.

Walaupun demikian, Ia tidak dapat menjadi Penebus tanpa kasih yang spiritual dan berkorban, bahkan jika Ia mungkin memeiliki tiga kualifikasi lainnya. Ia harus mengambil hukuman dari dosa-dosa bahwa orang-orang berdosa dihancurkan, sehingga Ia dapat menebus semua manusia dari dosa-dosanya.

Ia harus diperlakukan sebagai seorang kriminal yang paling serius dan berbahaya dan digantung pada salib kayu yang kasar. Ia harus dihina dan dicaci maki, dan menumpahkan semua darah dan air dari tubuh-Nya untuk menyelematkan semua manusia. Ia harus membayar haega yang mahal dan melakukan pengorbanan yang sangat besar.

Anda tidak akan menemukan dimana pun di dalam sejarah manusia suatu kebetulan di mana pangeran yang tidak bersalah rela mati untuk rakyatnya yang jahat san bodoh. Yesus adalah satu-satunya dan Anak Allah yang tunggal, yang Perkasa, Raja segala raja, Tuhan segala tuhan, dan Tuan dari segala mahkluk. Yesus yang begitu hebat, baik dan tidak bersalah telah digantung di atas salib dan mati dengan menumpahkan darah-Nya. Betapa tak terukurnya kasih yang Ia berikan kepada kita?

Pada kenyataannya, Yesus hanya melaukan hal-hal yang baik sepanjang hidupnya. Ia memberikan pengampunan kepada orang berdosa, menyembuhkan segala jenis sakit orang, melepaskan banyak orang dari iblis, memeberikan berita baik tebntang kedamaian, sukacita, dan kasih, dan memeberikan kepada manusia secercah harapan untuk sorga dan keselamatan. Di atas segalanya, Ia memberikan nyawa-Nya bagi orang berdosa.

Roma 5:7-8 mengatakan, *"Sebab tidak mudah seorang mau mati untuk orang yang benar-tetapi mungkin untuk orang yang baik ada orang yang berani mati. Akan tetapi Allah menunjukkan kasih-Nya kepada kita, oleh karena Kristus telah mati untuk kita, ketika kita masih berdosa."* Allah Bapa mengutus Putra-Nya yang tunggal, Yesus untuk kita yang tidaklah benar ataupun baik, dan membiarkan Dia digantung di atas kayu salib dan mati. Ia menunjukkan kasih-Nya yang besar dengan cara tersebut.

Saya berdoa di dalam nama Tuhan agar Anda dapat mengerti bahwa Anda tidak dapat diselamatkan oleh nama yang lain selain Yesus Kristus, memperoleh hak untuk menjadi anak Allah dengan cara menerima Yesus Kristus dan selalu menikmati hidup berkemenangan di dalam keyakinan akan keselamatan.

Bab 5

Mengapa Yesus Satu-satunya Juruselamat?

- Pemeliharaan Keselamatan Melalui Yesus Kristus
- Mengapa Yesus Digantung di atas Kayu Salib?
- Tidak ada Nama Lain Selain "Yesus Kristus"

Ia adalah "batu yang dibuang oleh tukang-tukang bangunan-yaitu kamu sendiri-, namun ia telah menjadi batu penjuru. Dan keselamatan tidak ada di dalam siapapun juga selain di dalam Dia, sebab di bawah kolong langit ini tidak ada nama lain yang diberikan kepada manusia yang olehnya kita dapat diselamatkan."

Kisah Para Rasul 4:11-12

Anda akan mengasihi Tuhan dengan segenap hati, saat anda menyadari pemeliharaan Allah yang dalam dan terus-menerus terhadap perkembangan manusia. Bahkan lebih dari itu, Anda harus mengagumi kasih-Nya serta kebajikan-Nya saat Anda menyadari pemeliharaan keselamatan melalui Yesus Kristus.

Lalu, bagaimana pemeliharaan keselamatan yang telah tersembunyi sebelum waktu dijadikan dapat diselesaikan melalui Yesus Kristus? Saya telah mengatakan sebelumnya bahwa Allah kebanaran telah menyiapkan seseorang yang memenuhi syarat untuk menebus dosa semua manusia menurut hokum roh dan tidak ada yang lain sekain Yesus dibawah langit yang yang memenuhi syarat-syarat tersebut.

Yesus adalah satu-satunya yang adalah manusia tetapi bukan keturunan Adam, karena ia dikandung dari Roh Kudus dan dating ke dunia dalam daging. Terlebih lagi, Ia memiliki kuasa dan kasih untuk menebus semua manusia. Jadi Ia dapat membuka jalan keselamatan kepada semua mhkluk hidup dengan cara disalibkan.

Oleh Karen aitu, dikatakan dalam Kisah Para Rasul 4:12, *"Dan keselamatan tidak ada di dalam siapa pun juga selain di dalam dia, sebab di bawah kolong langit ini tidak ada nama lain yang diberikan kepada manusia yang olehnya kita dapat diselamatkan."* Siapa pun yang menerima dan percaya kepada

Yesus Kristus, diampuni dari segala dosanya dan diselamtakan. Ia akan keluar dari gelap kepada terang dan menerima otoritas dan berkat-berkat sebagai anak Allah.

Sekarang, saya akan menjelaskan mengapa Anda harus percaya kepada Yesus yang disalibkan agar anda dapat diselamatkan dan menerima otoritas dan berkat-berkat sebagai anak Allah.

Pemeliharaan Keselamatan Melalui Yesus Kristus

Allah telah mempersiapkan jalan keselamatan sebelum waktu dijadikan. Kitab Kejadian menubuatkan tentang Yesus dan rahasia keselamatan manusia melalui salib.

Kejadian 3:14-15

Lalu Berfirmanlah Tuhan Allah kepada ular itu: "Karena engkau berbuat demikian, terkutuklah engkau di antara segala ternak dan di antara segala binatanghutan; dengan perutmulah engkau akan menjalar dan debu tanahlah akan kaumakan seumur hidupmu. Aku akan mengadakan permusuhan anatar engkau dan perempuan ini, anatara keturunanmu dan keturunannya; keturunanmu akan meremukkan kepalamu dan engkau akan meremukkan tumitnya."

Seperti telah dibahas sebelumnya, secara roh, "ular" itu melambangkan musuh kita setan dan "mekan debu tanah" melambangkan setan si musuh memerintah manusia yang terbuat dari debu tanah. Juga "perempuan" menunjukkan "Israel" dan "keturunannya" berarti "Yesus Kristus." Kalimat "ular akan meremukkan tumitnya" melambangkan bahwa Yesus akan disalibkan, dan "keturunannya dari perempuan itu akan meremukkan kepala ular itu" mengimplikasikan bahwa Yesus Kristus akan mematahkan kubu setan si musuh dan iblis dengan kebangkitan-Nya dari kematian.

Setan, si Musuh Tidak Dapat Menyadari Rencana Allah

Allah telah menyembunyikan pemeliharaan keselamatan in secara rahasia, agar setan, si musuh tidak dapat menangkap kebajikan-Nya.

Setan, si musuh, mencoba membunuh keterunan dari perempuan itu sebelum ia dihancurkan. Ia mengira dapat selamanya memiliki otoritas Adam yang diserahkan kepadanya, karena ketidaktaatan-Nya kepada Allah. Bagaimana pun, setan, si musuh tidak mengetahui siapa keturunan perempuan itu. Karena itu, ia mencoba membunuh para nabi yang dikasihi Allah di masa Perjanjian Lama.

Saat Musa lahir, setan, si musuh membuat Firaun, raja Mesir untuk membunuh semua bayi yang baru dilahirkan oleh perempuan Ibrani (Keluaran 1:15-22). Saat Yesus dikandung dari Roh Kududs dan dating ke dunia dalam daging, setan, si musuh membuat raja Herodes melakukan hal yang sama.

Bagaiamana pun, Allah telah mengetahui rencana setan, si musuh. Malaikat Allah datang dalam mimpi Yusuf dan mengatakan kepadanya untuk pergi ke Mesir bersama dengan bayi dan ibunya. Allah memperbolehkan mereka tinggal di sana hingga raja Herodes mati.

Penyaliban Yesus Diijinkan Allah

Yesus dibesarkan dalam perlindungan Allah dan memulai pelayanannya dari usia 30. Ia pergi sampai ke Galilea, mengajar di synagogue, menyembuhkan segala macam sakit penyakit di antara orang-orang, membangkitkan orang mati, dan memberitakan injil kepada yang miskin (Matius 4:23, 11:5).

Sementara itu, Allah tidak menggunakan kemahakuasaan-Nya untuk melawan hukum, karena Ia adalah adil. Ia telah menyiapkan jalan keselamatan melalui hukum roh sebelum waktu dijadikan, karena Ia mengerjakan segala sesuatu dengan hukum roh.

Oleh karena upah dosa ialah maut menurut hukum roh (Roma 6:23), tidak ada yang menghadapi kematiannya jika ia tidak berdosa. Namun, setan, si musuh, menyalibkan Yesus yang tidak bersalah dan suci (1 Petrus 2:22-23). Dengan melakukan hal ini, setan, si musuh memtahkan hukum roh dan dikalahkan oleh tipu dayanya sendiri. Ia menjadi alat bagi keselamatan manusia yang telah direncanakan Allah. Keturunan dari perempuan itu meremukkan kepalanya seperti yang telah dinubuatkan di dalam Kejadian.

Pada umumnya, ular dapat bertahan jika Anda menginjak ekornya atau memotong tubuhnya, tetapi tidak akan bertahan jika kepalanya di pegang erat-erat. Kerana itu, kalimat, *"Aku akan mengadakan permusuhan anatar engkau dan perempuan ini, anatara keturunanmu dan keturunannya; keturunanmu akan meremukkan kepalamu dan engkau akan meremukkan tumitnya."* Secara rohani diartikan bahwa setan, si musuh akan kehilangan kuasa dan otoritasnya karena Yesus Kristus. Ular yang meremukkan tumit keturunan perempuan itu secara rohani dapat diartikan bahwa setan, si musuh akan menyalibkan Yesus, dan hal ini terpenuhi seperti yang telah dikatakan di dalam Kejadian 3:15.

Keselamatan Melalui Penyaliban Yesus

Jalan keselamtan yang telah disembunyikan oleh Allah sebelum waktu dijadikan terpenuhi saat Yesus bankit pada hari yang ketiga dari penyaliban-Nya.

Kira-kira 6,000 tahun yang lalu, adam harus menyerahkan otoritas yang diberikan Allah kepada setan, si musuh saat ia mematahkan hukum kehidupan roh oleh ketidaktaatannya (Lukas 4:6). Namun, sesudah 4,000 tahun, stan, si musuh harus pergi ke jalan kehancuran dengan mematahkan hukum roh.

Oleh karena itu, setan, si musuh harus membebaskan merek yang menerima Yesus sebagai Juruselamatnya dan percaya di dalam nama-Nya, dan mereka datang untuk menerima hak menjadi anak-anak Allah. Dapatkah setan, si musuh menyalibkan Yesus jika ia telah mengetahui hikmat Allah?

Tidak akan pernah. Di dalam I Korintus 2:8, kita diingatkan bahwa *"Tidak ada dari penguasa dunia ini yang mengenalnya, sebab kalau sekiranya mereka mengenalnya, mereka tidak menyalibkan Tuhan yang mulia."*

Mereka yang tidak memahami kenyataan ini pada saat ini akan bertanya-tanya, "Mengapa Allah Yang Perkasa tidak melindungi Putra-Nya dari maut? Mengapa Ia membiarkan Dia mati di atas kayu salib?" Bagaiaman pun, jika Anda mengerti sepenuhnya pemeliharaan salib, Nada akan mengetahui mengapa Yesus harus disalibkan dan bagaiamana Ia dapat menjadi Raja segala raja dan Tuhan segal tuhan setelah kemenangan-Nya yang dahsyat atas musuh si iblis. Karena itu, barangsiapa percaya kepada Yesus sebagai Juruselamat yang telah mati disalibkan dan bankit tiga hari kemudian untuk menebus manusia dari segala dosanya, dapat dinyatakan benar dan diselamatkan.

Mengapa Yesus Digantung di atas Kayu Salib?

Lalu, mengapa Yesus harus digantung di atas kayu salib? Mengapa harus salib yang terbuat dari kayu? Di antara aneka ragam metode eksekusi, Yesus mati di atas kayu salib. Menurut Galatia 3:13-14, ada 3 alasan rohani mengapa Yesus digantung di atas kayu salib.

Pertama, Untuk Menebus Kita dari Kutuk Hukum Taurat

Galatia 3:13 berkata, *"Kristus telah menebus kita dari kutuk hukum Taurat dengan jalan menjadi kutuk karena kita, sebab ada tertulis: "Terkutuklah orang yang digantung pada kayu salib!""* Hal ini menjelaskan bahwa Yesus menebus kita dari hukum Taurat dengan cara digantung pada salib kayu.

Semua manusia telah dikutuk dan ditakdirkan kepada jalan kematian karena ketidaktaatan manusia pertama seperti tertulis dalam Roma 6:23, *"upah dosa ialah maut."* Namun, Allah telah memberikan Putra-Nya, Yesus Kristus untuk kemanusiaan dan membiarkan Dia digantung pada salib kayu untuk menebus mereka dari kutuk hukum Taurat (Ulanagn 21:23).

Terlebih lagi, Yesus mencurahkan darah-Nya yang berharga di atas salib. Telitilah ayat-ayat 11 dan 14 dari Imamat 17:

Karena nyawa mahkluk ada di dalam darhnya dan Aku telah memberikan darah itu kepadamu di atas mezbah untuk mengadakan pendamaian bagi nyawamu, karena darah mengadakan pendamaian dengan perantaraan nyawa (ay.11).

...karena darah itulah nyawa segala mahkluk... (ay.14).

Penulis kitab Imamat menuliskan bahwa nyawa adalah darah karena setiap mahkluk memerlukan darah untuk dapat hidup dan akan mati tanpanya.

Bagaiamana pun, jika seseorang mati, tubuhnya kembali menjadi debu tanah, dan jiwanya akan ke sorga atau neraka. Untuk menerima kehidupan kekal, Nada harus diampuni dari segala dosa Anda. Agar dosa-dosa Anda diampuni, harus ada mpenumpahan darah seperti dikatakan di dalam Ibrani 9:22. *"Dan hampir segala sesuatu disucikan menurut hukum Taurat dengan darah, dan tanpa penumpahan darah tidak ada pengampunan."* Untuk alas an ini, manusia di masa Perjanjian Lama mempersembahkan darah dari binatang setiap melakukan dosa. Namun, Yesus menumpahkan darah-Nya yang berharga sekali untuk selamanya agar orang-orang mendapatkan pengampunan dan menerima kehidupan kekal karena Ia sendiri tidak memiliki dosa warisan maupun melakukan dosa.

Begitu pula, Anda dapat meneri,a kehidupan kekal karena darah Yesus yang berharga. Yaitu, Yesus mati menggantikan diri Anda dan membuka jalan keselamatan bagi Anda untuk menjadi anak Allah.

Kedua, untuk Memberikan Berkat Abraham

Setengah bagian pertama dari Galatia 3:14 mengatakan bahwa *"Yesus Kristus telah membuat ini, supaya di dalam Dia berkat Abraham sampai kepada bangsa-bangsa lain."* Ini berarti bahwa Allah memebrikan berkat yang diberikan kepada Abraham bukan hanya kepada kaum Israel, tetapi juga kepada seluruh orang Kafir yang dinyatakan benar dengan menerima Yesus sebagai Juruselamatnya.

Abrahan disebut dengan "bapa orang beriman" dan "kawan Allah", dan ia tinggal di dalam berkat-berkat yaitu memiliki anak-anak, kesehatan, umur panjang, kekayaan, dan sebagainya. Alasan mengapa Abraham diberkati dengan melimpah tertulis di dalam Kejadian 22:15-18:

Kata-Nya: "Aku bersumpah demi diri-Ku sendiri – demikianlah Firman Tuhan; Karena negkau telah berbuat demikian, dan engkau tidak segan-segan untuk menyerahkan anakmu yang tunggal kepada-Ku, maka Aku akan memberkati engkau berlimpah-limpah dan membuat keturunanmu sangat banyak seperti bintang di langit dan seperti pasir di tepi laut, dan keturunanmu itu akan menduduki kota-kota musuhnya. Oleh keturunanmulah semua bagsa di bumi akan mendapat berkat, karena engkau mendengarkan firman-Ku."

Abraham taat saat Allah berkata kepadanya *"Pergilah dari negerimu dan dari sanak saudaramu dan dari rumah bapamu ini ke negeri yang akan Kutunjukkan kepadamu"* (Kejadian 12:1). Ia juga taat tanpa suatu alasan atau keluhan saat Allah berkata, *"Ambillah anakmu yang tunggal itu, yangengkau kasihi, yakni Ishak, pergilah ke tanah Moria dan persembahkanlah dia di sana sebagai korban bakaran pada salah satu gunung yang akan Kukatakan kepadamu"* (Kejadian 22:2). Hal ini mungkin bagi Abraham karena ia percaya Allah yang dapat menerima yang mati (Ibrani 11:19). Ia sanggup menjadi berkat dan bapa iman oleh karena imannya yang sangat teguh.

Untuk itu, anak-anak Allah yang menerima Yesus sebagai Juruselamat harus memiliki iman Abraham. Mereka kemudian akan memberikan kemuliaan kepada Allah dengan menerima semua berkat-berkat di bumi.

Ketiga, untuk Memberikan Janji akan Roh

Stengah bagian yang kedua dari Galatia 3:14 mengatakan, *"sehingga oleh iman kita menerima Roh yang telah dijanjikan itu."* Ini berarti bahwa barangsiapa percaya kepada Yesus yang mati di kayu salib bagi semua manusia, dibebaskan dari dari kutuk hukum Taurat dan menerima janji akan Roh Kudus. Terlebih lagi, siapa pun yang menerima Yesus sebagai Juruselamat, akan menerima otoritas sebagai anak Allah dan Roh Kudus sebagai hadiah dan jaminan (Yohanes 1:12; Roma 8:16).

Bila Anda menerima Roh Kudus, Anda dapat memanggil Allah "Abba, Bapa" (Roma 8:15), nama Anda tertulis dalam Kitab Kehidupan di sorga (Lukas 10:20), dan Anda adalah warga negara sorga (Filipi 3:20). Hal ini adalah karena Roh Kudus, yang adalah hati dan kekuatan Allah, memimpin Anda kepada kehidupan kekal dengan membantu Anda memahami Firman Allah dan hidup seturut Firman-Nya dalam iman.

Walaupun demikian, Anda akan diselamatkan bukan hanya dengan mengetahui Yesus sebagai Juruselamat Anda tetapi percaya dalam hati bahwa Ia telah mematahkan otoritas maut dan telah dibangkitkan. Roma 10:9, mengatakan hal ini: *"Sebab jika kamu mengalu dengan mulutmu, bahwa Yesus adalah Tuhan, dan percaya dalam hatimu, bahwa Allah telah membangkitkan Dia di antara orang mati, maka kamu akan diselamatkan."*

Sebalum waktu dijadikan, Allah mentakdirkan rencana besar untuk mmenjadikan mereka yang percaya Yesus sebagai Juruselamat bersatu dengan Allah dan memimpin mereka kepada kepada keselamatan. Rencana yang sangat indah dan misterius. Manusia seharusnya menuju ke arah kematian oleh karena dosa manusia pertama, menurut hukum kehidupan rohani, yang menyatakan bahwa "Upah dosa ialah maut." Namun, mereka dapat dibebaskan dari kutuk hukum Taurat dan diselamatkan dalam iman oleh hukum yang sama karena pelanggaran setan terhadapa hukum kehidupan rohani.

Manusia seharusnya menderita karena sakit, masalah-masalah dan kematian yang dibawa oleh iblis, si musuh saat mereka menjasi budak karena ketidaktaatannya. Namun, barangsiapa menerima Yesus sebagai Juruselamat dan menerima Roh Kudus akan mendapatkan keselamatan, kehidupan kekal, kebangkitan dan berkat yang terus mengalir.

Kehormatan dan Berkat Anak-Anak Allah

Barangsiapa membuka hati dan menerima Yesus Kristus, diampuni, menerima hak untuk menjadi anak Allah, dan menikmati damai dan sukacita dalam hatinya. Hal ini mungkin terjadi karena Yesus mengambil semua dosa kita sekali untuk selamanya dengan cara disalibkan. Jadi, dikatakan di dalam

Mazmur 103:12, *"Sejauh timur dari barat, demikian dijauhkan-Nya dari pada kita pelanggaran kita."* Juga, dikatakan dalam Ibrani 10:16-18 bahwa, *"dan Aku tidak lagi mengingat dosa-dosa dan kesalahan mereka. Jadi apabila untuk semuanya itu ada pengampunan, tidak perlu lagi dipersembahkan korban karena dosa."*

Tidak ada sesuatu pun di dunia ini yang layak dibandingkan dengan hak anak-anak Allah yang diberikan oleh karena iman. Di dunia ini, hak anak-anak seorang raja atau president sangatlah berkuasa. Jika demikian, betapa besarnya hak anak-anak Allah yang memerintah atas dunia dan sejarah manusia serta jagad raya?

Allah tidak mempertimbangkannya sebagai iman yang benar jika Anda hanya mengaku, "Yesus adalah Juruselamat." Anda sepatutnya memahami siapa Yesus Kristus itu, mengapa Ia satu-satunya Juruselamat untuk Anda, dan memiliki iman yang benar yang didasarkan oleh pengetahuan tersebut. Kemudian dengan iman yang benar itu, Nada dapat menyadari pemeliharaan Allah yang tersembunyi di adalam salib dan mengaku, "Tuhan adalah Kristus dan Anak Allah yang Hidup." Lebih lanjut lagi, Anda dapat hidup seturut kehendak Allah. Tanpa iman yang benar ini, sangatlah sukar bagi Anda untuk memiliki iman yang datang dari hati dan hidup seturut Firman Allah.

Oleh karena itu, seperti dikatakan Yesus dalam Matius 7:21, *"Bukan setiaop orang yang berseru kepada-Ku: Tuhan, Tuhan! Akan masuk ke dalam Kerajaan Sorga, melainkan dia yang melakukan kehendak Bapa-Ku yang di sorga."* Yesus secara eksplisit menyatakan bahwa hanya orang-orang yang berseru kepada Yesus "Tuhan, Tuhan" dan hidup seturut kehendak dan Friman Allah yang akan diselamatkan.

Tidak ada Nama Lain Selain "Yesus Kristus"

Kisah Para Rasul 4 menggambarkan kejadian di mana Pterus dan Yohanes denan berani menyaksikan nama Yesus Kristus di hadapan Mahkamah Agung. Karena mereka sungguh-sungguh percaya bahwa tidak ada nama lain selain "Yesus Kristus" di mana manusia dapat memeperoleh keselamatan. Petrus, "dipenuhi oleh Roh Kudus," diberikan kuasa untuk menyatakan bahwa *"Keselamatan tidak ada di dalam siapa pun juga selain di dalam Dia, sebab di bawah kolong langit ini tidak ada nama lain yang diberikan kepada manusia yang olehnya kita diselamatkan"* (Kisah Para Rasul 4:12).

Apa implikasi spiritual yang terdapat di dalam nama "Yesus Kristus"? Dan mengapa Allah tidak memberikan nama lain selain Yesus Kristus untuk kita memperoleh keselamatan?

Perbedaan Antara "Yesus" dan "Yesus Kristus"

Kisah Para Rasul 16:31 berkata kepada kita untuk *"Percayalah Kepada Tuhan Yesus Kristus dan engkau akan selamat, engkau dan seisi rumahmu."* Ada sebuah alasan penting mengapa tertulis "Tuhan Yesus Kristus," bukan hanya "Yesus."

Di sini, "Yesus" berarti seseorang yang akan menyelamatkan umat-Nya dari dosa. "Kristus" adalah kata yang berasal dari Yunani yang berarti "Mesias" dalam bahasa Ibrani. Ia adalah yang diurapi (Kisah Para Rasul 4:27) dan berarti Juruselamat yang adalah Perantara Allah dengan manusia. Jadi, "Yesus" adalah nama Juruselamat di masa mendatang, tetapi "Kristus" adalah nama Juruselamat yang telah menyelamatkan manusia.

Selama masa Perjanjian Lama, Allah mengurapi orang yang akan menjadi raja, atau pendeta, atau nabi dengan menuangkan minyak di atas kepala yang akan menjadi yang diurapi nantinya (Imamat 4:3; 1 Samuel 10:1; 1 Raja-Raja 19:16). Minyak melambangkan Roh Kudus. Karena itu, untuk mengurapi seseorang berari memberikan Roh Kududs kepada orang yang telah dipilih Allah.

Yesus diurapi sebagai Raja, Pendeta Tertinggi, dan Nabi, dan datang ke dunia ini dalam daging untuk menyelamatkan semua manusia menurut pemeliharaan Allah yang telah ditetapkan sebelum waktu dijadikan. Ia disaliblan untuk menebus kita, dan menjadi Juruselamat kita dengan bangkit di hari ke tiga. Dengan demikian, Ia adalah Juruselamat yang telah menyelesaikan pemeliharaan keselamatan Allah, yaitu, Ia adalah Kristus.

Untuk masa sebelum penyaliban Yesus, kita menyebut-Nya hanya dengan "Yesus." Namun, setelah penyaliban dan kebangkitan, Ia disebut dengan "Yesus Kristus," "Tuhan Yesus," atau "Tuhan."

Anda seharusnya mengetahui bahwa ada perbedaan besar anatara kuasa "Yesus" dan kuasa "Yesus Kristus." Yesus adalah nama di mana Ia disebut sebelum menyelesaikan pemeliharaan keselamatan dan setan, si musuh tidak terlalu takut akan nama ini. Namun, nama "Yesus Kristus" menyatakan tiga hal berikut: darah yang menebus kita dari dosa; kebangkitan yang mematahkan kuasa maut; dan hidup yang kekal. Sebelum nama ini, bagaimana pun setan, si musuh gemetar dalam ketakutan.

Banyak orang mengabaikan kenyataan ini karena mereka tidak memahami perbedaannya. Namun, adalah benar jika pekerjaan dan jawaban Allah akan berbeda sesuai dengan nama yang Anda panggil (Kisah Para Rasul 3:6).

Saat Anda berdoa kepada Allah di dalam nama Tuhan Yesus Kristus dan menyimpan kenyataan ini dalam pikran Anda, Anda akan memiliki hidup yang berkemenangan dipenuhi jawaban-jawaban yang tepat pada waktunya serta berlimpah dari Allah yang Perkasa.

Ketaatan Yesus yang Sempurna

Meskipun Yesus adalah Allah seutuhnya, Ia tidak mengangap diri-Nya setara dengan Allah, sesuatu untuk dipegang ataupun menggunakan hak-hak-Nya sebagai Allah. Ia mengosongkan diri-Nya; Ia mengambil posisi terendah sebagai budak dan datang dalam bentuk manusia.

Hamba yang baik tidak memiliki kehendaknya sendiri. Ia bekerja sesuai kehendak tuannya, bukannya kehendaknya sendiri. Adalah tugas seorang hamba untuk patuh pada kehendak tuannya, meskipun hal itu sesuai atau tidak dengan kehendak dan perasaannya. Yesus taat akanperintah Allah dengan hati seorang hamba yang baik, dan kemudian dapat menyelesaikan misi-Nya untuk keselamatan manusia.

Allah meninggikan Yesus yang taat akan kehendak Allah, dengan mengatkan "Ya" dan "Amin," ke tempat yang tertinggi dan membuat orang-orang mengaku bahwa Ia adalah Tuhan.

Itulah sebabnya Allah sangat meninggikan Dia dan mengaruniakan kepada-Nya nama di atas segala nama. Supaya dalam nama Yesus bertekuk lutut segala yang ada di langit dan yang ada di atas bumi dan yang ada di bawah bumi, dan segala lidah mengaku: "Yesus Kristus adalah Tuhan." Bagi kemuliaan Allah, Bapa! (Filipi 2:9-11)

Nama "Tuhan Yesus" Menyaksikan Kuasa Allah

Dikatakan dalam Yohanes 1:3, *"Segala sesuatu dijadikan oleh Dia dan tanpa Dia tidak ada suatu pun yang telah jadi dari segala yang telah dijadikan."* Seperti halnya segala sesuatu di dunia diciptakan melaui Yesus, Ia memiliki otoritas untuk memerintah atas segala sesuatu sebagi Pencipta. Saat Yesus, Anak Allah Sang Pencipta memberikan perintah, hal-hal yang tidak bernyawa seperti angin badai dan ombak taat akan Dia dan menjadi tenang, dan pohon Ara menjadi layu saat dikutuk oleh-Nya.

Yesus memliki otoritas untuk mengampuni dosa dan menyelamatkan orang berdosa dari hukuman karena dosa-dosanya. Jadi, Yesus berkata kepada orang lumpuh dalam Matius

9:2, *"Percayalah, hai anak-Ku, dosamu sudah diampuni."* dan berkata di ayat 6, *"Tetapi supaya kamu tahu, bahwa di dunia ini Anak Manusia berkuasa mengmpuni dosa…"*

Lebih lanjut, Yesus memiliki kuasa untuk menyembuhkan segala macam penyakit dan kelumpuhan, dan membangkitkan orang mati. Yohanes 11 menggambarkan kejadian di mana Lazarus yang sudah mati keluar dari kubur dengan tangan dan kakinya yang terbungkus kain kafan saat Yesus memanggil dengan suara nyaring, "Lazarus, keluarlah." Ia telah mati selama empat hari dan ada bau yang menyengat, tetapi ia berjalan keluar dari kuburnya sebagai manusia yang sehat.

Begitu pula, Yesus memberikan kepada Anda apapun yang Anda minta dengan iman karena Ia memiliki kuasa Allah yang indah.

Yesus Kristus, yang Dikasihi Allah

Seperti dikatakan dalam 1 Yohanes 4:10, *"Inilah kasih itu: bukan kita yang telah mengasihi Allah tetapi Allah yang telah mengasihi kita dan telah mengutus Anak-Nya sebagi pendamaian bagi dosa-dosa kita."* Allah menunjukkan kepada kita kasih-Nya yang luar biasa. Ia mengutus Anak-Nya yang tunggal sebagi persembahan yang sempurna saat kita masih berdosa. Allah harus merasakan sakit yang kuar biasa dan membuka jalan keselamatan bagi manusia saat Anak-Nya Yesus dipaku di atas salib dan menumpahlan darah-Nya. Bagaimana perasaan Allah yang kasih itu saat Ia harus menyaksikan Anak-Nya yang tunggal, Yesus, disalibkan? Allah tidak sanggup melihat di atas takhta-Nya. Matius 27:51-54 berkata kepada kita bagaimana Allah menderita saat Yesus disalibkan.

Dan inilah, tabir Bait Suci terbelah dua dari atas sampai ke bawah dan terjadilah gempa bumi, dan bukit-bulit batu terbelah, dan kuburan-kuburan terbuka dan banyak orang kudus yang telah meninggal bangkit. Dan sesudah kebangkitan Yesus, mereka-pun keluar dari kubur, lalu masuk ke kota kudus dan menampakkan diri kepada banyak orang. Kepala pasukan dan prajurit-prajuritnya yang menjaga Yesus menjadi sangat takut ketika mereka melihat gempa bumi dan apa yang terjadi, lalu berkata: "Sungguh, Ia ini adalah Anak Allah."

Hal ini menunjukkan jelas bahwa Yesus telah disalibkan bukan karena dosa-Nya sendiri melainkan karena kasih Allah yang begitu besar untuk memimpin semua manusia kepada jalan keselamtan. Namun, begitu banyak orang tidak menerima atau memahami kasih Allah yang luar biasa ini.

Sesudah ketidaktaatan Adam, umat manusia btidak dapat bersam-sama dengan Allah karena manusia menjadi berdosa. Walaupun demikian, Yesus datang ke dunia dan menjadi Penengah anatara Allah dan kita sehingga Ia dapat memeberikan berkat-berkat Imanuel kepada semua orang (Matius 1:23). Melalui sengsara dan penderitaan Yesus di atas salib, kita mendapatkan damai dan ketenangan.

Untuk itu, saya berharap Anda mengerti kasih Allah yang

besar yang memberikan kita Anak-Nya yang tunggal sebagai tebusan untuk menebus kita dari dosa dan kematian kekal, dan kasih pengorbanan Tuhan yang walaupun Ia tidak bersalah, Ia disalibkan sebagai ganti kita dan membuka jalan keselamatan.

Bab 6

Pemeliharaan Salib

- Lahir di Kandang dan Dibaringkan di Palungan
- Kehidupan Yesus dalam Kemiskinan
- Dicambuk dan Mencurahkan Darah-Nya
- Memakai Mahkota Duri
- Pakaian dan Jubah Yesus
- Tangan dan Kaki-Nya yang Dipaku
- Kaki Yesus tidak Patah tapi Lambung
- Nya Ditikam

"Tetapi sesungguhnya, penyakit kitalah yang ditanggungnya, dan kesengsaraan kita yang dipikulnya, padahal kita mengira dia kena tulah, dipukul dan ditindas Allah. Tetapi di atertikam oleh karena pemberontakan kita, dia diremukkan oleh karena kejahatan kita; ganjaran yang mendatangkan keselamatan bagi kita ditimpahkan kepadanya, dan oleh bilur-bilurnya kita menjadi sembuh. Kita sekalian seperti domba, masing-masing kita mnegambil jalannya sendiri, tetapi Tuhan telah menimpakan kepadanya kejahatan kita sekalian."

Yesaya 53:4-6

Di dalam rencana Allah untuk mendapatkan anak-anak yang sejati, bagian yang terpenting adalah bahwa Yesus datang ke dunia ini dalam daging, menderita berbagai macam penderitaan, dan mati di atas salib. Melalui ini semua, Ia menyelesaikan jalan keselamatan bagi umat manusia.

Pemeliharaan Allah atas salib memiliki makan aspiritual yang dalam. Yesus, Anak-Nya yang tunggal, meninggalkan kemuliaan sorgawi, dilahirkan dalam kandang binatang, dan hidup dalam kemiskinan selama hidup-Nya.

Terlebih lagi, Ia dicambuk serta tangan dan kaki-Nya dipaku, memakai mahkota duri dan menumpahkan darah dan air dengan lambungnya yang tertikam oleh tombak. Setiap penderitaan yang dialami Yesus mengandung kasih Allah yang mengagumkan.

Saat Anda memahami sepenuhnya arti spritual dari salib dan penderitaan-penderitaan Yesus, hati Anda pasti akan berpaling kepada kasih Allah dan Anda akan memiliki iman yang benar. Anda juga akan menerima jawaban-jawaban dari masalah – masalah dalam hidup seperti kemiskinan serta sakit penyakit, dan juga mengenai kerajaan sorga.

Lahir di Kandang dan Dibaringkan di Palungan

Yesus sebagai Allah seutuhnya, adalah tuan atas segala sesuatu di sorga dan di bumi dan adalah yang paling mulia. Meskipun demikian, Ia datang ke dunia ini dalam daging untuk dapat menebus umat manusia dari dosa dan memimpin mereka kepada keselamatan.

Yesus adalah Anak tunggal Allah Pencipta yang Mahakuasa. Kalau demikian, mengapa Ia tidak dilahirkan di tempat yang mewah atau setidaknya di kamar yang nyaman? Apakah mungkin Allah tidak mengijinkan Ia lahir di tempat yang indah? Mengapa Ia membuat Yesus dilahirkan di kandang dan dibaringkan di palungan?

Hal ini mengandung makna spiritual yang dalam. Anda seharusnya mengetahui bahwa Yesus dilahirkan secara spiritual dengan cara yang paling mulia. Meskipun orang-orang tidak dapat melihat hal ini dengan mata fisik mereka, Allah sangat puas dengan kelahiran Yesus, bahwa Ia mengelilingi bayi Yesus dengan terang kemulilaan di tengah hadirat banyak malaikat dan penghuni sorga. Anda dapat merasakan kegembiraan-Nya di dalam Lukas 2:14, yang mencatat demikian: *"Kemuliaan bagi Allah di tempat yang mahatinggi dan damai sejahtera di bumi di anatara manusia yang berkenan kepada-Nya."* Allah juga telan mempersipakan gembal-gembal yang baik dan orang Majus dari Timur dan memimpin mereka untuk menyembah bayi Yesus.

Segala pujian dan kemuliaaan mengambila tempatnya di sana

karena Yesus akan membuka pintu keselamatan dengan kadatangannya ke dunia ini, banyak sekali orang-orang yang akan masuk ke sorga kekal sebagai anak-anak Allah, dan Yesus Anak Allah akan menjadi Raja segala raja dan Tuhan segala tuhan.

Pemeliharaan Allah Tersembunyi di dalam Kelahiran Yesus

Saat Yesus lahir, Kaisar Agustinus mengeluarkan perintah agar sensus dilakukan di seluruh Kerajaan Roma. Orang-orang Yahudi pada saat itu berada di bawah pemerintah kolonial Roma, kembali ke kota asal mereka untuk mendaftar, untuk mengindahkan perintah Kaisar.

Yusuf juga mendatangi tunangannya, Maria dari kota Nazareth di Galilea ke Bathlehem, kota Daud, karena ia berasal dari rumah dan garis keturunan Daud. Maria diikrarkan dengan Yusuf dan mengandung dari Roh Kududs sebelum mereka pergei ke sana, dan melahirkan nayi pertama, Yesus selama mereka tinggal di sana.

Nama "Bethlehem" artinya kekayaan, dan terletak di tempat tinggal asal Raja Daud (1 Samuel 16:1), Mikha 5:2 (seharusnya ayat 1) menuliskan tentang kota asal Bethlehem sebagai berikut: *"Tetapi engkau, hai Bethlehem Efrata, hai yang terkecil di antara kaum-kaum Yehuda, dari padamu akan bangkit bagi-Ku seorang yang akan memerintah Israel, yang permulaannya sudah sejak purbakala, sejak dahulu kala."* Bethlehem telah dinibuatkan sebagai tempat kelahiran Mesias.

Pada saat itu, tidak ada tempat bagi Maria dan Yusuf di penginapan manapun, karena ribuan orang sedang berada di Bethlehem untuk mendaftar. Di sana, Maria melahirkan seorang bayi di sebuah kandang. Ia menyelimutinya dengan kain bedung dan membaringkannya di palungan, sebuah tempat panjang yang digunakan untuk memberi makan sapi atau kuda.

Lalu, mengapa Yesus, yang datang sebagai Juruselamat umat manusia, dilahirkan dengan cara yang begitu rendah dan sederhana?

Untuk Menebus Manusia-Seperti halnya Binatang

Pengkotbah 3:18 berbunyi, *"Tentang anak-anak manusia aku berkata dalam hati: "Allah hendak menguji mereka dan memperlihatkan kepada mereka bahwa mereka hanyalah binatang.""* Manusia, yang telah kehilangan gambar Allah, adalah seperti binatang di mata Tuhan. Manusia pertama, Adam sesungguhnya adalahh mahkluk hidup yang diciptakan menurtu gambar Allah. Ia juga adalah manusia roh karena Allah mengajarkan kepadanya hanya Firman kebenaran.

Namun, Adam telah makan buah dari pohon pengetahuan yang baik dan jahat, melanggar perintah Allah, sehingga rohnya mati dan ia tidak dapat lagi berkomunikasi dengan Allah. Bahkan lebih dari itu, ia bukan lagi tuhan dari segala ciptaan. setan, si musuh membujuk Adam untuk mengikuti alam dosa, dan hatinya yang suci dan jujur berubah menjadi hati yang tidak suci dan tidak jujur.

Dalam kehidupan Anda sehari-hari, Anda mungkin pernah

mendengar sebuah ungkapan "Ia tidak lebih baik dari seekor binatang." Anda seringkali mendengar mengenai orang-orang yang tidak lebih baik dari seekor binatang melalui media. Untuk kepentingan mereka sendiri, mereka dengan mudah menipu dan berlaku curang terhadap tetangga, pelanggan, teman, dan anggota keluarga mereka sendiri. Orang tua dan anak-anak saling membenci dan bahkan terkadang siap untuk saling membunuh.

Orang-orang berani untuk melakukan hal-hal jaht seperti itu karena jiwa telah menjadi tuannya manusia sejak kematian roh, dan mereka telah kehilangan gambar Allah oleh karena dosa-dosa mereka. Seperti binatang yang hanya terbuat dari jiwa dan tubuh, orang-orang seperti itu tidak dapat masuk sorga atau pun memanggil Allah Abba Bapa. Yesus lahir di kandang untuk menebus umat manusia yang tidak lebih baik dari binatang.

Yesus adalah Makanan Rohani Yang Sejati

Yesus dibaringkan di palungan, sebuah wadah untuk makanan kuda, untuk dapat menjadi makanan rohani yang benar bagi umat manusia yang tidak lebih baik dari binatang (Yohanes 6:51).

Dengan kata lain, merupakan pemeliharan ilahi untuk memimpin manusia kepada keselamatan yang utuh dengan mengupayakan agar manusia dapat pulih dari gambar Allah yang telah hilang dan melakukan sepenuhnya tugas sebagi manusia. Lalu, apa tugas manusia sepenuhnya? Pengkotbah 12:13-14 menyediakan kita beberapa pengertian:

Akhir kata dari segala yang didengar ialah: takutlah akan Allah dan berpeganglah pada perintah-perintah-Nya, karena ini adalah kewajiban setiap orang. Karena Allah akan membawa setiap perbuatan ke pengadilan yang berlaku atas segala sesuatu yan tersembunyi, entah itu baik, entah itu jahat.

Apakah arti "Takut akan Allah"? Amsal 8:13 mengatakan kepada kita, *"Takut akan Allah adalah membenci kejahatan."* Untuk itu, untuk takut akan Allah adalah tidak menerima kejahatan lagi dan di waktu yang sama untuk membuang segala jenis kejahatan dari dalam hati Anda.

Jika Anda benar-benar takut akan Allah, Anda seharusnya melakukan yang terbaik untuk membuang semua kejahatan, dan bergumul melawan dosa dan menjauhkannya sampai pada penumpahan darah. Seperti murid-murid yang belajar dengan keras untuk memastikan masa depan yang lebih baik, Anda juga seharusnya melakukan yang terbaik untuk takut akan Allah dan melakukan sepenuhnya tugas seorang manusia untuk menikmati kasih dan berkat Allah.

Di dalam Alkitab, Anda dapat menemukan perintah-perintah Allah yang diberikan kepada anak-anak-Nya seperti "lakukan ini; jangan lakukan itu; simpan ini; dan buang itu." Di sisi lain, Allah berkata kepada kita bahwa yang seharusnya dilakukan anak-anak Allah adlah "berdoa, kasih, mengucap syukur, dan banyak hal lagi." Di sisi lain, Allah memerintahkan kita untuk tidakmelakukan hal-hal yang memimpin kepada kematian seperti kebencian, perzinahan, dan kemabukkan.

Ia juga mengatakan kepada kita untuk taat kepada perintah-perintah tertentu seperti "Kuduskanlah hari Sabat," "Tepatilah Nazarmu," dan yang sejenisnya. Allah juga menginginkan kita untuk membuang sesuatu yang membahayakan, dengan berkata "Jauhilah segala kejahatan," "Buanglah semua keserakahan," dan seterusnya.

Merupakan sepenuhnya tugas seorang manusia untuk takut akan Allah dan melakukan perintah-perintah-Nya. Allah akan membuat kita bertanggungjawab atas segala tingkah laku kita di Hari Penghakiman, bahkan setiap hal yang tersembunyi yang baik maupun yang jahat. Oleh sebab itu, jika Anda hidup seperti binatang tanpa mengemban tugas sepenunya sebagai manusia, adalah wajar bagi Anda untuk jatuh ke dalam neraka sebagai hasil dari penghakiman Allah.

Begitu pula halnya, Yesus lahir di kandang dan dibaringkan di palungan untuk menebus manusia yang tidak lebih baik dari binatang dan untuk menjadi makanan rohani sejati mereka.

Kehidupan Yesus dalam Kemiskinan

Yohanes 3:35 berkata, *"Bapa mengasihi Anak dan telah menyerahkan segala sesuatu kepada-Nya."* Bacalah Kolose 1:16, *"Karena di dalam Dialah telah diciptakan segala sesuatu. yang ada di sorga dan yang ada di bawah bumi, yang kelihatan dan yang tidak kelihatan, baik singgasana, maupun kerajaan, baik pemerintah maupun penguasa,; segala sesuatu diciptakan oleh Dia dan untuk Dia."* Dengan kata lain, Yesus adalah satu-satunya Anak Allah Sang Pencipta, dan Tuhan atas segala sesuatu di sorga dan di bumi.

Lalu, mengapa, Ia datang ke dunia ini dengan cara yang rendah dan sederhana serta hidup dalam kemiskinan walaupun Ia adalah sesungguhnya Allah yang berkuasa dan tak terukur kekayaan-Nya?

Untuk Menebus Manusia dari Kemiskinan

2 Korintus 8:9 berbunyi, *"Karene kamu telah mengenal kasih karunia Tuhan kita Yesus Kristus, bahwa Ia, yang oleh karena kamu menjadi miskin, sekalipun Ia kaya, supaya kamu menjadi kaya oleh karena kemiskinan-Nya."* Pemmeliharaan kasih Allah yang luar biasa ini termanifestasi didalamnya. Yesus,walapun Ia adalah Raja segala raja, Tuhan segala tuhan, dan Anak Allah Sang Pencipta, meninggalkan semua kemuliaan sorgawi datang ke dunia ini, dan hidup dalam kemiskinan dan mengalami penghinaan dan penganiayaan, untuk menebus umat manusia dari kemiskinan.

Pada mulanya, Allah menciptakan manusia untuk mengambil dan memakan buah-buahan tanpa upaya dengan mengeluarkan keringat dan menikmati kehidupan yang makmur tanpa bekerja keras namun, sesudah manusia pertama, Adam tidak taat kepada Firman Allah dan menyimpang, manusia dapat memperoleh makanannya hanya melalui kerjakeras yang menyakitkan dan berkeringat. Karena hal ini manusia seringkali hidup dalam keingingan dan kemiskinan.

Kemiskinan itu sendiri bukanlah sebuah dosa, sehingga Yesus

bukan mencurahkan darahNya untuk menebus kita dari kemiskinan. Namun, kemiskinan adalah sebuah kutuk yang termanifestasi sesudah ketidak taatan Adam kepada Allah, karena itu Yesus membuat anda kaya dengan hidup dalam kemiskinan.

Sebagian orang berkata bahwa kehidupan miskin Yesus yang panjang memiliki arti miskin rohani. Namun, karena Yesus dikandung melalui Roh Kudus dan adalah satu dengan Allah Bapa maka tidaklah benar jika kita berpikir bahwa Ia miskin secara rohani.

Anda harus menyinpan dalam pikiran anda kenyataan bahwa Yesus hidup dalam kemiskinan untuk menebus anda dari kemiskinan dan anda dapat hidup dalam kelimpahan dengan mengucap syukur atas kasih dan anugerah Allah.

Sebagian orang berkata adalah salah untuk mencari uang didalam doa. Yang lain berpikir jika anda seorang Kristen, anda seharusnya hidup dalam kemiskinan. Namun hal ini sama sekali bukanlah kehendak Allah.

Didalam Alkitab anda dapat membaca banyak ayat mengenai berkat. Misalnya, didalm Ulangan 28:2-6 :

Segala berkat ini akan datang kepadamu dan kan menjadi bagianmu, jika engkau mendengarkan suara Tuhan, Allahmu, Diberkatilah engkau di kota dan diberkatilkah engkau di ladang. Diberkatilah buah kandunganmu, hasil bumimu dan hasil ternakmu, yakni anak lembu sapimu dan kandungan kambing dombamu. Dibekatilah bakulnu dan tempat adonanmu.

Diberkatilah engkau pada waktu masuk dan diberkatilah engkau pada waktu keluar.

3 Yohanes 1:2 menginkan agar kita demikian, *"Saudaraku yang kekasih aku berdoa, semoga engkau baik-baik dan sehat-sehat saja dalam segala sesuatu, sama seperti jiwamu baik-baik saja."* Bahkan, Allah telah memilih orang-orang seperti Abraham, Ishak, Yakub, Yusuf, dan Daniel, semua memliki hidup yang sangat makmur.

Untuk Memiliki Hidup Kaya

Didalam keadilan-Nya, Allah membuat anda menuai apa yang anda tabur. Seperti orang tua yang ingin memberikan hanya hal yang terbaik kepada anak-anaknya, demikian juga Allahmu yang penuh kasih ingin memberikan apapun yang kamu minta didalam iman (Markus 11:24).

Allah ingin memberikan kepada anda, tetapi anda tidak dapat menerima apapun jika anda tidak meminta, atau jika anda meminta tanpa ada tujuan yang benar. Untuk itu, jika anda mencoba untuk menuai sesuatu tanpa menabur apapun, anda sedang meremehkan Tuhan dan melawan hukum roh.

Sebagian orang berkata, "Saya ingin menabur, tetapi saya tidak bisa karena saya sangat miskin." Bagaimanapun didalam Alkitab, anda dapat menemukan banyak orang sangat miskin tetapi melakukan yang terbaik untuk menabur dan diberkati kaya raya sebagai imbalannya.

Didalam 1 Raja-raja 17, kita dapat menemukan adanya

adanya masa kekeringan selama tiga setengah tahun di negri itu. Pada waktu dalam massa kekeringan, seorang janda di Sarfat dari Sidon membuat sepotong roti untuk Nabi Elia dengan segenggam tepung dalam tempayan dan sedikit minyak dalam buli-buli, hanya itulah yang ia miliki. Allah sangat senang dengan pelayanannya terhadap hambanya dan memberkati dia dengan melimpah : tepung dalam tempayan itu tidak akan habis dan minyak dalam buli-buli itupun tidak akan berkurang sampai pada waktu Tuhan memberi hujan keatas muka bumi (1 Raja-raja 17:14).

Ada satu kejadian di jaman Yesus, dimana seorang janda miskin memasukkan dua peser, yang nilainya hanya satu duit, meskipun demikian Yesus memuji dia, mengatakan bahwa janda ini memberi lebih banyak dari yang lainnya, sebab ia memberi dari kekurangannya, semua yang ada padanya, yaitu seluruh nafkahnya. Sedangkan orang lain memberi sebagian dari kelimpahannya (Markus 12:42-44).

Hal yang paling penting adalah pola pikir anda yang memberikan segala sesuatu untuk Allah. Allah tidak melihat jumlah persembahan anda tetapi mencium aroma menyenagkan dari kasih dan iman yang terkandung didalam persembahan anda, dan akan memberkati anda dengan melimpah.

Dicambuk dan Mencurahkan Darah-Nya

Sebelum penyaliban, tentara Romawi mengi\hina dan mencemooh Yesus dengan menampar muka-Nya, meludahinya, dan seterusnya. Mereka juga memuku Dia dengan cambuk, cambuk yang terbuat dari kulit yang panjang dengan sangkutan timah pada ujungnya.

Pada masa itu, prajurit Romawi adalah yang paling kejam, sangat disiplin, dan angkatan yang terkuat di dunia. Betapa hebatnya sakit yang dirasakan saat mereka melepas jubah Yesus dan mencambuk-Nya, daging-Nya tercabik, tulang-Nya terlihat dan darah-Nya tercurah.

Untuk menggenapi nubuatan nabi Yesaya "Aku memberi punggungku kepada orang-orang yang memukul aku," Yesus tidak pernah berusaha meghindar dari cambukan (Yesaya 50:6).

Untuk Menyembuhkan Yang Sakit

Lalu, mengapa Yesus dipukul dengan cambuk dan mengapa Ia mencurahkan darah-Nya? Mengapa Allah mengijinkan hal ini terjadi kepada Anak-Nya? Yesaya 53 menjelaskan tujuan penderitaan dan kesakitan Yesus.

Tetapi dia tertikam oleh karena pemberontakan kita, dia diremukkan oleh karena kejahatan kita; ganjaran yang mendatangkan keselamatan bagi kita ditimpakan kepadanya, dan oleh bilur-bilurnya kita menjadi sembuh.Kita sekalian sesat seperti domba, masing-masing kita mengambil jalannya sendiri, tetapi TUHAN telah menimpakan kepadanya kejahatan kita sekalian (Yesaya 53:5-6).

Yesus dipaku dan hancur untuk pelanggaran dan kesalahan Anda. Ia dihukum, dicambuk dan berdarah untuk memberikan kedamaian dan membebaskan Anda dari segala sakit penyakit.

Di dalam Matius 9, saat Yesus menyembuhkan orang lumpuh yang berbaring di atas tempat tidur, langkah pertama yang dilakukan Yesus adalah membereskan masalah dosa, dengan mengatakan, *"Dosamu sudah diampuni."* Baru sesudah itu Yesus berkata *"Bangunlah, angkatlah tempat tidurmu dan pulanglah ke rumahmu!"*

Di dalam Yohanes 5, sesudah Yesus menyembuhkan orang yang sudah tiga puluh delapan tahun lamanya sakit. Ia berkata kepadanya *"Engkau telah sembuh; jangan berbuat dosa lagi, supaya padamu jangan terjadi yang lebih buruk"* (Yohanes 5:14).

Alkitab berkata kepada Anda bahwa sakit penyakit datang karena dosa Nada. Sehingga Anda memerlukan sesorang yang dapat memecahkan masalah tentang dosa Anda. Tanpa mencurahkan darah, bagaiamanapunm tidak akan ada pengampunan (Imamat 17:11).

Oleh karena itulah, selama masa Perjanjian Lama, pada saat seseorang melakukan dosa, imam akan menyembelih seekor binatang sebagai korban tebusan. Namun, Anda tidak perlu lagi menyembelih binatang sebagai persembahan sesudah Yesus datang dalam daging ke dunia ini dan mencurahkan darah-Nya yang tak bersalah, tak bernoda, dan darah-Nya yang berkuasa. Darah Yesus yang suci menebus semua doa umat manusia pada masa lalu, sekarang, bahakan di masa yang akan datang.

Untuk Mengangkat Kelemahan dan Penyakit Kita

Matius 8:17 berbunyi *"Hal itu terjadi supaya genaplah firman yang disampaikan oleh nabi Yesaya: 'Dialah yang memikul kelemahan kita dan menanggung penyakit kita.'"* Jadi, jika Anda tahu mengapa Yesus dicambuk dan mencurahkan darah-Nya, dan percaya akan hal itu, Anda tidak perlu menderita berbagai kelemahan dan sakit penyakit.

1 Petrus 2:24 berbunyi, *"Oleh bilur-bilur-Nya kamu telah sembuh."* Ayat ini menggunakan kalimat yang menunjukkan saat ini (the present perfect tense), karena Yesus telah menebus semua dosa umat manusia.

Tanpa memperhatikan pernyataan untuk percaya akan kenyataan bahwa Yesus telah mengangkat kelemahan dan penyakit kita dengan Dia dicambuk dan darah-Nya tercurah, mengapa sebagia dari kita masih menderita sakit penyakit?

Keluaran 15:26 berbunyi, *"Jika kamu sungguh-sungguh mendengarkan suara TUHAN, Allahmu, dan melakukan apa yang benar di mata-Nya, dan memasang telingamu kepada perintah-perintah-Nya dan tetap mengikuti segala ketetapan-Nya, maka Aku tidak akan menimpakan kepadamu penyakit mana pun, yang telah Kutimpakan kepada orang Mesir; sebab Aku TUHANlah yang menyembuhkan engkau."* Ini berarti, jika Anda melakukan apa yang benar di hadapan Allah, tidak ada penyakit yang akan mengenai Anda, karena Allah dengan mata-Nya yang seperti api yang membara melindungi Anda dari itu.

Mari kita mabil sebuah contoh. Saat seorang anak pulang ke rumah dengan menangis setelah dipukuli oleh anak seorang tetangga, tanggapan dan tingkah laku orang tua terhadap kejadian ini bisa jadi sangat berbeda tergantung dari iman mereka.

Salah satunya mungkin mengajarkan anakanya seperti berikut: "Mengapa kamu selalu dipukuli? Jika kamu dipukul sekali, seharusnya kamu membalas memukulnya dua atau tiga kali." Orang tua yang satunya mungkin akan mengunjungi orang tua yang memukuli anaknya dan mengeluh kepada mereka. Orang tua yang lain mungkin tidak mengatasinya dengan cara-cara demikian, melainkan ia mungkin akan menjadi sangat terganggu dan marah di dalam hatinya.

Bagiamanapun, Allah berkata kepada Anda untuk mengalahkan kejahatan dengan kebaikan, bahkan kasihilah musuhmu, dan carilah kedamaian dengan semua orang, dengan mengatakan, *"Janganlah kamu melawan orang yang berbuat jahat kepadamu, melainkan siapa pun yang menampar pipi kananmu, berilah juga kepadanya pipi kirimu"* (Matius 5:39).

Untuk itu, jika Anda melakukan apa yang benar dihadapan-Nya, tidaklah sulit bagi Anda untuk melakukan perintah-perintah-Nya. Saat Anda tetap berdoa dan melakukan yang terbaik, kasih karunia dan kuasa Allah akan turun ke atasmu dan Anda akan dengan mudah melakukan apa pun dengan bantuan Roh Kudus.

Jika Anda meninggalkan dosa dan melakukan yang benar di hadapan Allah, penyakit tidak akan datang kepada Anda. Apabila penyakkit itu datang kepada Anda, Allah Sang Penyembuh akan mengampuni dosa Anda dan menyembuhkan Anda sepenuhnya saat Anda mencoba mencari tahu apa yang salah dalam pandangan Allah dan bertobat dengan segenap hati Anda.

Walaupun jika Anda mengaku dengan mulut bahwa Allah berkuasa, dan jika Anda berharap kepada dunia atau pergi ke rumah sakit saat menghadapi masalah atau penyakit, Allah tidak berkenan kepada Anda karena hal ini membuktikan bahwa Anda tidak percaya dengan sungguh-sungguh akan kuasa Allah (2 Tawarikh 16).

Memakai Mahkota Duri

Sesungguhnya mahkota adalah untuk seorang raja dengan jubah kerajaanya. Walaupun Yesus adalah Anak Tunggal Allah, Raja segala raja dan Tuhan segala tuhan, Ia memakai mahkota yan terbuat dari duri yang panjang dan tajam, bukannya mahkota yang indah yang terbuat dari emas, perak dan permata.

Mereka menganyam sebuah mahkota duri dan menaruhnya di atas kepala-Nya, lalu memberikan Dia sebatang buluh di tangan kanan-Nya. Kemudian mereka berlutut di hadapan-Nya dan mengolok-olokkan Dia, katanya: "Salam, hai raja orang Yahudi! Mereka meludahi-Nya dan mengambil buluh itu dan memukulkannya ke kepala-Nya" (Matius 27:27-30).

Prajurit Romawi menekuk duri-dri menjadi satu untuk membuat mahkota yang terlalu kecil untuk Yesus, dan memasangnya dengan kuat ke atas kepala Yesus. Sehingga duri-durinya tertancap di kepala dan dahin-Nya, dan darah mwnagalir kewajah-Nys. Amengapa Allah mengijinkan Anak-Nya yang tunggal untuk memakai mahkota duri, menderita sakit dihukum, dan menumpahkan darah-nya?

Pertama, Yesus memakai mahkota duri untuk menebus kita dari dosa melalui pikiran.

Pada saat manusia, diciptakan Allah, berkomunikasi dengan Dia dan taat akan Firman-Nya, ia tidak melakukan dosa karena ia selalu berpikir yang seturut dengan kehendak Allah dan patuh kepada-Nya.

Namun, sekali ia tergoda oleh ular dan menerima pikiran yang diberikan setan, ia segera berbuat dosa. Ia tidak pernah berpikir untuk memakan buah dari pohon pengetahuan yang baik dan benar sebelumnya. Sesudah dibujuk, bagaiamamapun, ia memakannya karena kelihatannya baik untuk di makan dan sedap di pandang dan membuat ingin untuk mendapatkan hikmat dari buah itu.

Begitu pula dengan setan, yang memimpin manusia pertama Adam dan Hawa untuk tidak taat kepada Allah, sedang bekerja saat ini untuk membawa Anda untuk melakukan dosa di dalam pikiran.

Dalam otak manusia, terdapat sel-sel yang bertanggungjawab atas memori. Semenjak lahir, apa yang telah Anda lihat, dengar, dan pelajari disimpan di dalam sel memori dengan perasaan Anda sendiri untuk kejadian-kejadian tertentu, individu-individu serta informasi. Ini kita sebut dengan "pengetahuan."

Yang kita sebut dengan "pikiran" adalah sebuah process reproduksi dari pengetahuan yang disimpan melalui pekerjaan jiwa Anda.

Manusia bertumbuh dalam lingkungan yang berbeda-beda. Apa yang telah mereka lihat, dengar, dan pelajari adalah berbeda satu dengan yang lainnya dan apa yang telah disimpan di dalam otaknya juga berbeda. Bahkan apabila apa yang telah dilihat, didenar dan pelajari sama, tiap-tiap orang memiliki perasaannya masing-masing pada saat itu, sehingga bahwa manusia memiliki nilai-nilai yang berbeda, tidak dapat dielakkan.

Firman Allah seringkali tidak sesuai dengan pengetahuan dan teori kita. Sebagai contoh, Anda mungkin berpikir jika Anda ingin ditinggikan, Anda sebaiknya mengambil langkah yang dapat ditempuh untuk dapat menang dari yang lainnya. Namun, Allah mengajarkan, barangsiapa merendahkan diri akan ditinggikan (Matius 23:12).

Kebanyakan orang berpikir bahwa membenci musuh adalah hal yang sangat wajar, tetapi Allah berkata kepada "kasihilah musuhmu" dan "jika seterumu lapar, beri ia makan; jika ia haus, berikanlah sesuatu untuk diminum."

Pikiran-pikran Allah adalah pikiran-pikiran roh tetapi pikiran manusia adalah pikiran kedagingan. Setan, si musuh memberikan pikiran-pikiran kedagingan sehingg ia menggoda Anda untuk menghindar dari Allah, menghalangi Anda mendapatkan iman yang benar dan memimpin Anda untuk mengikuti jalan-jalan duniawi, sesunguhnya memimpin kepada dosa dan kematian kekal.

Dalam Matius 16:21 dan ayat-ayat berikutnya, Yesus

menjelaskan kepada murid-muridnya bahwa Ia akan menderita banyak hal, dan akan dibunuh di atas salib dan bangkit kembali di hari ketiga. Mendengar hal ini, Petrus menarik Yesus ke samping dan menegor Dia, katanya: *"Tuhan, kiranya Allah menjauhkan hal itu! Hal itu sekali-kali takkan menimpa Engkau."* Maka Yesus berpaling dan berkata kepada Petrus: *"Enyahlah Iblis. Engkau suatu batu sandungan bagi-Ku, sebab engkau bukan memikirkan apa yang dipikirkan Allah, melainkan apa yang dipikirkan manusia."* Saat Yesus berkata dengan geram "Enyahlah, iblis," Ia tidak mengartikan Petrus sebagai iblis, tetapi iblis sendiri yang telah bekerja di dalam pikiran Petrus untuk mencegah pekerjaan Allah.

Hal tersebut adalah karena Yesus harus memikul salib untuk keselamatan umat manusia menurut kehendak Allah, tetapi Petrus mencoba mencegah Yesus melakukan kehendak Allah dengan pikiran kedagingannya.

Rasul Paulus menulis di dalam 2 Corintus 10:3-6 sebagai berikut:

Memang kami masih hidup di dunia, tetapi kami tidak berjuang secara duniawi,karena senjata kami dalam perjuangan bukanlah senjata duniawi, melainkan senjata yang diperlengkapi dengan kuasa Allah, yang sanggup untuk meruntuhkan benteng-benteng. Kami mematahkan setiap siasat orang dan merubuhkan setiap kubu yang dibangun oleh keangkuhan manusia untuk menentang pengenalan akan Allah. Kami menawan segala pikiran dan menaklukkannya kepada Kristus,dan kami siap sedia juga untuk menghukum setiap kedurhakaan, bila ketaatan kamu telah menjadi sempurna.

Anda harus membongkar pendapat-pendapat dan alasan alasan, yang telah terbentuk dan seringkali bertentangan dengan kerajaan Allah. Tangkaplah setiap pemikiran dan buatlah dapat tunduk kepada Kristus agar dapat hidup seturut kebenaran, dan Anda akan menjadi manusia secara roh dan iman.

Anda harus membuang segala pemikiran di mana Anda harus membalas pukulan agar tidak dipermalukan saat Anda dipukul, karena pikiran kedagingannya melawan kebenaran.

Oleh karena itu, Anda harus mengabaikan segala segala dosa yang melintasi pikiran Anda. Untuk menyelesaikan masalah dosa ini secara tuntas, pertama-tama Anda harus meninggalkan perbuatan daging seorang manusia berdosa, keinginan mata, dan keangkuhan hidup. Ini adalah pikiran-pikiran yang tidak berkenan, yang disukai oleh iblis.

Perbuatan daging dari orang berdosa adalah pikiran –pikiran yang timbul di dalam benak, adalah keinginan-keinginan yang melawan kehendak Allah. Galatia 5:19-21 menuliskan perbuatan-perbuatan daging seperti:

Perbuatan daging telah nyata, yaitu: percabulan, kecemaran, hawa nafsu, penyembahan berhala, sihir, perseteruan, perselisihan, iri hati, amarah, kepentingan diri sendiri, percideraan, roh pemecah, kedengkian, kemabukan, pesta pora dan sebagainya. Terhadap semuanya itu kuperingatkan kamu – seperti yang telah kubuat dahulu – bahwa barangsiapa melakukan hal-hal yang demikian, ia tidak akan mendapat bagian dalam Kerajaan Allah.

Kenginan yang sangat untuk melakukan apa yang Allah perintahkan kepada Anda untuk tinggalkan, adalah perbuatan-perbuatan daging manusia berdosa.

Keinginan mata oleh seseorang berarti pikiran seseorang sangat dipengaruhi oleh apa yang dilihat dan dengar dan ia mulai meneruskan keinginan-keinginan yang muncul di dalam pikirannya. Apabila seseorang mencintai dunia, memuaskan keinginan matanya, hanya keinginan-keinginan yang terlihat sangat berharga dan tidak dapat dipuaskan dengan apapun.

Pikiran yang sombong timbul di dalam seseorang, jika ia menjadi terobsesi dengan kesenangan dunia dan di dalam perjalanannya memuaskan keinginan dagingnya dan keinginan matanya. Ini disebut dengan keangkuhan hidup.

Untuk menebus kita dari segala jenis ketunasusilaan, pelanggaran hukum, dan kejahatan, yesus memakai mahkota dari duri dan mencurahkan darah-Nya. Hanya oleh karena darah yang tidak bersalah dan bercela, yang dapat menebus kita dari dosa. Ia menebus kita dari segala dosa yang telah dilakukan di dalam pikiran dengan memakai mahkota duri di atas kepala-Nya dan mencurahkan darah-Nya.

Kedua, yesus memakai mahkota duri agar manusia dapat memakai mahkota yang lebih indah di sorga.

Alasan lain mengapa Ia memakai mahkota duri adalah agar Anda dapat memperoleh mahkota-mahkota yang lebih indah. Seperti saat Ia menebus Anda dari kemiskinan dan memberikan Anda kekayaan saat menjalani hidup miskin, demikian pula Ia memakai mahkota duri agar Anda mendapatkan mahkota yang lebih indah di sorga.

Ada begitu banyak mahkota yang disediakan bagi anak-anak Allah di sorga. Terdapat juga hadiah-hadiah seperti piagam emas, piagam perak, atau piagam perunggu yang diberikan kepada para pemenang sesuai dengan rengkingnya di suatu perlombaan atletik. Demikian pula, ada berbagai macam mahkota di sorga.

Ada mahkota yang abadi seprti yang tertulis di dalam 1 Korintus 9:25: *"Tiap-tiap orang yang turut mengambil bagian dalam pertandingan, menguasai dirinya dalam segala hal. Mereka berbuat demikian untuk memperoleh suatu mahkota yang fana, tetapi kita untuk memperoleh suatu mahkota yang abadi."* Mahkota yang abadi disediakan bagi anak-anak Allah yang berjuang meninggalkan dosa-dosanya dan hidup menurut Firman Allah dan memuliakan Dia (1 Petrus 5:4). Mahkota kehidupan juga disediakan bagi mereka yang sangat mencintai Allah, setia kepada-Nya sampai mati, dan menjadi kudus dengan meninggalkan segala jenis kejahatan (Yakobus 1:12; Wahyu 2:10).

Mahkota kebenaran diberikan kepada orang-orang seperti Rasul paulus, menjadi kudus dengan meninggalkan segala dosa-dosanya dan telebih lagi, menyelesaikan seluruh misinya sesuai dengan kehendak Allah (2 Timotius 4:8).

Dijelaskan juga di dalam Wahyu 4:4 bahwa *"Sekeliling takhta itu ada dua puluh empat takhta, dan di takhta-takhta itu duduk dua puluh empat tua-tua, yang memakai pakaian putih dan mahkota emas di kepala mereka."* Mahkota emas disediakan bagi orang-orang yang mencapai level tua-tua yang akan mendampingi Allah di Yerusalem Baru.

Di sini "Tua-tua" tidak berarti orang-orang yang diberi gelar oleh gereja-gereja di dunia ini, tetapi menjelaskan orang-orang yang dikenal oleh Allah sebagi tua-tua karena kekudusan dan kesetian mereka di semua rumah Tuhan, dan memiliki iman yang dari emas, yang tidak dapat diganti.

Allah memberikan mahkota yang berbeda-beda kepada anak-anak-Nya sesuai dengan seberapa jauh mereka telah meninggalkan dosa dan menyelesaikan misi Allah. Anak-anak Allah akan menjadi besar di sorga dan akan menerima mahkota yang lebih indah jika mereka tidak berpikir untuk menarik keinginan dan sifat dosa serta bersikap sesuai dengan perintah Allah (Roma 13:13-14), jika jiwa mereka berlaku baik dan mereka hidup oleh Roh (Galatia 5:16), dan jika mereka dengan setia melakukan tugas dan misi mereka!

Demikian halnya, Yesus menebus Anda dari semua dosa yang dilakukan melalui pikiran dengan memakai mahkota duri dan mencurahkan darah-Nya. Betapa bersyukurnya Anda karena Ia telah menyediakan mahkota yang lebih indah untuk diberikankepada Anda sesuai dengan ukuran iman dan pencapaian misi Anda!

Oleh sebab itu, Anda harus menyadari betapa mulianya menjadi orang yang layak untuk menerima mahkota-mahkota tersebut. Kemudian Anda dapat memiliki hati Tuhan dengan meninggalkan segala jenis kejahatan, melaksanakan misi Anda dengan baik, dan setia di dalam semua rumah Allah. Saya berharap Anda akan menerima mahkota yang terbaik yang dapat Anda peroleh di sorga.

Pakaian dan Jubah Yesus

Yesus sedang memakai mahkota duri dan sedang mencurahkan darh-Nya ke seluruh tubuh-Nya karena cambukan yang begitu hebat, datang ke Golgota, sebuah tempat penyaliban. Saat prajurit romawi menyalibkan Yesus, mereka melepas pakaian-Nya, membaginya ke dalam empat bagian, satu untuk masing-masing dari mereka. Mereka tidak membagi jubah-Nya, tetapi membuang undi atasnya.

Sesudah prajurit-prajurit itu menyalibkan Yesus, mereka mengambil pakaian-Nya lalu membaginya menjadi empat bagian untuk tiap-tiap prajurit satu bagian – dan jubah-Nya juga mereka ambil. Jubah itu tidak berjahit, dari atas ke bawah hanya satu tenunan saja. Karena itu mereka berkata seorang kepada yang lain: "Janganlah kita membaginya menjadi beberapa potong, tetapi baiklah kita membuang undi untuk menentukan siapa yang mendapatnya." Demikianlah hendaknya supaya genaplah yang ada tertulis dalam Kitab Suci: "Mereka membagi-bagi pakaian-Ku di antara mereka dan mereka membuang undi atas jubah-Ku. Hal itu telah dilakukan prajurit-prajurit itu" (Yohanes 19:23-24).

Mengapa Firman Lalah menjelaskan denagn terinsi mengenai pakaian dan jubah Yesus? Sejarah Israel sejak tahun 70 Sesudah Masehi benar-benar tertanam di dalam implikasi spiritual dalam kejadian ini.

Ditelanjangi dan Disalibkan

Menurut Matius 27:22-26, seperti yang diminta oleh kaum Israel yang tidak menyadari Yesus sebagai mesias, Yesus dijatuhkan hukuman salib oleh Pontius Pilatus sesudah ia dihina dan dicaci maki dengan berbagai cara.

Sesudah memakai mahkota duri dan dicemooh dan dicaci maki, Ia memikul salib ke Golgota dan disalibkan di sana. Pilatus memerintahkan kepada para prajurit untuk meletakkan tulisan yang menyebut menyebut mengapa Ia dihukum, atas kepala-Nya, yang tertulis, *"Inilah Yesus Raja orang Yahudi"* (Matius 27:37).

Pernyataan tersebut ditulis di dalam bahasa Ibrani, Latin dan Yunani. Pada saat itu bahasa Ibrani adalah bahasa tradisional orang Yahudi, umat pilihan Allah. Latin adalah bahasa resmi yang digunakan oleh Kerajaan Roma, bangsa yang terkuat di masa itu, dan Yunani adalah bahasa yang mendominasi budaya dunia. Karena itu, tulisan yang tertulis dalam tiga bahasa ini melambangkan bahwa seluruh dunia mengetahui bahwa Yesus adalah benar-benar raja orang Yahudi dan Raja segala raja.

Menurut Yohanes 19:21-22, sesudah membaca tulisa tersebut, imam-imam orang Yahudi melakukan protes kepada Pilatus untuk tidak menulis "Raja orang Yahudi" melainkan menulis "Aku adalah Raja orang Yahudi." Tetapi Pilatus menjawab, "Apa yang kutulis, tetap tertulis.", dan tidak ada yang mengubahnya. Hal ini berarti bahwa, bahkan Pilatus menyadari Yesus sebagai raja orang Yahudi.

Saat Pilatus menyadari Yesus sebagai raja orang Yahudi, Ia adalah sungguh-sungguh Anak Allah, Raja segala raja, dan Tuhan seala tuhan, saat itu juga di hadapan orang banyaj yang memandangi Dia, pakaian dan juba Yesus dilepaskan dan Ia disalibkan di atas salib. Dengan cara demikian, Ia menanggung kehancuran hati dan malu.

Kita hidup di dalam dunia yang jahat ini, melupakan seluruh tugas sebagai manusia. Dan untuk menebus kita dari segala jenis kejahatan dan malu, hal-hal yang kotor, kejahatan, pelanggaran-pelanggaran, dan keasusilaan, Yesus Raja segala raja silepaskan dari pakaian-Nya serta jubah-Nya dan menanggung malu saat orang banyak memandangi-Nya. Jika Anda memahami makna spiritual dari hal ini, Anda tidak akan dapat tahan, tetapi mengucap syukur karenanya.

Membagi Pakaian Yesus ke dalam empat Bagian

Prajurit-prajurit Romawi menelanjangi Yesus dan menyalibkan Dia. Mereka mengambil pakaian-Nya dan membaginya ke dalam empat bagian, tetapi mereka membuang undi atas jubah-Nya.

Pikiran yang sehat mengatakan nbahwa pakaian-Nya tidaklah mungkin pakaian yang baus dan mahal. Lalu mengapa prajurit-prajurit itu membagi pakaian-Nya ke dalam empat bagian?

Apakah mereka tahu, dalam hikmat yang dalam, bahwa Yesus akan dimuliakan sebagai Mesias dan apakah mereka ingin mendapatkan sebagian kecil saja dari pakaian Yesus untuk diberikan kepada keturunan-Nya sebagai harta keluarga yang berharga? Tidak, bukan demikian.

Mazmur 22:18 menubuatkan, *"Mereka membagi-bagi pakaianku di antara mereka, dan mereka membuang undi atas jubahku."* Allah mengijinkan prajurit-prajurit Romawi mengambil pakaian-Nya untuk menggenapi ayat ini (Yohanes 19:24).

Lalu, apa implikasi spiritual yang terdapat dalam pakaian Yesus? Mengapa mereka membagi pakain-Nya ke dalam empat bagian, masing-masing satu bagian? Mengapa mereka tidak membagi jubah-Nya? Mengapa Allah mengijinkan kisah ini untuk dituliskan di depan?

Karena Yesus adalah raja orang Yahudi, pakaian Yesus melambangkan bangsa Israel atau kaum Yahudi. Saat prajurit Romawi membagi pakaian Yesus kedalam empat bagian, pakaian tersebut kehilangan bentuknya. Hal ini menunjukkan bahwa Israel sebagai satu bangsa akan dihancurkan. Ini juga mengindikasikan bahwa nama Israel akan tetap seperti bagian-bagian pakaian yang tertinggal. Lagipula, Firman yagn tertulis tentang pakaian-pakaian-Nya menubuatkan bahwa orang-orang Yahudi akan terceraiberai kesegala arah sebagai hasil dari kehancuran bangsanya. Sejarah Israel membuktikan bahwa nubuatan ini telah digenapi.

Dalan jangka waktu 40 tahun kematia Yesus di atas salib, seorang jendral Romawi bernama Titus menghancurkan Yerusalem. Bait Allah dihancurkan seluruhnya tanpa ada batu yang tersusun di atas batu lainnya. Oleh karena bangsa Israel menghilang, kaum Yahudi tercerai berai, dianiaya, bahkan dibunuh. Ini menjelaskan mengapa orang-orang Yahudi hidup tersebar di dunia ini, bahkan hingga hari ini.

Matius 27:23, menggambarkan kejadian yang mengerikan di mana Pilatus mengatakan kepada kerumunan orang yang jahat bahwa Yesus tidak bersalah, tetapi mereka meneriakkan dengan sangat keras untuk menyalibkan Yesus. Untuk hal ini, Pilatus mengambil air dan membasuh tangannya untuk menunjukkan bahwa ia tidak bertanggungjawab atas kematian Yesus yang tidak berdosa, dengan berkata, *"Aku tidak bersalah terhadap darah orang ini; itu urusan kamu sendiri!"* Dan seluruh rakyat itu menjawab: *"Biarlah darah-Nya ditanggungkan atas kami dan atas anak-anak kami!"*

Unsur yang luar biasa adalah bahwa sejarah Israel dengan jelas menunjukkan bahwa banyak orang-orang Yahudi serta keturunannya yang menumpahkan darah, untuk memenuhi permintaan Pontius Pilatus. Di dalam empat abad kematian

Yesus, sebanyak 1.1 juta orang Yahudi telah dibantai. Terlebih lagi, selama Perang Dunia II, Nazi-Jerman membunuh 6 juta orang Yahudi. Film yang berjudul "The Schindler's List" menggambarkan kejadian-kejadian tragis di mana orang-orang Yahudi, tanpa dibedakan laki-laki dan perempuan, yang tua dan yang muda, dibunuh tanpa mengenakan pakaian. Bahkan seorang penjahat diijinkan menggunakan pakaian berdih saat dieksekusi, tetapi orang Yahudi ditelanjangi saat mereka dibantai.

Orang-orang Yahudi tidak menyadari bahwa Yesus adalah Mesias dan telah menelanjangi dan menyalibkan Dia. Saat mereka berseru, Dan seluruh rakyat itu menjawab: "Biarlah darah-Nya ditanggungkan atas kami dan atas anak-anak kami!", kesusahan dan derita datang ke atas kaum Yahudi selama bertahun-tahun.

Jubah Yesus tidak Berjahit dan Hanya Satu Tenun Saja

Yohanes 19:23 menggambarkan jubah Yesus: *"dan jubah-Nya juga mereka ambil. Jubah itu tidak berjahit, dari atas ke bawah hanya satu tenunan saja."* "Tidak berjahit" di dalam ayat ini berarti, jubah Yesus tidak dijahit untuk menyatukan beberapa potongan kain. Kebanyakan orang tidak tertarik mengenai bagaiaman pakaiannya dibuat atau apakah pakaian mereka adalah tenunan dari atas hingga bawah atau dari bawah hingga atas. Lalu mengapa Alkitab menjelaskan jubah Yesus secara terinsi?

Alkitab mengatakan bahwa nenek moyang semua umat manusia adalah Adam, bapa orang beriman adalah Abraham, dan bapa Israel adalah Yakub. Allah mengajarkan kepada kita bahwa bapa Israel bukan Abraham tetapi Yakub karena ke duabelas suku Yehuda datang dari dua belas anak Yakub. Penemu bangsa Israel adalah Yakub, meskipun nenek moyangnya adalah Abraham.

Allah juga memberkati Yakub di dalam Kejadian 35:10-11:

> *Firman Allah kepadanya: "Namamu Yakub; dari sekarang namamu bukan lagi Yakub, melainkan Israel, itulah yang akan menjadi namamu." Maka Allah menamai dia Israel. Lagi firman Allah kepadanya: "Akulah Allah Yang Mahakuasa. Beranakcuculah dan bertambah banyak; satu bangsa, bahkan sekumpulan bangsa-bangsa, akan terjadi dari padamu dan raja-raja akan berasal dari padamu."*

Sesuai dengan Firman Allah yang disebutkan di dalam ayat-ayat teresebut, kedua belas anak Yakub membentuk tulang punggung Israel dan Israel adalah sebuah negara bersatu sampai dengan ia terbagi-bagi, di masa Raja Rehoboam menjadi Israel di Utara danYehuda di Selatan.

Kemudian, Israel di Utara membaur dengan bangsa bukan Yahud, tetapi Yehuda tetap berdiri sendiri. Hari ini, orang-orang Yehuda disebut dengan Yahudi. Kenyataan bahwa jubah Yesus tidak berjahit, yaitu satu tenunan dari bawah ke atas, berarti bangsa Israel mempertahankan kesatuannya dan identitasnya sebagai keturunan Yakub hingga hari ini.

Membuang Undi atas Jubah Yesus, Tanpa Merobek

Di sini, jubah mengartikan hati orang-orang. Karena Yesus adalah raja atas Israel, maka jubah-Nya mengimplikasikan hati orang-orang Yahudi.

Kaum Israel, sebagai umat Allah yang dipilih melalui bapa orang beriman, Abraham, telah menyembah Allah yang benar di atas segalanya. Kenyataan bahwa mereka tidak membagi jubah-Nya menunjukkan roh orang Yahudi yang menyembah Allah telah dengan jelas dipelihara tanpa terbagi-bagi walaupun bangsa atau pemerntah Israel itu sendiri pada saat itu dihancurkan.

Bahkan, Alkitab menubuatkan bahwa Orang bukan Yahudi tidak dapat memusnahkan roh orang Israel yang tersimpan di dalam lubuk hati mereka. Dengan kata lain, hati terhadap Allah telah dengan setia dipertahankan, meskipun bangsa Israel telah dihancurkan oleh orang bukan Yahudi. Oleh karena mereka memiliki hati yang tak terubahkan, Allah memilih kaum Israel sebagai umat-Nya dan memakai mereka untuk medirikan Kerajaan-Nya dan kebenaran-Nya.

Sampai dengan hari ini, kaum Israel mencoba untuk taat akan hukum Taurat dengan hati yang tak tergoyahkan. Hal ini dikarenakan mereka adalah keturunan Yakub yang juga memiliki hati yang teguh. Orang-orang Israel mengejutkan seluruh dunia dengan mendapatkan kemerdekaannya pada tanggal 14 Mei,

1948, waktu yang lama sesudah mereka kehilangan negaranya. Setelah itu, mereka telah berkembang dengan sangat cepat sebagai salah satu negara maju dan berpengaruh, dan mereka tekah menunjukkan semangat kebangsaan dan kehebatannya sekali lagi.

Seperti prajurit Romawi yang tidak dapat membagi jubah Yesus, yang tidak berjahit serta ditenun dari atas ke bawah, demikian pula orang –orang Kafir tidak dapat menghancurkan roh kaum Israel yang menyembah Allah. Lagipula, kaum Israel sebagai keturunan Yakub mendirikan negara yang merdeka dan menggenapi kehendak Allah sebagai umat pilihan-Nya.

Israel di Zaman Akhir, Dinubuatkan di dalam Alkitab

Seperti Allah menubuatkan sejarah Israel melalui pakaian dan jubah Yesus, Ia juga memberikan kita tanda-tanda pada zaman akhir dunia ini.

Yehezkiel 38:8-9:

Sesudah waktu yang lama sekali engkau akan mendapat perintah; pada hari yang terkemudian engkau akan datang di sebuah negeri yang dibangun kembali sesudah musnah karena perang, dan engkau menuju suatu bangsa yang dikumpul dari tengah-tengah banyak bangsa di atas gunung-gunung Israel yang telah lama menjadi reruntuhan. Bangsa ini telah dibawa ke luar dari tengah bangsa-bangsa dan mereka semuanya diam dengan aman tenteram. Engkau muncul seperti angin badai dan datang seperti awan yang menutupi seluruh bumi, engkau beserta seluruh bala tentaramu dan banyak bangsa menyertai engkau.

"Sesudah waktu yang lama sekali" di dalam ayat-ayat tersebut adalah periode dari Yesus lahir hingga kedatangan-Nya yang Kedua Kali, dan "pada hari yang terkemudian" berarti tahun-tahun akhir mendekati Kedatangan Yesus yang Kedua. "Gunung-gunung Israel" menunjuk kepada Yerusalem, yang terletak di dataran tinggi sekitar 790 meter di atas permukaan laut. Untuk itu, Firman yang berkata pada hari terkemudian banyak orang akan berkumpul dari banyak negara memprediksikan bahwa Yerusalem akan kembali ke tanah mereka dari seluruh penjuru dunia saat kedatangan Yesus semakin dekat.

Prediksi ini menjadi nyata ketika Israel dihancurkan oleh Kerajaan Romawi pada tahun 70 SM, dan mendapatkan kemerdekaannya di tahun 1948. Isarel telah menjadi tandus sampai dengan kemerdekannya, tetapi bertumbuh menjadi salah satu negara berkembang di dunia ini.

Perjanjian Baru juga menubuatkan kemerdekaan Israel. Yesus di dalam Matius 24:32-34 memberitahukan kepada kita demikian:

Tariklah pelajaran dari perumpamaan tentang pohon ara: Apabila ranting-rantingnya melembut dan mulai bertunas, kamu tahu, bahwa musim panas sudah dekat. Demikian juga, jika kamu melihat semuanya ini, ketahuilah, bahwa waktunya sudah dekat, sudah di ambang pintu. Aku berkata kepadamu: Sesungguhnya angkatan ini tidak akan berlalu, sebelum semuanya ini terjadi.

Ini adalah tanggapan Yesus kepada murid-murid-Nya, yang bertanya kepada Dia tentang tanda-tanda Kedatangan yang Kesua dan akhir zaman.

Pohon ara di dalam ayat ini adalah Israel. Ketika daun-daun pohon itu gugur dan angin sejuk berhembus, engkau tahu bahwa musim dingin sidah dekat. Demikian juga, apabila ranting-rantingnya melembut dan mulai bertunas, kamu tahu, bahwa musim panas sudah dekat. Dengan perumpamaan ini, Yesus menjelaskan bahwa, saat Israel dipulihkan setelah kehancurannya yang lama, adalah ketika kaum Israel memperoleh kemerdekaannya, kedatang Yesus yang kedua akan semakin dekat.

Anda tidak mengetahui berapa lama "angkatan ini" yang disebut Yesus di dalam ayat tersebut, tetapi Anda tahu dengan pasti, apa yang telah dikatakannya pasti akan digenapi. Anda telah menyaksikan kemerdekaan Israel, jadi sangatlah mudah untuk mengetahui bahwa kedatangan Yesus yang Kedua sudah sangat dekat.

Tanda-tanda Akhir Zaman

Di dalam Matius 24, ketika murid-muridnya bertanya tentang tanda-tanda akhir zaman, Yesus menjawab mereka secara terinci. Namun, Ia tidak memberitahu persis hari dan tanggalnya, denga berkata, *"Tetapi tentang hari dan saat itu tidak seorang pun yang tahu, malaikat-malaikat di sorga tidak, dan Anak pun tidak, hanya Bapa sendiri"* (Matius 24:36).

Hal ini hanya berarti bahwa Ia sebagai Anak Manusia yang datang dalam daging ke dalam dunia ini tidak mengetahui persis tanggal dan harinya. Ini tidak berarti Yesus sebagai salah satu Trinitas tidak mengetahuinya sesudah penyaliban, kebangkitan, dan kenaikannya ke sorga.

Berbicara banyak hal mengenai tanda-tanda akhir zaman, Yesus mengingatkan kepada Anda, *"Dan karena makin bertambahnya kedurhakaan, maka kasih kebanyakan orang akan menjadi dingin. Tetapi orang yang bertahan sampai pada kesudahannya akan selamat"* (Matius 24:12-13).

Hari ini, Anda dapat merasakan dengan jelas bahwa kedurhakaan semakin bertamabh dan kasih menjadi idngin. Anda hampir-hampir tidak dapat menemukan hangatnya kebaikan hati, Yesus berkata di dalam ayat 14, *"Dan Injil Kerajaan ini akan diberitakan di seluruh dunia menjadi kesaksian bagi semua bangsa, sesudah itu barulah tiba kesudahannya."* Injil sudah diberitakan samapi ke ujung bumi.

Terlebih lagi, kita tinggal di dalam "desa sedunia" di mana setiap sudut dunia dapat dijangkau baik melalui transportasi atau komunikasi. Fenomena ini, juga telah dinubuatkan di dalam Daniel 12:4: *"Tetapi engkau, Daniel, sembunyikanlah segala firman itu, dan meteraikanlah Kitab itu sampai pada akhir zaman; banyak orang akan menyelidikinya, dan pengetahuan akan bertambah.*" Injil telah disebarluaskan dengan cepat dan ke seluruh penjuru dunia dengan cara demikian.

Adalah benar bahwa injil telah diberitakan ke seluruh dunia, tetapi mungkin terdapat juga orang-orang yang tidak menerima Yesus karena mereka tidak membuka hati. Atau, mungkin ada tempat di mana benih-benih injil belum ditanurkan.

Nubuatan-nubuatan di dalam Perjanjian Lama telah digenapi seluruhnya dan di dalam Perjanjian Baru hampir digenapi pula. Seluruh Kitab merupakan inspirasi melalui Roh Kudus. Jadi, Firman Allah adalah benar dan tidak mengandung kesalahan. Surat yang terpendek atau yang menggunakan tinta paling sedikit tidak akan dirubah di dalam Firman. Allah telah menggenapi Firman serta janji-janji-Nya, dan hanya beberapa hal yang belum digenapi, termasuk Kedatangan Kesua Tuhan kita Yesus Kriastus, Tujuh Tahun Masa Penderitaan dan Millenium Baru, serta Penghakiman Tahkta Putih Besar.

Tangan dan Kaki-Nya yang Dipaku

Penyaliban merupakan merode eksekusi yang paling kejam pada saat itu, untuk para pembunuh dan penipu. Ketika lengan dibentangkan ke atas kayu salib, orang tersebut dipaku kedua tangan dan kakinya. Ia digantung di atas kayu salib untuk waktu yang lama sebelum ia mati. Sehinga, ia menderita kesakitan yang sangat hingga nafasnya yang terakhir.

Yesus, Anak Allah melakukan hanya hal-hal yang baik dan

tidak bersalah atau bernoda di dunia ini. Lalu, mengapa Yesus dipaku kedua tangan dan kakinya, dan darahnya tercurah di atas kayu salib?

Sakit Karena Dipaku Tangan dan Kaki-Nya

Yesus dijatuhi hukuman mati di atas salib dan datang ke tempat kesekusi, Golgota. Satu prajurit Romawi memegang paku besar yang terbuat dari baja dan yang satu lagi memgangpalu dan mulai memaku tangan dan kaki-Nya, sesuai dengan perintah pemimpinnya. Kemudian mereka memberdidikan salib itu. Dapatkah Anda bayangkan betapa sakitnya?

Yesus yang tak berdosa harus menderita kesakitan ketika paku-paku yang besar dipakukan kepada tubuh-Nya dan saat tubuh-Nya ditarik ke bawah oleh berat badan-Nya dan bagian tubuh yang terpaku menjadi robek.

Ketika seseorang dipenggal kepalanya, maka kesakitan pun terhenti saat itu juga. Bagaimanapun, mati di atas kayu salib lebih menyakitkan karena seseorang digantung di atas salib, berdarah, dan menderita dehidrasi serya kelelahan hingga saat ajalnya.

Selanjutnya, di hari yang cerah di padang gurun, semua jenis serangga dan binatang kecil terbang disekitar tubuh-Nya yang tersayat dan menghisap darah yang mengalir dari luka tangan dan kaki-Nya yang terpaku. Di atas semua ini, orang-orang durhaka menuding ke arah Dia, meludahinya, mencemooh Dia, mengutuki Dia, dan melontarkan hinaan terhadap Dia.

Beberapa orang bahkan mengejek Dia, dengan mengatakan, *"Selamatkanlah diri-Mu jikalau Engkau Anak Allah, turunlah dari salib itu!"* (Matius 27:40).

Kesakitan yang tak tertahankan menemani Yesus selama panyaliban-Nya. Namun, Yesus mengetahui dengan pasti bahwa menanggung dosa dan kutuk dengan mati di atas salib telah membuka jalan untuk menebus umat manusia dari dosa-dosanya dan menjadikan mereka anak-anak Allah. Kesakitan yang sesungguhnya datang dari sumber lain. Tetap saja, ada beberapa orang yang tidak tahu akan pemeliharaan Allah ini atau pun yang tidak diselamatkan dari kedurhakaannya. Hal ini membawa kesakitan yang lebih besar bagi Dia.

Dosa yang Dilakukan oleh Tangan dan Kaki

Kerika pikiran dosa diterima di dalam hati, hati akan menyuruh tangan dan kaki untuk melakukan dosa. Oleh karena terdapat hukum roh yaitu upah dosa adalah maut, saat Anda melakukan dosa, Anda harus jatuh ke dalam neraka dan menderita di sana untuk selamanya.

Itulah mengapa Yesus berkata, *"Dan jika kakimu menyesatkan engkau, penggallah, karena lebih baik engkau masuk ke dalam hidup dengan timpang, dari pada dengan utuh kedua kakimu dicampakkan ke dalam neraka; [di tempat itu ulatnya tidak akan mati, dan apinya tidak akan padamu]. Dan jika matamu menyesatkan engkau, cungkillah, karena lebih baik engkau masuk ke dalam Kerajaan Allah dengan bermata satu dari pada dengan bermata dua dicampakkan ke dalam neraka"* (Markus 9:45-47).

Berapa kalikah Anda telah melakukan dosa dengan menggunakan tangan dan kaki Anda sejak lahir? Sebagian orang memukul orang lain dengan amarah. Sebagian mencuri dan sebagian lagi kehilangan harta bendanya karena berjudi. Orang-orang menjadi pemeberontak dengan kaki dan mereka pergi ke tempat yang seharusnya tidak mereka tuju. Oleh karena itu, jika menyebabkan Anda berdosa, lebih baik memenggalnya dan masuk sorga daripada dibuang ke neraka dengan kedua kaki.

Jugam berpa banyak dosa yang telah Anda lakukan dengan mata? Keserakahan dan percabulan menguasai Anda juka Anda melihat sesuatu yang tidak seharusnya Anda lihat. Itulah mengapa Yesus berkata jika matamu menyesatkanmu. Lebih baik mencungkilnya dan masuk sorga, daripada dibuang ke neraka sesudah melakukan dosa dengan kedua matamu.

Pada masa Perjanjian Lama, jika seseorang melakukan dosa dengan mata, maka dicungkillah matanya; jika seseorang melakukan dosa dengan tangan atau kaki, tangan atau kakinya akan dipotong; jika seseorang membunuh atau berzinah, ia harus dirajam batu hingga mati (Ulangan 19:19-21).

Tanpa penderitaan Yesus Kristus di atas salib, bahkan hari ini, anak-anak Allah harus memotong tangan dan kakinya jika mereka melakukan dosa. Namun, yesus mengambil salib. Tangan dan kaiknya dipaku dan Ia mencurahkan darah-nya. Dengan melakukan ini, Ia telah membasuh dosa-dosa yang dilakukan tanagn dan kakimu dan Anda tidak perlu lagi menderita atau pun membayar harga karena dosamu sendiri.

Anda harus simpan di dalam benak Anda bahwa Ia

menyucikan Anda dari segala dosa jika Anda berjalan di dalam terang, dan jika Anda mangaku dosa Anda dan berbalik kepada-Nya (1 Yohanes 1:7).

Oleh karena itu, sangat penting untuk mengisi hati Anda dengan kebenaran agar dapat memperoleh hidup yang berkemenangan dengan hati yang berlimpah dengan syukur yang selalu tertuju kepada Allah.

Kaki Yesus tidak Patah tapi Lambung-Nya Ditikam

Pada hari Yesus wafat, adalah hari Jumat, hari sebelum Sabat. Di zaman itu, hari Sabtu dikatakan diberlakukan sebagai hari Sabat, dan orang Yahudi tidak memperbolehkan adanya mayat yang tertinggal di atas salib selama hari Sabat.

Jadi, dapat Andda baca di dalam Yohanes 19:31, orang-orang Yahudi bertanya kepada Pontius Pilatus untuk mematahkan tulang-tulang-Nya lalu menurunkan tubuh-Nya.

Seijin Pontius Pilatus, para prajurit mematahkan tulang para penyamun yang telah disalibkan sebelah menyebelah dengan Yesus, tetapi mereka tidak mematahkan tulang Yesus, karena Ia telah mati. Di masa itu, mereka yang disalibkan dianggap telah dikutuk dan karena itulah para prajurit mematahkan tulang mereka. Untuk itu, ada pemeliharaan roh di dalam kenyataan bahwa kaki Yesus tidak dipatahkan.

Mengapa Kaki Yesus tidak Patah?

Yesus, yang tidak berdosa, dikutuk dan digantungdi atas salib untuk menebus umat manusia dari kutuk hukum Taurat. Setan, si musuh, tidak dapat mematahkan kaki Yesus, bukan karena ia telah mati disalibkan, tetapi karena pemeliharaan Allah.

Lagipula, Allah melindungi Yesus dari patah tulang untuk menggenapi Firman di dalam Mazmur 34:21, yang berbunyi, *"Ia melindungi segala tulangnya, tidak satu pun yang patah."*

Di dalam Bilangan 9:12, Allah memberitahukan kepada kaum Israel untuk tidak mematahkan tulang domba saat memakannya. Ia juga mengatakan di dalam Keluaran 12:46 bahwa kaum Israel boleh memakan daging doma tetapi tidak boleh mematahkan tulang-tulangnya.

"Domba" adalah Yesus uang tidak bernoda dan tidak bersalah, tetapi mengorbankan diri-Nya sebagai persembahan yang sempurna bagi umat manusia dan bagi dosa-dosanya, karena kasih-Nya kepada kita. Sesuai dengan yang tertulis di dalam Nas Jangan mematahkan tulang domba, demikian "tidak satu pun" tulang Yesus uang patah.

Lambung-Nya Ditikam dengan Tombak

Yohanes 19:32-34 kembali menggambarkan kejadian yang mengerikan:

"Tetapi ketika mereka sampai kepada Yesus dan melihat bahwa Ia telah mati, mereka tidak mematahkan

kaki-Nya, tetapi seorang dari antara prajurit itu menikam lambung-Nya dengan tombak, dan segera mengalir keluar darah dan air."

Walaupun prajurit telah mengetahui bahwa Yesus telah mati, mengapa ia menikam lambung Yesus dengan timabk, dan menyebabkan darah dan air mengalir seketika? Hal ini mengilustrasikan kedurhakaan manusia.

Meskipun Ia adalah Allah, Yesus tidak meminta atau menuntut hak-Nya sebagai Allah. Ia menjadikan diri-Nya kosong; Ia mengambil posisi seorang hamba budak dan datang dalam rupa manusia. Dengan taat IA merendahkan diri-Nya bahkan lebih jauh lagi, mati dengan cara seorang penjahat disalibkan di atas salib. Dengan cara demikian, Yesus telah membuka pintu keselamatan bagi Anda (Filipi 2:6-8).

Selama hidup-Nya di dunia, Yesus memberikan kepada para tawanan kebebasannya, memberikakn kekayaan kepada yang miskin, dan menyembuhkan yang sakit dan lemah. Ia tidak memiliki cukup waktu untuk makan atau tidur sebab Ia melakukan yang terbaik untuk melakukan Firman Allah dan untuk menyelamatkan sebanyak-banyaknya jiwa. Ia pergi ke bukit untuk berdoa, bahkan pada saat murid-murid-nya sedang beristirahat.

Banyak orang Yahudi menganiaya Dia dengan penghinaan, walaupun Ia hanya melakukan yang baik. Pada akhirnya, mereka menyalibkan Dia di atas salib karena kedurhaakaan mereka. Terlebih lagi, tanpa memperhatikan bahwa Ia telah mati, seorang prajurit Romawi menikam Dia dengan tombak. Hal ini mengatakan kepada kita bahwa manusia sedang melemparkan kedurhakaan di atas kedurhakaan.

Allah menunjukkan kepada Anda kasih-Nya yang luar biasa dengan mengutus Anak-Nya yang Tunggal dan mengijinkan Ia disalibkan untuk menebus dosa-dosamu, tanpa memperdulikan kedurhakaan umat manusia.

Mencurahkan Darah dan Air dari Lambung-Nya

Seperti yang telah disebutkan, seorang prajurit Romawi menikam Lambung Yesus denagn tomabk dalam kedurhakaannya, tanpa mengetahui kematyian Yesus. Ketika prajurit itu menikam lambung-Nya, darah dan air mengalir dsari tubuh Yesus. Berikut adalah arti dari episode ini.

Pertama, ini menunjukkan kepada Anda bahwa Yesus datang dalam daging sebagi Anak Manusia, Yohanes 1:14 berkata, *"Firman itu telah menjadi manusia, dan diam di antara kita,"* Allah datang ke dunia ini dalam daging, dan Ia adalah Yesus.

Orang berdosa tidak dapat melihat Allah karena mereka akan biansa jika melihat Allah. Jadi, Allah tidak dapat menampakkan diri secara langsung di hadapan mereka dan karena itulah Yesus datang ke dunia dalam daging dan menunjukkan banyak bukti untuk membawa kita percaya kepada Allah.

Alkitab mengatakan kepada kita bahwa Yesus adalah manusia sama seperti Anda. Markus 3:20 berbunyi, *"Kemudian Yesus masuk ke sebuah rumah. Maka datanglah orang banyak berkerumun pula, sehingga makan pun mereka tidak dapat."*

Matius 8:24 mengatakan kepada kita, *"Sekonyong-konyong mengamuklah angin ribut di danau itu, sehingga perahu itu ditimbus gelombang, tetapi Yesus tidur."*

Sebagian orang mungkin berpikir bagaimana Yesus, Anak Allah dapat menjadi lapar atau sakit. Namun, sejak Yesus dalam daging yang terbuat dari tulang dan otot, Ia harus makan dan tidur. Ia juga menderita sakit, seperti kita.

Kenyataan bahwa darah dan air mengalir dari tubuh-Nya ketika Ia ditikam dengan tombak, memberikan Anda keyakinan dan bukti nyata bahwa Yesus datang ke dunia ini dalam daging, walaupun Ia adalah Anak Allah.

Kedua, adalah sebuah bukti lagi, bahwa Anda dapat berpartisipasi di dalam kodrat ilahi meskipun Anda adalah daging. Allah menginginkan anak-anak-Nya menjadi kudus dan sempurna seperti yang dikatakan-Nya. *"Sebab ada tertulis: Kuduslah kamu, sebab Aku kudus"* (1 Petrus 1:16) dan *"Karena itu haruslah kamu sempurna, sama seperti Bapamu yang di sorga adalah sempurna"* (Matius 5:48). Ia juga berkata, *"Dengan jalan itu Ia telah menganugerahkan kepada kita janji-janji yang berharga dan yang sangat besar, supaya olehnya kamu boleh mengambil bagian dalam kodrat ilahi, dan luput dari hawa nafsu duniawi yang membinasakan dunia"* (2 Petrus 1:4) dan *"Hendaklah kamu dalam hidupmu bersama, menaruh pikiran dan perasaan yang terdapat juga dalam Kristus Yesus,"* (Filipi 2:5).

Yesus datang ke dunia ini dalam daging dan menjadi hamba sesuai dengan kehendak Allah, dan memenuhi seluruh tugas-

Nya. Ia juga menggenapi hukum Taurat dengan kasih yang mengatasi segala pencobaan dan masalah, serta hidup sesuai dengan Firman Allah.

Walaupun ia adalah manusia sama seperti Anda, Ia mau menerima semua sakit, mengikuti kehendak Allah dengan setia dan penguasaan diri, serta mengorbankan diri-Nya di dalam kasih untuk mati di atas salib tanpa penolakan dan keluhan.

Lalu, bagaimana kita berpartisipasi di dalam kodrat ilahi dengan hati Yesus Kristus?

Anda harus menyalibkan sifat dosamu, yang terdiri dari hasrat dan keinginan, memiliki kasih spiritual dan berdoa dengan sungguh-sungguh di dalam sifat ilahi dengan memiliki perilaku yang sama dengan Yesus.

Di satu sisi, mencintai daging adalah mencari diri-sendiri, dan kasih menjadi dingin seiring berjalannya waktu. Orang-orang dengan kasih seperti ini, mengkhianati satu dengan yang lainnya dan menderita sakit ketika mereka tidak bersekutu.

Di sisi lain, Allah menginginkan Anda untuk memiliki kasih yang sabar, baik dan tidak memikirkan diri sendiri. Yaitu, kasih ilahi yang tidak pernah berubah dan bertumbuh dari hari ke hari. Anda dapat memiliki perilaku Yesus sebanyak Anda memiliki kasih ilahi dan sebanyak kejahatan yang Anda buang melalui doa yang sungguh-sungguh.

Demikian pula, semua orang dapat menerima anugerah Allah dan kuasa jika ia mencari pertolongan-Nya dengan berpuasa dan berdoa. Allah juga bekerja untuk mereka yang membuang setiap kejahatan. Anda akan bersinar seperti matahri di dalam kerjaan sorga jika Anda memilki kasih ilahi, menghasilakn 9 buah Roh

(Galatia 5) dan menerima Ucapan Bahagia (Matius 5).

Ketiga, Yesus mencurahkan darah dan air yang berkuasa membawa Anda kepada kepada kehidupan yang sejati dan kekal.

Darah dan air Yesus, adalah tidak bercacat karena Ia tidak memiliki dosa keturunan dan tidak pernah melakukan dosa. Secara rohani, hanya darah dan air yang dapat dibangkitkan. Karena Ia telah mencurahkan darah-Nya yang kudus, dosa-dosamu disucikan dan Anda dapat memperoleh hidup yang sejati yang memimpin Anda kepada keselamatan, kbangkitan, dan kehidupan kekal.

Air, yang mengalir dari tubuh Yesus, melambangkan air yang tidak ada habisnya, Firman Allah. Anda dapat dipenuhi dengan kebenaran dan menjadi anak-anak Allah yang sejati seberapa jauh Anda memahami Firman-Nya dan membuang dosa-dosa Anda dengan hidup seturut firman-Nya.

Yesus, tanpa cacat cela, memberikan segalanya untuk memberikan Anda kehidupan sejati sampai penumpahan darah dan air, meskipun Anda tidak lebih baik dari binatang.

Saya berharap Anda mengerti bahwa Anda diselamatkan tanpa harus membayar harganya dan buanglah segala dosa dengan berdoa sungguh-sungguh dalam iman supaya Anda memiliki hidup yang berbuah di dalam Yesus Kristus.

Bab 7

Tujuh Perkataan Terakhir Yesus di atas Kayu Salib

- Bapa, Ampunilah Mereka
- Hari ini Kau Bersama-Sama Dengan Aku di Firdaus
- Ibu, Inilah Anakmu; Inilah Ibumu
- Eloi, Eloi, Lama Sabachthani?
- Aku Haus
- Sudah Selesai
- Bapa, Ke Dalam Tangan-Mu Kuserahkan Nyawa-Ku

Yesus berkata: "Ya Bapa, ampunilah mereka, sebab mereka tidak tahu apa yang mereka perbuat."

Kata Yesus kepadanya: "Aku berkata kepadamu, sesungguhnya hari ini juga engkau akan ada bersama-sama dengan Aku di dalam Firdaus." Ketika itu hari sudah kira-kira jam dua belas, lalu kegelapan meliputi seluruh daerah itu sampai jam tiga,sebab matahari tidak bersinar. Dan tabir Bait Suci terbelah dua.lalu Yesus berseru dengan suara nyaring: "Ya Bapa, ke dalam tangan-Mu Kuserahkan nyawa-Ku." Dan sesudah berkata demikian Ia menyerahkan nyawa-Nya.

Lukas 23:34, 42-46

Sebagian besar orang akan sadar akan hidupnya saat kematiannya sudah dekat, dan memberikan kata-kata terakhir kepada anggota keluarga dan teman-temannya.

Begitu pula, Yesus menjadi daging, datang ke dunia ini dalam pemeliharaan Allah, dan mengatakan tujuh perkataan di atas salib saat Ia mengehembuskan nafas terakhirnya. Ini disebut dengan "Tujuh Perkataan Terakhir Yesus di atas Salib."

Mari kita pelajari makna rohani dari tujuh perkataan terakhir Yesus di atas salib.

Bapa, Ampunilah Mereka

Penulis kitab Filipi mendeskripsikan Yesus sebagai berikut:

Yang walaupun dalam rupa Allah, tidak menganggap kesetaraan dengan Allah itu sebagai milik yang harus dipertahankan, melainkan telah mengosongkan diri-Nya sendiri, dan mengambil rupa seorang hamba, dan menjadi sama dengan manusia. Dan dalam keadaan sebagai manusia, Ia telah merendahkan diri-Nya dan taat sampai mati, bahkan sampai mati di kayu salib! (Filipi 2:6-8)

Yesus disalibkan untuk menunjukkan kasih dan ketaatan-Nya kepada Allah sehingga Ia dapat membuka jalan keselamatan bagi orang berdosa. Orang-orang yang berdiri di dekat salib bersama dengan pemimpin mereka menghina Yesus, *"Ia menyelamatkan orang lain, biarkan Dia menyelamatkan diri-Nya sendiri jika Dia adalah Mesias Allah, yang dipilih!"* (Lukas 23:35)

Para tentara juga mencemooh Dia dengan menawarkan kepada-Nya anggur asam, dan berkata, *"Jika Kamu Raja orang Yahudi, selamatkanlah diri-Mu!"* satu dari dua penjahat yang disalibkan bersama-sama dengan Dia mengatakan, *"Jika Engkau adalah Mesias, selamatkanlah diri-Mu dan kami!"*

Ketika mereka sampai di tempat yang bernama Tengkorak, mereka menyalibkan Yesus di situ dan juga kedua orang penjahat itu, yang seorang di sebelah kanan-Nya dan yang lain di sebelah kiri-Nya. Yesus berkata: "Ya Bapa, ampunilah mereka, sebab mereka tidak tahu apa yang mereka perbuat." Dan mereka membuang undi untuk membagi pakaian-Nya (Lukas 23:33-34).

Yesus berdoa kepada Allah meminta pengampunan bagi mereka, "Bapa, ampunilah mereka; sebab mereka tidak tahu apa yang mereka perbuat," saat Ia menghembuskan nafas terakhir-Nya. Yesus memberikan petisi kepada Bapa-Nya untuk memberikan belas kasihan serta pengampunan-Nya kepada orang-orang yang tidak mengetahui bahwa Yesus adalah Anak Allah sedang disalibkan untuk menebus dosa-dosa mereka.

Bahakn mungkin mereka tidak menyadari bahwa perbuatan-perbuatannya berdosa. Berikut adalah perkataan pertama-Nya di atas salib.

Yesus Berdoa dengan Kasih bagi Orang-Orang yang Menyalibkan Dia

Yesus, Anak Allah, berdoa bagi mereka yang menyalibkan Dia, walaupun Ia tidak bercacat cela dan berdosa. Betapa dalam dan besarnya kasih Allah itu! Yesus bisa saja dengan mudah turun dari salib untuk mencegah penyalibannya karena Ia adalah Allah yang Perkasa dan diberikan kuasa oleh Allah Bapa. Ia disalbkan untuk memenuhi rencana keselamatan sesuai dengan kehendak Allah. Oleh karena itu, Ia mengalami segala penderitaan dan malu, berdoa untuk mereka dengan kasih dan memohon pengampunan bagi mereka.

Yesus berdoa dengan sungguh-sungguh, "Bapa, ampunilah mereka, sebab mereka tidak tahu apa yang mereka perbuat." Di sini, "mereka" tidak hanya berarti mereka yang menyalibkan dan mencemooh Dia, tetapi juga termasuk semua orang yang tidak menerima Yesus Kristus dan terus hidup dalam kegelapan. Seperti orang-orang yang menyalibkan Yesus Anak Allah, banyak manusia berdosa karena tidak mengenal Yesus Kristus dan kebenaran.

Musuh Anda, si iblis adalah berasal dari kegelapan dan membenci terang sehingga ia menyalibkan Yesus, terang yang benar. Hari ini, iblis mengendalikan orang-orang yang tinggal dalam kegelapan dan membuat mereka menganiaya orang-orang yang berjalan di dalam terang.

Bagaimana cara Anda menanggapi parapenganiaya yang tidak mengenal kebenaran?

Yesus mengajarkan kepada, Anda kehendak Allah dan bagaimana seharusnya tingkah laku seorang Kristen, melalui perkataan pertama Yesus di atas salib. Matius 5:44 berbunyi, *"Tetapi Aku berkata kepadamu; Kasihilah musuhmu dan berdoalah bagi mereka yang menganiaya kamu."* Jadi, kita harus bisa berdoa bagi semua yang menganiaaya kita, dengan berkata, "Bapa, ampunilah mereka. Mereka tidak tahu apa yang mereka perbuat. Berkatilah mereka agar mereka juga, dapat menerima Tuhan dan kita bertemu kembali di sorga."

Hari ini Kau Bersama-Sama Dengan Aku di Firdaus

Dua penjahat juga disalibkan saat Yesus tergantung di atas salib yang didirikan di atas bukit Golgota, "tempat Tengkorak" (Lukas 23:33).

Salah satu penjahat itu melontarkan cemooh kepada Dia, tetapi yang lainnya lagi memaki dia, bertobat, dan menerima Yesus sebagai Juruselamat pribadinya. Kemudia Yesus berjanji kepadanya bahwa dia akan bersama-sama dengan Dia di firdaus. Itu adalah perkataan Yesus yang kedua di atas salib.

Seorang dari penjahat yang digantung itu menghujat Dia, katanya: "Bukankah Engkau adalah Kristus?

Selamatkanlah diri-Mu dan kami!" Tetapi yang seorang yang menegor dia, katanya: "Tidakkah engaku takut, juga tidak kepada Allah, sedang engkau menerima hukuman yang sama? Kita memang selayaknya dihukum, sebab kita menerima balasan yang setimpal dengan perbuatan kita, tetapi orang ini tidak berbuat sesuatu yang salah." Lalu Ia berkata: "Yesus, ingatlah akan aku, apabila Engkau datang sebagai Raja." Kata Yesus kepada-Nya: "aku berkata kepadamu, sesungguhnya hari ini juga engkau akan ada bersama-sama dengan Aku di dalam Firdaus" (Lukas 23:39-43).

Yesus menyatakan diri-Nya sebagai Mesias yang dapat mengampuni orang berdosa saat mereka bertobat dan menyelamatkan mereka melalui paerkataan kedua Yesus di atas salib.

Saat Anda membaca ke-empat kitab Injil, respon dua penjahat tersebut dicatat dengan cara yang berbeda. Matius 27:44, dikatakan, *"Bahkan penyamun-penyamun yang disalibkan bersama-sama dengan Dia mencela-Nya demikian juga."* Di Dalam Markus 15:32, berbunyi, *"Baiklah Mesias, Raja Israel itu, turun dari salib itu, supaya kita lihat dan percaya."* Bahkan kedua orang yang disalibkan bersama-sama dengan Dia mencela Dia juga. Dari kedua Injil ini, terbaca bahwa kedua penjahat itu melimpahkan cemooh kepada Yesus.

Namun, di dalam Lukas 23, dapat Anda baca bahwa salah satu penyamun memarahi yang lainnya dan bertobat dari dosa-dosanya, menerima Yesus Kristus dan diselamatkan. Hal ini bukan karena masing-masing Injil tidak saling berhubungan antara satu dengan yang lainnya, melainkan di dalam pemeliharaan-Nya, Allah memperbolehkan penulisnya untuk menuliskannya dengan cara yang berbeda-beda. Di dalam Alkitab, pemeliharaan Allah dan unsur-unsur sejarahnya dipersingkat. Jika segala sesuatu dituliskan secara terinci, seribu Alkitab pun tidak akan sanggup mencakupnya.

Hari ini, jika Anda mencatat sesuatu dengan sebuah kamera video, Anda dapat menontonnya nanti, tetapi pada masa Yesus, alat seperti demikian tidak ada sehingga mereka tidak dapat mengambil satu gambar foto pun, walaupun untuk kejadian yang sangat penting sekalipun. Mereka hanya dapat menuliskan kejadian-kejadian tersebut. Melalui sedikit perbedaan-perbedaan yang ada, Anda dapat mengalami dan menghidupkan kembali situasi-situasi tertentu dengan lebih realistis.

Pengertian yang Lebih Benar tentang Penyaliban Yesus

Pada waktu Yesus memeberitakan Injil, kumpulan orang banyak mengikuti Dia. Sebagian ingin mendengarkan kotbahnya, ada yang ingin melihat mujizat-mujizat dan tanda-tanda arisorga, sebagian lagi menginginkan makanan, dan masih ada juga yang menjual barang miliknya untuk melayani dan mengikut Yesus.

Di dalam Lukas 9, Yesus mengucap syukur atas lima helai roti dan dua ikan. Jumlah orang yang makan adalah sekitar lima ribu laki-laki (Lukas 9:12-17). Bayangkan berapa banyak orang lagi, termasuk mereka yang mengasihi maupun yang membenci Yesus serta orang-orang lain yang turut berkumpul saat Yesus disalibkan. Kahalayak ramai mengelilingi salib itu sehingg para prajurit menghalangi erka dengan tombak dan perisai. Bayangkan orang-orang yang berteriak kepada Yesus dalam sebuah lingkaran dekat dengan salib di mana Yesus digantung. Orang banyak itu mencemooh Dia. Bahkan satu dari dua penjahat yang disalibkan di sebelah Yesus ikut mencemooh dia.

Siapa yang dapat mendengar apa yang diucapkan oleh salah satu penjahat itu? Pastilah sangat samar-samar, sehingga hanya orang-orang yang berdiri cukup dekat dengan Yesus yang dapat mendengar perkataan-perkataan-Nya. Penjahat yang satunya mengatakan sesuatu terhadap Yesus dengan ekspresi wajah yang buruk. Penjahat ini, ternyata sedang mearahi penjahat yang telah mencemooh Yesus. Namun, mereka yang jauh di sisi seberangnya dapat dengan mudah mengira bahwa penjahat yang bertobat itu sedang memaki Yesus yang ditengah.

Di satu sisi, dalam kondisi yang bising, masing-masing penulis Injil Matius dan Markus yang tidak dapat mendengar penjahat yang bertobat tersebut, berpikir dengan jelas bahwa ia juga memarahi Yesus.

Di sisi lain, penulis Injil Lukas mendengar dengan jelas, sehingga ia menegtahui bahwa satu dari kedua penjahat itu tidak menghina melainkan bertobat. Penulis yang berbeda, dengan lokasi yang berbeda dan menulis dengan cara yang berbeda.

Allah, yang mengetahui segala sesuatunya, mengijinkan mereka menulis secara berbeda agar generasi berikutnya dapat memahami situasi tersebut dengan jelas.

Sorga, Tempat bagi Panyamun yang Bertobat

Yesus berjanji kepada penyamun yang bertobat di atas salib sebelum kematiannya, "Kamu akan bersama-sama dengan Aku di dalam Firdaus." Ini memiliki arti secara rohani.

Sorga, kerajaan Allah, sangatlah besar melampaui yang Anda bayangkan. Bahkan Yesus berkata kepada kita di dalam Yohanes 14:2, *"Di rumah Bapa-Ku banyak tempat tinggal. Jika tidak demikian, tentu Aku mengtakannya kepadamu. Sebab Aku pergi ke situ untuk menyediakan tempat bagimu."* Pemazmur menginginkan kita untuk *"Pujilah Dia hai langit yang mengatasi segala langit, hai air yang di atas langit!"* (Mazmur 148:4) Nehemia 9:6 memuji Allah yang "menjadikan langit, ya langit segala langit," 2 Korintus 12:2, berbicara mengenai seorang yang di dalam Tuhan, empat belas tahun yang lampau diangakat ke tingkat yang ketiga dari sorga. Di dalam Wahyu 21:2, berkata bahwa di Yerusalem Baru berdiam Tahkta Allah.

Seperti halnya, di sorga banyak tempat tinggal. Namun, Nada tidak diperbolehkan tinggal di tempat pilihan Anda sendiri. Allah yang Adil menghadiahkan kepada masing-masing Anda sesuai dengan apa yang sudah Anda perbuat di dunia ini: seberapa Anda telah mengikuti Tuhan dan bekerja untuk kerajaan Allah dan berapa banyak yang telah Anda dimpan di sorga, dsb (Matius 11:12; Wahyu 22:12).

Yohanes 3:6 berbunyi, *"Apa yang dilahirkan dari daging adalah daging, dan apa yang dilahirkan dari Roh adalah roh."* Tergantung dari seberapa jauh seseorang membuang hal-

hal kedagingannya dan menjadi manusia roh seutuhnya, tempat tinggal di sorga akan terbagi menjadi kelompok-kelompok pada level rohani yang sama.

Tentunya, setiap tempat di sorga sangat indah karena Allah merkuasa atasnya. Namun, terdapat perbedaan-perbedaan walaupun di dalam sorga itu sendiri. Misalnya, gaya hidup, hobi dan standar hidup, dan sejenisnya di metropolitan sangatlah beda dengan yang di pinggir kota. Begitu juga, kota kudus, Yerusalem baru, adalah tempat yang paling mulia di sorga di mana tahta Allah tinggal dan di sanalah anak-anak yang paling serupa dengan Dia akan berada.

Namun, firdaus adalah tempat di mana penjahat yang bertobat di menit terakhir kematiannya di atas salib itu hidup dan yang terletak di pinggir luar sorga. Orang-orang lain yang menerima keselamtan yang memalukan akan tinggal di sana. Orang-orang ini menerima Yesus Kristus tetapi tidak melangkah maju untuk diubah secara roh.

Mengapa penjahat yang bertobat itu masuk sorga?

Ia mengaku bahwa ia adalah orang berdosa di dalam hati baiknya, dan menerima Yesus sebagai Juruselamatnya. Namun, ia tidak membuang dosa-dosanya, hidup seturut Firman allah, atau pun menginjili orang lain. Ia tidak bekerja untuk Tuhan. Ia tidak melakukan apa pun untuk menerima hadiah sorgawi. Itulah mengapa ia masuk ke dalam firdaus, tempat yang terendah di sorga.

Turunnya Yesus ke Kubur Atas (Upper Grave)

Meskipun Yesus berjanji kepada penjahat itu, "Hari ini engkau bersama-sama dengan Aku di dalam firdaus," ini tidak bearti Yesus tinggal hanya di firdaus di dalam sorga. Yesus, Raja segala raja dan Tuhan segala tuhan, memerintah dan tinggal dengan anak-anak Allah di seluruh sorga, termasuk di firdaus dan Yerusalem baru. Dalam pengertian ini, Ia tinggal di firdaus dan juga di tempat-tempat lain di dalam sorga.

Pada saat Yesus berkata kepada penyamun yang diselamatkan itu "Hari ini engkau bersama-sama dengan Aku di dalam firdaus," "hari ini" bukan berarti hari di saat Yesus mati. Dalam Matius 12:40, Yesus berkata kepada beberpa orang Farisi bahwa *"Sebab seperti Yunus tinggal di dalam perut ikan tiga hari tiga malam, demikian juga anak Manusia akan tinggal di dalam rahim bumi tiga hari tiga malam."* Efesus 4:9 berbunyi, *"Bukankah "Ia telah naik" berarti, bahwa Ia juga telah turun ke bagian bumi yang paling bawah?"*

Ditambahkan lagi di dalam, 1 Petrus 3:19, *"dan di dalam Roh itu juga Ia pergi memberitakan Injil kepada roh-roh yang di dalam penjara,"* Yesus pergi ke kubur atas untuk memberitakan injil kepada roh-roh sebelum Ia dibangkitkan pada hari ketiga. Mengapa Ia perlu melakukan hal ini?

Sebelum Yesus datang ke dunia ini, banyak orang selama masa Perjanjian Lama dan bahkan di masa Perjanjian Baru yang tidak memiliki kesempatan untuk mendengar injil tetapi mereka hidup kebaikan dan menerima Allah. Apakah ini berarti mereka semua akan pergi ke neraka hanya karena meeka tidak mengenal siapa Yesus itu? Allah mengutus Anak-Nya yang tunggal ke dalam dunia ini dan barangsiapa menerima Diaa akan diselamatkan. Allah tidak akan memulai memelihara manusia untuk menyelamatkan mereka yang hanya menerima Yesus Kristus sesudah penyaliban-Nya. Bagi yang tidak berkesempatan mendengarkan injil tetapi hidup dalam kebaikan hati nurani akan dihakimi menurut hati nuraninya.

Di satu sisi, orang-orang yang mempunyai hati yang baik itu berkumpul di "Kubur Atas." Di sisi lain, "Hades" adalah tempat di mana jiwa – jiwa yang durhaka akan tinggal samapi dengan Hari Penghakiman. Sesudah penyaliban-Nya, Yesus pergi ke Hades dan memberitakan injil kepada roh-roh yang tidak mengenal injil tetapi hidup dengan hati nurani yang baik dan layak untuk diselamatkan.

Tidak ada nama lain di bawah langit yang olehnya kita diselamatkan selain nama yesus Kristus. Itulah mengapa Yesus pergi memberitakan tentang diri-Nya kepada roh-roh supaya mereka dapat menerima Dia dan diselamatkan.

Alkitab berkata bahwa roh-roh yang diselamatkan sebelum Yesus disalibkan, telah di bawa ke pangkuan Abraham (Lukas 16:22), tetapi akan di bawa ke pangkuan Bapa setelah kebangkitan-Nya.

Diselamatkan oleh Penghakiman Hati nurani

Sebelum Yesus datang ke dunia ini untuk menyebarkan injik, orang-orangbaik hidup mengikuti kebenaran di dalam hati mereka. Itu adalah hukum hati nurani. Orang-orang baik tidak melakukan kejahatan bahkan saat mengalami kesusahan dan menghadapi kesukaran, karena mereka mendengarkan suara hati mereka.

Roma 1:20 berbunyi, *"Sebab apa yang tidak nampak dari pada-Nya, yaitu kekuatan-Nya yang kekal dan keilahian-Nya, dapat nampak kepada pikiran dari karya-Nya sejak dunia diciptakan, sehingga mereka tidak dapat berdalih."*

Dengan melihat alam raya dan bagaiamana segala sesuatu di bumi ada dalam keharmonisan, orang-orang dengan hti yang baik percaya bahwa ada kehidupan kekal. Inilah mengapa mereka tidak hisup menurut sifat dosa mereka dan menguasai diri mereka sendiri bukan untuk menikmati kesenangan duniawi dan hidup dalam yakut akan Allah.

Roma 2:14-15 berbunyi, *"Apabila bangsa-bangsa lain yang tidak memiliki hukum Taurat oleh dorongan diri sendiri melakukan apa yang dituntut hukum Taurat, maka, walaupun mereka tidak memiliki hukum Taurat, mereka menjadi hukum Taurat bagi diri mereka sendiri. Sebab dengan itu mereka menunjukkan, bahwa isi hukum Taurat ada tertulis di dalam hati mereka dan suara hati mereka turut bersaksi dan pikiran mereka saling menuduh atau saling membela."*

Allah memberikan hukum Taurat hanya kepada kaum Israel tetapi bukan kepada orang-orang bukan Yahudi. Bagiamanapun, seprtinya orang-orang Kafir hidup dalam hukum Taurat jika mereka hidup seturut hukum Taurat di dalam hatinya, suara hati yang didapatkan dan terlatih oleh diri mereka sendiri.

Di antara mereka yang mati tanpa mengenal Yesus Kristus,

terdapat sebagian orang yang dapat menguasai dirinya melawan pikiran-pikiran jahat karena kebersihan hati mereka. Orang-orang demikian akan diselamatkan menurut penghakiman Allah sesuai dengan hati nuraninya.

Ibu, Inilah Anakmu; Inilah Ibumu

Rasul Yohanes menulis apa yang ia liha-t dan dengar dari ata salib di mana Yesus digantung. Ada banyak wanita termasuk Maria, Ibu Yesus; Salome, saudara Ibunya, Maria istri klopas; dan Maria Magdalena. Di dalam Yohanes 19:26-27, Yesus berkata kepada Maria Ibu Yesus yang sedang bersedih untuk memikirkan Yohanes sebagai anaknya dan berkata kepada Yohanes untuk menjaga dia sebagiIbunya:

Ketika Yesus melihat ibu-Nya dan murid yang dikasihi-Nya di sampingnya, berkatalah Ia kepada ibu-Nya: "Ibu, inilah, anakmu Kemudian kata-Nya kepada murid-murid-Nya: "Inilah ibumu!" Dan sejak saat itu murid itu menerima dia di dalam rumahnya."

Mengapa Yesus Memanggil Maria "Wanita," bukan "Ibu"?

Kata "Ibu" tidak disebut oleh Yesus, tetapi ditulis oleh rasul yohanes dari sudut pandangnya sendiri. Lalu, mengapa, yesus memanggil ibu-Nya sendiri yang telah melahirkan Dia dengan sebuatn "Wanita"?

Jika Anda lihat di dalam Alkitab, Yesus tidak menyebut dia "Ibu."

Sebagai contoh, di dalam Yohanes 2:1-11, Yesus melakukan mujizat yang pertama yaitu mengubah air menjadi anggur sesudah ia memulai pelayanan-Nya. Mujizat terjadi pada pernikahan di Kana di Galilea. Yesus dan murid-murid-Nya juga telah diundang ke pernikahan itu. Ketika kehabisan anggur, Maria berkata kepada Yesus, "Mereka kehabisan anggur" karena ia mengetahui sebagai Anak Allah, yesus sanggup mengubah air menjasi anggur. Lalu Yesus berkata kepadanya, *"Mau apakah engkau dari pada-Ku, ibu? Saat-Ku belum tiba."*

Yesus menjawab bahwa saat untuk menunjukkan bahwa diri-Nya adalah Mesias, belum tiba meskipun Maria merasa kasihan terhadap para tamu sebab mereka kehabisan anggur. Mengubah air menjadi anggur secara rohani memiliki arti bahwa Yesus akan mencurahkan darah-Nya di atas salib.

Yesus memberitakan diri-nya bahwa Ia telah datang ke dunia sebagi Juruselamat dengan menggenapi rencana ilahi bagi keselamatan manusia di atas salib. Sehingga ia memanggil Maria "wanita." Bukan "ibu."

Lagipula, Juruselamat kita Yesus Kristus adalah Allah Tritunggal dan Sang Pencipta. Allah Sang Penciota adalah Dia (Keluaran 3:14), dan Dia adalah Yang Awal dan Yang Akhir (Wahyu 1:17, 2:8). Jadi, Yesus tidak mempunyai ibu dan itulah mengapa Yesus memanggil dia "wanita", bukan "ibu."

Hari ini, banyak anak-anak Allah yang mengartikan Maria sebagai "ibu kudus" Yesus atau bahkan mendirikan patung dan persembahan di hadapannya. Anda harus mengerti bahwa hal ini sama sekali tidak benar sebab ia bukanlah ibu dari Juruselamat kita (Keluaran 20:4).

Warganegara Sorga

Yesus menghibur Maria yang sedang berada dalam tekanan yang berat dengan melihat penyaliban-Nya dan berkata kepada murid yang dikasihi-Nya, Yohanes untuk menjaga Maria sebagai ibunya sendiri. Walaupun Yesus menderita kesakitan yang luar biasa, Ia tetap sangat memprhatikan apa yang akan terjadi pada Maria sesudah kematian-Nya. Anda dapat mengalami kasih-Nya di sini.

Melalui perkataan Yesus yang ketiga di atas salib, kita dapat menyadari bahwa di dalam iman, kita semua adalah saudara-keluarga Allah. Pertimbangkan Matius 12:48-50, sebuah kejadian di mana keluarga Yesus datang untuk melihat Dia. Ketika Yesus diberitahu bahwa ibu dan saudara-saudara-ya sedang berdiri di luar, Ia berkata kepada kerumunan orang itu:

"Siapa ibu-Ku? Dan siapa saudara-saudara-Ku?"
Lalu kata-Nya, sambil menunjuk ke arah murid-murid-Nya: "Ini ibu-Ku dan saudara-saudara-Ku! Sebab siapa pun yang melakukan kehendak Bapa-Ku di sorga, dialah saudara-Ku laki-laki, dialah saudara-Ku perempuan, dialah ibu-Ku."

Saat iman Anda bertumbuh setelah menerima yesus Kristus,

rasa kewrganegaraan sorga menjadi semakin jelas dan Anda akan mengasihi saudara-saudara di dalam Kristus lebih dari anggota keluaga biologis Anda sendiri. Jika anggota keluargamu bukan anak-anak Allah, keluarga Anda tidak akan bertahan sebagai sebuah "keluarga" selamanya. Hubungan keluarga akan berakhir dengan kematian. Jika Nada tidak percaya kepada Yesus Kristus atau tidak hidup di dalam kehendak Allah bahkan jika mereka menyatakan percaya kepada Allah, mereka akan masuk neraka sebab upah dosa adalah maut (Matius 7:21).

Dagingmu yang nyata ini akan kembali kepada debu tanah tetapi Anda memiliki roh yang kekal. Jika Allah mengambil rohmu, Anda akan menjadi mayat yang akan segera busuk. Allah Sang Pencipta membentuk manusia dari debu tanah dan menghembuskan nafas kehidupan ke dalam lubang hidungnya, sehingga rohnya menjadi kekal. Adalah Allah yang memberikan roh yang kekal kepadamu dan yang menjadikan daging kepada debu tanah. Karena itu, Ia adalah Bapa yang sejati.

Matius 23:9 berkata kepada kita *"Dan janganlah kamu menyebut siapa pun bapa di bumi ini, karena hanya satu Bapamu, yaitu Dia yang di sorga."* Hal ini bukan berarti anda tidak mengasihi orang-orang yagn tidak percaya di keluarga anda. Sangatlah penting untuk anda sungguh-sungguh mengasihi mereka, memberitakan Injil dan membawa mereka untuk menerima Yesus Kristus.

Eloi, Eloi, Lama Sabachthani?

Yesus telah disalibkan pada jam ketiga dan pada jam keenam, kegelapan menyelimuti bumi hinga jam kesembilan saat Dia menghembuskan nafas terkhirNya. Jika dirubah kedalam konsep waktu moderen, Ia disalibkan pada jam sembilan pagi hari dan tiga jam kemudian, disiang hari, kegelapan menyelimuti saluruh bumi hingga jam tiga sore.

Pada jam dua belas, kegelapan meliputi seluruh daerah itu dan berlangsung sampai jam tiga. Dan pada jam tiga berserulah Yesus dengan suara nyaring: "Eloi, Eloi, lama sabakhtani?" yang berarti: "Allahku, Allahku, mengapa Engkau meninggalkan Aku?" (Markus 15:33-34)

Enam jam kemudian, pada jam kesembilan, Yesus berseru kepada Allah, "Eloi, Eloi, lama Sabachthani?" Ini adalah perkataa Yesus yang keempat diatas salib.

Yesus sangat kelelahan, oleh karean Ia telah tergantung di atas salib selama enam jam mencurahkan darah dan airNya dibawah terik matahari di padang gurun itu. Ia sangat lelah. Lalu, mengapa Ia berseru?

Masing-masing tujuh perkataan Yesus diatas salib memilki arti rohani. Jika perkaatan-perkataan itu tidak terdengar maka akan menjadi sia-sia. Tujuh perkataan tersebut dimaksudkan untuk ditulis didalam Alkitab dengan jelas, sehingga setiap orang dapat memahami kehendak Allah.

Oleh karena itu Ia menyerukan tujuh perkataanNya diatas salib dengan sekuat tenaga agar orang-orang disekitar salib itu dapat mendengar dengan jelas dan menuliskannya.

Sebagian orang berkata bahwa Yesus berseru denan dendanm kepada Allah, sebab Ia harus datang kedunia ini dalam daging dan mengalami penderitaan yang luar biasa. Namun, hal ini sama sekali tidak benar.

Mengapa Yesus berseru, *"Eloi, Eloi Lama Sabachthani?"*

Alasan mengapa Ia datang kedunia untuk menghancurkan pekerjaan iblis dan membukakan pintu keselamatan bagi kita.

Yaitu Yesus taat akan kehendak Allah sampai mati dan sepenuhnya mengorbankan diriNya. Sebelum penyalibanNya, Ia berdoa dengan lebih sunggh-sunguh dan peluhNya bagaikan darah yang jatuh ke tanah (Lukas 22:42-44). Ia memikul bebanNya, dengan sangat mengetahui penderitaan yang akan dialami diatas salib.

Ia mengalami penganiayaan dan penderitaan diatas salib sebab Ia tahu rencana Allah bagi manusia. Lalu bagaimana Ia dapat marah menghadapi kematianNya? tangisanNya bukan keluhan untuk menyalahkan Allah Yesus memiliki alasanNya sendiri.

Pertama, Yesus ingin menyatakan kepada dunia nahwa Ia disalibkan untuk menebus semua orang berdosa dari dosa-dosanya.

Ia ingin semua orang mengerti bahwa Ia telah meninggalkan

kemuliaan-Nya di sorga dan tidak diperhitungkan oleh Allah meskipun Ia adalah Anak-Nya yang tunngal. Ia berseru agar semua orang tahu bahwa Ia sedang mengalami penderitaan yang hebat di atas salib untuk menyelamatkan dan menebus orang berdosa dari segala dosa-dosanya. Alkitab menunjukkan bahwa Ia biasanya memanggil Allah "Bapa-Ku," tetapi di atas salib, Yesus memanggil-Nya, "Allah-Ku." Ini dikarenakan Yesus mengambil salib mewakili orang berdosa dan orang berdosa tidak dapat memanggil Allah, "Bapa."

Pada saat itu, Allah telah mempermalukan Yesus sebagi orang berdosa yang memikul semua dosa umat manusia, dan Yesus tidak bernai memanggil Allah, "Bapa." Dengan cara yang sama pula, Anda memanggil Allah "Abba Bapa" ketika Anda memiliki kasih yang timbal balik dengan Dia, tetapi memanggilnya "Allah" bukannya "Bapa" ketika Anda jauh dari Allah karena Anda telah melakukan dosa atau memiliki iman yang lemah.

Allah ingin semua manusia menjadi anak-anak-Nya yang sejati yang akan memanggil Dia "Bapa" dengan menerima Yesus Kristus dan berjalan di dalam terang.

Kedua, Yesus ingin memperingatkan kepada orang-orang yang yidak mengetahui kehendak Allah dan tetap berjalan di dalam kegelapan.

Allah mengirimkan Anak-Nya yang tunggal, Yesus Kristus ke dalam dunia ini san mengijinkan Dia dihina dan disalibkan oleh ciptaan-ciptaan-Nya sendiri. Yesus tahu mengapa Allah tidak memperhitungkan Anak-Nya tetapi kerumunan orang banyak yang menyalibkan Dia tidak mengetahui kehendak Allah. Ia berseru "Allahku, Allahku mengapa Engkau Meninggalkan Aklu?" agar yang tidak memperhatikan dapat mengerti akan aksih Allah dan bertobat sehingga mereka dapat kembali kepada jalan keselamatan.

Aku Haus

Di dalam Perjanjian Lama, ada banyak nubuatan tentang penderitaan Yesus di atas salib. Di dalam Mazmur 69:22, dikatakan, *"Bahkan, mereka memberi aku makan racun, dan pada waktu aku haus, mereka memberi aku minum anggur asam."* Seperti telah dikatakan di dalam Mazmur, ketika Yesus berkata, "Aku Haus," mereka mencucukkan bunga karang, yang telah dicelupkan dalam anggur asam, pada sebatang hisop lalu mengunjukkannya ke mulut Yesus.

Sesudah itu, karena Yesus tahu, bahwa segala sesuatu telah selesai, berkatalah Ia – supaya genaplah yang ada tertulis dalam Kitab Suci: "Aku haus!" Di situ ada suatu bekas penuh anggur asam. Maka mereka mencucukkan bunga karang, yang telah dicelupkan dalam anggur asam, pada sebatang hisop lalu mengunjukkannya ke mulut Yesus (Yohanes 19:28-29).

Jauh sebelum Yesus Kristus lahir di kota Betlehem, Pemazmur melihat dalam sebuah penglihatan bahwa Yesus akan disalibkan dan mati di atas salib, lalu ia menuliskan hal ini. Yesus berkata, "Aku haus" sehingga tulisan itu digenapi. Mari kita pikirkan apa arti rohani dari perkataan Yesus yang kelima di atas salib, "Aku haus."

Yesus Menyatakan Haus Rohani-Nya

Banyak orang dapat menahan lapar tetapi tidak bisa menahan haus. Pada saat itu Yesus sangat lelah sebab Ia telah dipakukan pada salib selam enam jam dan mencurahkan darah di bawah terik matahari di padang gurun. Ukuran kehausannya melampaui yang dapat kita bayangkan.

Bukan berarti Yesus tidak dapat menahan haus-Nya saat Ia berkata, "Aku haus." Itu adalah keinginan Yesus yang kuat terhadap anak-anak Allah: "Aku haus sebab Aku telah mencurahkan darah-Ku. Puaskan dahaga-Ku dengan membayar darah-Ku."

Dua ribu tahun telah berlalu sejak kematian Yesus di atas salib, tetapi Ia tetap berkata kepada kita bahwa Ia haus. Dahaga-Nya adalah karena mencurahkan darah-Nya. Ia mencurahkan darah-Nya untuk mengampuni dosa-dosamu dan memberikan kepadamu hidup yang kekal.

Yesus berkata kepada Anda, Ia haus untuk menunjukkan kehendak-Nya menyelamatkan jiwa-jiwa yang terhilang. Untuk itu, anak-anak Allah yang diselamatkan oleh darah Yesus harus membayar harga untuk darah-Nya.

Cara Anda membayar harga darah-Nya dan memuaskan dahaga-Nya adalah dengan membawa orang-orang dari jalan yang sesat ke neraka kepada sorga.

Untuk itu, Anda harus bersyukur karena Yesus mencurahkan darah-Nya dan memuaskan dahaga-Nya dengan memimpin orang-orang kepada jalan keselamatan.

Sudah Selesai

Di dalam Yohanes 19:30, Yesus menerima minuman itu dan berkata, *"Sudah Selesai"* dan menundukkan kepala-Nya dan menyerahkan roh-Nya. Yesus menerima bunga karang yang yang dicelupkan ke dalam anggur asam dengan sebatang hisop. Bukan karena Ia tidak dapat menahan haus-Nya, melainkan terdaoat sebuah majan rohani di dalamnya.

Alasan Yesus datang dalam daging ke dunia ini adalah untuk disalibkan demi dosa umat manusia. Di dalam kasih-Nya yang besar kepada kita, Yesus menggenapi hukum Taurat di dalam Perjanjian Lama dan menanggung dosa sluruh umat manusia dan kutukannya sebagi ganti mereka. Selama masa Perjanjian Lama, orang-orang mempersembahkan darah binatang sebagai korban kepada Allah ketika mereka berdosa. Namun, Yesus membuat satu pengorbanan untuk semua dosa sepanjang masa dengan mencurahkan darah-Nya (Ibrani 10:11-12). Jadi, dosa-dosa Anda telah diampuni ketika Anda menerima Yesus Kristus sebab Ia telah menebus Anda. Anugerah penebusan melalui Yesus Kristus merujuk kepada Anggur, dan Ia minum anggur yang asam itu untuk memberikan kepada kita anggur yang baru.

Arti Rohani Perkataan "Sudah Selesai"

Yesus berkata, "Sudah Selesai" dan menyerahkan roh-Nya. Apa makna rohani yang terkandung di dalamnya?

Yesus menjadi daging, datang ke dunia, memberitakan injil, menyembuhkan semua kelemahan dan sakit penyakit, dan membuka jalan keselamatan dengan membawa salib bagi semua orang yang telah ditentukan untuk mati.

Ia menggenapi hukum Taurat dalam Perjanjian Lama dengan kasih ketika Ia mengorbankan diri-Nya sampai pada kematian-Nya. Juga, Ia menang atas iblis, dan sepenuhnya menghancurkan pekerjaan iblis. Yaitu, Ia menyelesaikan rancangan ilahi bagi umat manusia, Itulah mengapa Yesus berkata di atas salib, "Sudah Selesai."

Allah ingin anak-anak-Nya memenuhi semuanya denan hidup seturut kehendak Allah, sama seperti Anka-Nya yang tunggal menggenapi pemeliharaan keselamatan dengan taat kepada Bapa sampai dengan mengorbankan hidup-Nya sesuai dengan kehendak dan rencana Allah.

Jadi, pertama-tama, Anda harus menyerupai hati Yesus dengan mendapatkan kasih spiritual; memiliki sembilan buah Roh Kudus (Galatia 5:22-23) dan memenuhi ucapan-uacapan Bahagia (Matius 5:3-10). Kemudian Anda harus setia kepada pekerjaan yang telah Tuhan berikan. Anda harus membawa sebanyak-banyaknya orang kepada Tuhan di dalam doa yang sungguh-sungguh, memberitakan injil, dan melayani gereja.

Saya berharap, masing-masing Anda, anak Allah yang berharga, akan mengalahkan dunia dengan iman yang teguh., mengharapkan sorga dan kasih Allah, serta mengaku, "Sudah Selesai" dengan taat kepada Allah dan kehendak-Nya sama seperti yang telah dicontohkan oleh Tuhan Yesus Kristus.

Bapa, Ke Dalam Tangan-Mu Kuserahkan Nyawa-Ku

Pada saat Ia mengucapakan perkataan-Nya yang terakhir di atas salib, Yesus sudah sangt lelah. Dalam kondisi ini, Yesus menyerukan dengan suara nyaring, "Bapa, Ke dalam Tangan-Mu Kuserahkan Nyawa-Ku."

Lalu Yesus berseru dengan suara nyaring: "Ya Bapa, ke dalam tangan-Mu Kuserahkan nyawa-Ku." Dan sesudah berkata demikian Ia menyerahkan nyawa-Nya (Lukas 23:46).

Anda mungkin mengetahui bahwa Yesus disebut dengan Allah "Bapa" bukannya dengan "Allahku." Hal ini menunjukkan bahwa Yesus telah menyelesaikan misinya sebagai korban yang sempurna.

Yesus Menyerahkan Nyawa dan Jiwa-Nya kepada Allah

Mengapa Yesus datang ke duni sebagai Juruselamat, menyerahkan nyawa serta jiwa-Nya ke dalam tangan Bapa-Nya?

Manusia terdiri dari roh, jiwa dan tubuh (1 Tesalonika 5:23). Ketika ia mati, roh dan jiwanya akan meninggalkan tunuhnya. Roh dan jiwanya akan kembali ke pangkuan Bapa jika ia adalah anak Allah. Jika tidak, roh dan jiwanya akan ke neraka (Lukas 16:19-31), Tubuhnya dikubur dan kembali kepada debu tanah.

Yesus, Anak Allah, menjadi daging dan datang ke dunia ini. Ia memiliki roh, jiwa dan tubuh sama seprti kita. Ketika ia disalibkan, tubuhnya mati tetapi roh dan jiwa-Nya tidak; Ia menyerahkan roh dan jiwa-Nya ke tangan Allah.

Allah menerima baik roh dan jiwa Anda ketika mati. Jika Allah hanya menerima roh saja, dan tidak menerima jiwa, Anda tidak akan pernah mengalami kebahagiaan sejati di sorga atau pun bersyukur hatimu yang terdalam. Mengapa? Anda tidak akan ingat hal-hal yang keluar dari jiwa Anda seperti air mata, kesedihan, penderitaan, dan hal-hal lainy yang Anda alami di bumi ini. Itulah mengapa Allah menerima baik roh maupun jiwa.

Lalu, mengapa Yesus menyerahkan roh dan jiwa-Nya kepada Allah? Karena Allah adalah Sang Pencipta, yang memerintah atas segala sesuatu di jagad raya dan yang memelihara hidupmu, menentukan kematian, kutuk, dan berkat. Dengan kata lain, segala sesuatu adalah milik Allah dan dibawah kekuasaan-Nya. Allah adalah satu-satunya yang menjawab doa-doa Anda. Jadi, yesus sendiri harus berdoa untuk menyerahkan roh dan jiwa-Nya kepada Allah Bapa (Matius 10:29-31).

Yesus Berdoa dengan Suara Nyaring

Mengapa Yesus berdoa dengan suara yang nyaring walaupun

Ia berada di tengah-tengah penderitaan yang hebat, dengan berkata, "Bapa, ke dalam tangan-Mu kuserahkan Nyawa-Ku"? Hal ini karena Ia ingin orang-orang mendengarkan dan memberitahu kepada mereka bahwa berseru dalam doa adalah kehendak Allah. Doa-Nya saat menyerahkan roh-Nya adalah dengan sungguh-sungguh sama seprti doa Yesus di Taman Getsemani,sebelum Ia ditangkap.

Begitu juga dengan doa Yesus, "Bapa ke dalam tangan-Mu Kuserahkan Nyawa-Ku," membuktikan bahwa Yesus menggenapi seluruh kehendak Allah. Yaitu, Ia sekarang dapat menyerahkan roh-Nya dengan bangga sesudah Ia menyelesaikan pekerjaan-Nya dengan ketaatan sepenuhnya kepada Allah.

Rasul Paulus mengaku, *"Aku telah mengakhiri pertandingan yang baik, aku telah mencapai garis akhir dan aku telah memelihara iman. Sekarang telah tersedia bagiku mahkota kebenaran yang akan dikaruniakan kepadaku oleh Tuhan, Hakim yang adil, pada hari"* (2 Timotius 4:7-8).

Stefanus juga hidup menurut kehendak Allah dan memelihara iman. Sebab itu ia dapat berdoa, "Tuhan Yesus, terimalah rohku" ketika ia menghembuskan nafas terakhirnya (Kisah para Rasul 7:59). Rasul Paulus dan Stefanus tidak dapat berdoa dengan cara demikian jika mereka hidup dalam cara-cara duniawi, menjalani kesenangan dunia dengan sifat dosanya.

Begitu pula, Anda dapat berkata dengan bangga, "Sudah Selesai" dan "Bapa, ke dalam tangan-Mu kuserahkan rohku," seperti cara Yesus mati, jika Anda hidup hanya seturut kehendak Allah Bapa.

Apa yang Terjadi Sesudah Kematian Yesus?

Yesus mati di atas salib sesudah meninggalkan perkataan-Nya yang terakhir dengan suara nyaring. Pada jam ke sembilan (pukul tiga sore). Meskipun di siang hari, kegelapan melingkupi seluruh bumi dan jam ke enam (siang) hingga jam ke sembilan dan tirai bait Allah terbelah menjadi dua (Lukas 23:44-45).

Dan lihatlah, tabir Bait Suci terbelah dua dari atas sampai ke bawah dan terjadilah gempa bumi, dan bukit-bukit batu terbelah, dan kuburan-kuburan terbuka dan banyak orang kudus yang telah meninggal bangkit. Dan sesudah kebangkitan Yesus, mereka pun keluar dari kubur, lalu masuk ke kota kudus dan menampakkan diri kepada banyak orang (Matius 27:51-53).

Terdapat sebuah makan rohani yang penting di dalam kejadian tersebut, "tabir Bait Suci terbagi menjadi sua, dari atas ke bawah." Tabir Bait Suci yang panjang membagi Riang Suci dengan Ruang Maha Suci. Tidak ada satu pun yang dapat masuk ke ruang Suci kecuali imam dan hanya imam yang tertinggi yang dapat masuk ke ruangan Maha Suci satu kali dalam setahun.

Terbekahnya tirai Bait Suci menunjukkan bahwa Yesus menawarkan diri-Nya sebagai korban persembahan untuk menghancurkan tembok dosa. Sebelum tirai terbelah menjadi dua, imam tertinggi memberikan persembahan dosa mewakili orang-orang dan menjadi perantara mereka dengan Allah.

Anda dapat memiliki hubungan secara langsung dengan

Allah karena tembok dosa telah dihancurkan melalui kematian Yesus. Oleh karena itu, siapa pun yang percaya di dalam Yesus Kristus dapat masuk ke hadirat yang kudus dn menyembah Allah tanpa perantara imam tertinggi atau pun nabi.

Untuk itu, penulis Ibrani menuliskan, *"Jadi, saudara-saudara, oleh darah Yesus kita sekarang penuh keberanian dapat masuk ke dalam tempat kudus,karena Ia telah membuka jalan yang baru dan yang hidup bagi kita melalui tabir, yaitu diri-Nya sendiri"* (Ibrani 10:19-20).

Dapat ditambahkan, bahwa bumi bergincang dan batu-natu terbelah. Semua kejadian yang tidak biasa ini memberitahukan kepada Anda bahwa seluruh alam raya bergoncang. Ini adalah akibat dari kesedihan Allah oleh karena kedurhakaan manusia. Allah mengekspresikan bahwa Ia sangat disakiti sebab hati manusia terlalu keras untuk menerima Yeus Kristus walaupun Ia telah memberikan Anak-Nya yang tunggal untuk menyelamatkan mereka.

Kubur-kubur terbuka dan tubuh orang-orang kudus yang telah mati dibangkitkan dan hidup kembali. Ini adalah bukti kebangkitan dan siapa pun yang percaya di dalam Yesus Kristus, ia diampuni dan akan hidup kembali.

Oleh karena itu, Saya berharap Anda memahami makan-makan rohani serta kasih Tuhan di dalam tujuh perkataan-Nya yang terakhir di atas salib sehingga Anda dapat memiliki hidup Kekristenan yang berkemenangan, dan menantikan kedatangan Tuhan seperti bapa-bapa orang beriman.

Bab 8

Iman yang Sejati dan Kehidupan Kekal

- Sungguh, Suaru Rahasia yang Besar!
- Pengakuan Palsu Tidak Membawa kepada
  Keselamatan
- Tubuh dan Darah Anak Manusia
- Pengampunan Hanya dengan Berjalan
  di dalam Terang
- Iman yang disertai Perbuatan adalah Iman
  yang Sejati

Barangsiapa makan daging-Ku dan minum darah-Ku, ia mempunyai hidup yang kekal dan Aku akan membangkitkan dia pada akhir zaman. Sebab daging-Ku adalah benar-benar makanan dan darah-Ku adalah benar-benar minuman. Barangsiapa makan daging-Ku dan minum darah-Ku, ia tinggal di dalam Aku dan Aku di dalam dia. Sama seperti Bapa yang hidup mengutus Aku dan Aku hidup oleh Bapa, demikian juga barangsiapa yang memakan Aku, akan hidup oleh Aku.

Yohanes 6:54-57

Tujuan utama percaya kepada Yesus Kristus dan datang ke gereja adalah untuk diselamatkan dan memperoleh kehidupan. Namun, banyak orang mengira bahwa mereka akan diselamatkan hanya dengan pergi ke gereja pada hari Minggu dan berkata bahwa mereka percaya kepada Yesus Kristus, tanpa menjalani hidup yang sesuai dengan Firman Allah.

Tentu saja, sebagaimana disebutkan dalam Galatia 2:16, *"... tidak seorang pun yang dibenarkan oleh karena melakukan hukum Taurat,"* Anda tak dapat memasuki surga atau dibenarkan dengan melakukan hukum Taurat hanya sebatas kulitnya, khususnya jika hatimu penuh dengan kefasikan. Anda tidak memiliki hubungan dengan Yesus Kristus jika Anda tetap melakukan dosa dan tidak mengikuti Firman Allah bahkan kalau pun Anda telah mempelajarinya.

Oleh karena itu, semestinya Anda menyadari bahwa sesungguhnya sulit bagi Anda untuk diselamatkan dengan mengaku iman hanya dengan bibirmu. Darah Yesus Kristus menyucikanmu dari dosa-dosa untuk menyelamatkan Anda hanya jika Anda berjalan dalam terang dan hidup dalam kebenaran. Anda seharusnya memiliki iman sejati yang disertai dengan perbuatan (1 Yohanes 1:5-7).

Nah, mari kita perhatikan dengan saksama bagaimana memiliki iman sejati agar dapat menerima keselamatan dan kehidupan kekal secara utuh sebagai anak-anak Allah yang sejati.

Sungguh, Suatu Rahasia yang Besar!

Tertulis dalam Surat Efesus 5:31-32 demikian, *"Sebab itu laki-laki akan meninggalkan ayahnya dan ibunya dan bersatu dengan isterinya, sehingga keduanya itu menjadi satu daging. Rahasia ini besar, tetapi yang aku maksudkan ialah hubungan Kristus dan jemaat."*

Sudah merupakan kebiasaan umum bahwa seseorang meninggalkan orangtuanya dan bersatu dengan suami atau istrinya ketika ia sudah dewasa. Kalau demikian, mengapa Allah berkata bahwa hal ini merupakan suatu rahasia besar? Apabila Anda menafsirkan dan memahami nas ini secara harfiah, Anda tidak akan mengetahu apa itu "misteri besar." Namun, bila Anda menyadari makna rohani di baliknya, Anda akan dipenuhi dengan sukacita.

"Jemaat" di sini merujuk kepada anak-anak Allah yang telah menerima Roh Kudus. Artinya, Allah membandingkan hubungan antara Yesus Kristus dan orang-orang percaya dengan laki-laki dan perempuan yang telah dipersatukan.

Bagaimana Anda dapat meninggalkan dunia dan dipersatukan dengan Yesus Kristus Sang Mempelai Pria?

Jika Anda Menerima Yesus Kristus dengan Iman

Karena Adam, manusia pertama itu, telah berbuat dosa

dengan tidak menaati Allah, dosa pun masuk ke dalam dunia. Semua keturunannya menjadi budak dosa dan anak-anak iblis si musuh itu, yang memerintah dunia ini.

Sebelum menerima Yesus Kristus, Anda adalah kepunyaan dunia ini dan kepunyaan iblis si musuh itu, yang memiliki kuasa atas dunia kegelapan. Hal ini ditegaskan dalam Injil Yohanes 8:44, *"Iblislah yang menjadi bapamu dan kamu ingin melakukan keinginan-keinginan bapamu"* dan oleh 1 Yohanes 3:8, *"... barangsiapa yang tetap berbuat dosa, berasal dari Iblis."*

Namun, jika Anda menerima Yesus Kristus sebagai Juruselamatmu dan datang kepada terang itu, Anda menerima kuasa sebagai anak Allah dan bebas dari dosa sebab dosa Anda telah diampuni melalui darah Yesus Kristus.

Bila Anda memiliki iman bahwa Yesus Kristus telah mendamaikanmu dari dosa-dosamu dengan memanggul salib-Nya, Allah memberikan Roh Kudus kepada Anda sebagai suatu karunia, dan Roh Kudus menumbuhkan roh di dalam hatimu. Roh Kudus memberitahukan dan mengajarkan kehendak Allah kepada Anda agar Anda bertindak dan hidup di dalam kebenaran.

Kemudian, Anda menjadi seorang anak Allah yang dipimpin oleh Roh Allah, yang oleh-Nya Anda berseru, "Ya Abba, ya Bapa" (Roma 8:14-15) dan mewarisi kerajaan surga.

Betapa hal itu mengagumkan dan tak terselami bahwa anak-anak iblis yang dulu telah jatuh ke dalam maut kekal kini telah menjadi anak-anak Allah yang menuju surga melalui iman!

Jika Anda dipersatukan bersama dengan Yesus Kristus

dengan percaya kepada-Nya, Roh Kudus masuk ke dalam hatimu dan dipersatukan dengan benih kehidupan. Allah menciptakan manusia pertama dari debu dan mengembuskan ke dalam lubang hidungnya napas kehidupan. Napas kehidupan itu adalah benih kehidupan, kehidupan itu sendiri. Benih itu tidak dapat mati dan benih itu diteruskan turun-temurun dari keturunan yang satu ke keturunan yang lain melalui sperma dan indung telur manusia.

Benih kehidupan ini dibungkus oleh hati. Setelah Allah menciptakan Adam, Ia menaruh pengenalah akan hidup, pengenalan akan roh, di dalam hatinya. Sebagaimana seorang bayi yang baru lahir harus mempelajari pengetahuan akan dunia ini agar menjadi manusia yang berbudaya dan berkarakter dan hidup sebagai manusia, demikian pula makhluk hidup membutuhkan pengetahuan akan kehidupan agar menjadi makhluk hidup yang sesungguhnya.

Semula, Adam dipenuhi hanya oleh pengenalan akan roh, yakni kebenaran. Namun, setelah ia melanggar kehendak Allah, hubungannya dengan Allah terputus. Ia mulai kehilangan pengenalan akan roh sedikit demi sedikit, dan ketidakbenaran mengambil tempat di hatinya.

Sejak saat itu, hati yang sebelumnya semata-mata penuh dengan kebenaran mulai terisi oleh dua hal: kebenaran dan ketidakbenaran. Sebagai contoh, Adam memiliki kasih di dalam hatinya, tetapi iblis si musuh itu menanamkan ketidakbenaran, yakni kebencian di dalam dirinya. Akibatnya, sebagaimana Anda lihat dalam Kejadian 4, Kain yang diperanakkan oleh Adam setelah ia jatuh ke dalam dosa, membunuh Habel, saudaranya, karena cemburu dan iri hati.

Seiring dengan perjalanan waktu, ada hal lain yang mulai berkembang di dalam hati yang diisi dengan kebenaran dan ketidakbenaran. Bagian itu disebut "tabiat." Anda mewarisi sifat-sifat dan pembawaan dari orangtuamu. Apa yang dilihat, didengar, dan dipelajari juga yang dirasakan, Anda masukkan ke dalam pikiran Anda. Kedua hal ini membentuk "tabiat" yang mencari kebenaran.

Tabiat juga sering disebut sebagai "hati nurani", dan ini dibentuk dengan cara yang berbeda-beda tergantung pada orang yang bagaimana yang Anda jumpai, buku seperti apa yang Anda baca, dan lingkungan yang bagaimana tempat Anda dibesarkan. Sebagai contoh, ketika melihat suatu peristiwa yang sama, ada yang mengatakan, "Itu jahat" sedangkan yang lain mungkin berkata, "Itu baik" atau "Itu mengandung kebaikan."

Oleh karena itu, jika Anda mencermati hati seseorang, ada bagian yang benar yang menjadi milik Allah, dan ada bagian yang tidak benar yang diberikan oleh setan, dan tabiat seseorang terbentuk sebagai hasil dari dua bagian ini.

Roh Kudus Menyatukan Melalui Benih Kehidupan di dalam Hati

Dalam kasus Adam, tiga bagian ini membungkus benih kehidupan yang telah Allah berikan di dalam hati. Keadaan tersebut ada ketika Firman Allah "Kamu pasti akan mati" tergenapi setelah Adam memakan buah dari pohon pengetahuan yang baik dan yang jahat. Benih kehidupan memang ada, tetapi karena tidak berfungsi, maka sama halnya dengan mati.

Sebagai contoh, ketika Anda menaburkan benih di ladang, tidak semua benih bertumbuh karena sebagian di antaranya sudah mati. Namun, jika benih-benih itu hidup, mereka pasti akan bertumbuh.

Hal itu mirip dengan manusia. Jika benih kehidupan yang diberikan oleh Allah sudah sepenuhnya mati, maka benih itu tidak dapat tumbuh. Tidak ada gunanya bagi Allah untuk mempersiapkan Yesus Kristus demi keselamatan umat manusia atau menjadikan surga dan neraka.

Meskipun demikian, benih kehidupan, yang diberikan kepada manusia ketika Allah mengembuskan napas kehidupan ke dalam dirinya, bersifat kekal. Ketika Anda menerima Injil, benih kehidupan tumbuh; semakin luas bagian yang benar dalam hatimu, semakin mudah bagi Anda untuk menerima Injil. Siapa pun yang mendengarkan pesan salib dan menerima Yesus Kristus, ia menerima Roh Kudus. Ketika itulah benih kehidupan dalam hatimu bersatu dengan Roh Kudus.

Sebaliknya, orang yang hati nuraninya memakai cap iblis tidak memiliki ruang bagi masuknya Injil karena hati yang tidak benar sepenuhnya sudah membungkus dan menyembunyikan benih kehidupan di dalam hatinya. Benih kehidupan yang sudah dalam keadaan mati dapat memperoleh kembali kekuatannya dan berfungsi jika digabungkan dengan kuasa Allah yang besar, yakni Roh Kudus.

Menjadi Manusia Roh

Saat Anda menghadiri kebaktian, menyadari kehadiran Firman Allah, dan berdoa, anugerah dan kuasa Allah yang kuat menghampiri Anda dan memampukan Anda mengikuti tabiat Roh Kudus.

Melalui proses ini, hati dan roh Anda menjadi satu dan sementara itu hatimu semakin lama semakin benar dengan mengusir ketidabenaran dan mengisinya dengan kebenaran. Apabila hati seseorang sudah sepenuhnya diisi dengan pengenalan akan roh dan kebenaran, hati ini menjadi roh itu sendiri sebagaimana yang pernah dimiliki oleh Adam, sang manusia pertama itu.

Walaupun Anda mungkin tampak beriman, Anda bertindak sesuai dengan tabiatmu jika Anda tidak berdoa. Roh Kudus di dalammu tidak dapat melahirkan roh dan Anda tetap seorang manusia jasmani. Lagi pula, Anda tidak dapat mengikuti tabiat Roh Kudus jika Anda tidak memutuskan pikiran dan dalih Anda sendiri meskipun Anda berdoa dengan rajin atau berdoa cukup lama. Karena itulah Anda tidak dapat diubah menjadi manusia roh.

Roh Kudus memampukan Anda untuk berpikir sesuai dengan kebenaran di dalam hatimu. Artinya, Anda hidup dengan mengikuti keinginan Roh Kudus. Demikian pula setan, ia bekerja dengan cara yang sama untuk mengarahkan Anda pada jalan kehancuran dengan mencobai Anda untuk mengikuti pikiran jasmani sebanyak mungkin selagi Anda masih memiliki ketidakbenaran dalam hati Anda.

Oleh karena itu, Anda harus menyingkirkan baik pikiran-pikiran jasmani dan juga pembenaran diri sendiri sebagaimana disebutkan dalam 2 Korintus 10:5, *"Kami mematahkan setiap siasat orang dan merubuhkan setiap kubu yang dibangun oleh keangkuhan manusia untuk menentang pengenalan akan Allah. Kami menawan segala pikiran dan menaklukkannya kepada Kristus."*

Ketika Anda menuruti Firman Allah dengan berkata "Ya" dan mengikuti keinginan Roh Kudus, hati Anda dapa diisi hanya dengan kebenaran, kemudian Anda dapat menjadi seorang manusia roh yang disucikan secara sempurna.

Anda Dapat Menerima Apa Pun yang Anda Minta

Anda dapat bersekutu dengan Tuhan jika Anda membuang semua ketidakbenaran, mematahkan "kebenaran diri sendiri" dengan melahirkan roh melalui Roh Kudus, dan membuat hati Anda bersih, sebersih hati Tuhan Yesus Kristus.

Pria dan wanita menjadi satu daging dan melahirkan seorang bayi melalui penyatuan sperma dan telur. Demikian pula jika Anda keluar dari dunia dan menjadi satu dengan Yesus Kristus, Sang Mempelai Pria, dengan menerima-Nya, Anda akan melahirkan roh melalui Roh Kudus dan menerima berkat melimpah sebagai anak Allah.

Sebagaimana dikatakan dalam Roma 12:3, ada ukuran-ukuran iman dan Anda menerima jawaban sesuai dengan ukuran-ukuran tersebut. Di dalam Yohanes 2:12 dan seterusnya, pertumbuhan iman diperbandingkan dengan proses perkembangan manusia.

Mereka yang menerima Yesus Kristus, menerima Roh Kudus, dan yang beroleh keselamatan adalah orang-orang yang memiliki iman anak kecil (ayat. 12). Mereka yang mencoba memberlakukan kebenaran dalam tindakan nyata memiliki iman anak-anak (ayat.13). Ketika mereka tumbuh lebih dewasa lagi dan secara sungguh-sungguh memberlakukan kebenaran dalam tindakan nyata, mereka memiliki iman orang muda (ayat. 13). Apabila mereka semakin tumbuh dewasa lagi, mereka memiliki iman bapak-bapak (ayat.13).

Ketika Anda membaca kisah Ayub dalam Perjanjian Lama, Allah mengakui Ayub sebagai orang yang tak bersalah dan lurus. Namun, ketika setan menantang, Allah mengizinkan setan menguji Ayub. Mula-mula, Ayub bersikeras bahwa ia benar. Namun, ia segera menyadari kefasikannya dan bertobat di hadapan Allah ketika sifat jahat di dalam tabiatnya muncul melalui ujian tersebut. Pembenaran diri sendiri Ayub dihancurkan dan hatinya menjadi benar dan murni dalam pandangan Allah. Hanya dengan demikianlah Allah dapat memberkatinya dua kali lipat secara berlimpah dibandingkan dengan sebelumnya.

Demikian pula, jika Anda memperoleh ukuran iman bapak, yang merupakan tahap iman tertinggi, dengan menghancurkan pembenaran dirimu sendiri dan bersekutu dengan Allah, Anda dapat menerima berkat yang mengalir terus sebagai seorang anak Allah. Inilah yang telah Allah janjikan di dalam 1 Yohanes 3:21-22, *"Saudara-saudaraku yang kekasih, jikalau hati kita tidak menuduh kita, maka kita mempunyai keberanian percaya untuk mendekati Allah, dan apa saja yang kita minta, kita memperolehnya dari pada-Nya, karena kita menuruti segala perintah-Nya dan berbuat apa yang berkenan kepada-Nya."*

Anda Dapat Menikmati Berkat sebagai Anak Allah

Dalam cara ini, Anda bersatu dengan Yesus Kristus untuk menjadikan Anda rohani. Anda juga menerima berkat untuk bersatu dengan Allah sepanjang Anda memenuhi kebenaran Allah.

Yesus berjanji kepada Anda di dalam Yohanes 15:7 bahwa *"Jikalau kamu tinggal di dalam Aku dan firman-Ku tinggal di dalam kamu, mintalah apa saja yang kamu kehendaki, dan kamu akan menerimanya."* Juga dalam Yohanes 17:21, Ia berkata, *"... supaya mereka semua menjadi satu, sama seperti Engkau, ya Bapa, di dalam Aku dan Aku di dalam Engkau, agar mereka juga di dalam Kita, supaya dunia percaya, bahwa Engkaulah yang telah mengutus Aku."*

Demikianlah, jika Anda dipersatukan dengan Tuhan, yakni dengan meninggalkan dunia yang diperintah oleh iblis yang memiliki kuasa kegelapan, Anda menjadi satu dengan Allah Bapamu. Mengenai hal ini, Surat Galatia 4:4-7 menyebutkan sebagai berikut:

"Tetapi setelah genap waktunya, maka Allah mengutus Anak-Nya, yang lahir dari seorang perempuan dan takluk kepada hukum Taurat. Ia diutus untuk menebus mereka, yang takluk kepada hukum

Taurat, supaya kita diterima menjadi anak. Dan karena kamu adalah anak, maka Allah telah menyuruh Roh Anak-Nya ke dalam hati kita, yang berseru: 'ya Abba, ya Bapa!' Jadi kamu bukan lagi hamba, melainkan anak; jikalau kamu anak, maka kamu juga adalah ahli-ahli waris, oleh Allah.''

Sebagaimana seseorang mewarisi harta milik orangtuanya, demikian pula Anda mewarisi kerajaan Allah ketika Anda menjadi anak-Nya dengan menerima Yesus Kristus. Jadi, anak-anak iblis mewarisi neraka dari sang iblis dan anak-anak Allah mewarisi surga dari Allah.

Namun, harus Anda ingat bahwa mereka yang tidak melahirkan roh melalui Roh Kudus pasti ke neraka sebab surga merupakan tempat yang murni yang hanya berisi kebenaran dan lebih daripada itu roh Anda mendapatkan kelimpahan dan bersatu dengan Allah, Anda mendapatkan kemuliaan dengan hidup dekat bersama di surga.

Oleh karena itu, saya berharap bahwa Anda menerima bekat berupa kehidupan kekal dengan menerima Yesus Kristus, Sang Mempelai Pria, dan bersatu dengan Tuhan Yesus dan Allah Bapa dengan membuah jauh-jauh ketidakbenaran menjadi satu dengan menjauhi pembenaran diri. Dengan cara ini Anda dapat memberikan segala kemuliaan bagi Allah.

Pengakuan Palsu Tidak Membawa
kepada Keselamatan

Yesus Kristus menjadi mempelai priamu yang sejati yang memimpin Anda pada jalan kehidupan kekal dan berkat ketika Anda dipersatukan dengan-Nya melalui iman. Jika hatimu menyerupai hati Yesus Kristus Sang Mempelai Pria, dan mencapai iman yang sempuran, Anda tidak hanya mewarisi kerajaan surga, tetapi di sana Anda pun akan bersinar bagaikan matahari.

Ketika Anda membaca Alkitab dengan cermat, Anda menemukan bahwa sebagian orang yang mengaku percaya kepada Allah ternyata tidak diselamatkan. Dalam Matius 25, ada perumpamaan tentang sepuluh gadis. Lima gadis bijaksana, yang telah mempersiapkan minyak, diselamatkan. Namun, lima gadis lainnya yang tidak bijaksana tidak dapat diselamatkan.

Demikian juga, kepada Anda Allah menyatakan secara jelas di dalam Alkitab siapa yang dapat dan yang tidak dapat diselamatkan, walaupun masing-masing bisa saja menyatakan memiliki iman. Maka, Anda akan mengetahui corak hidup yang bagaimana yang harus Anda jalani agar diselamatkan.

Disebutkan secara jelas dalam Matius 7:21, *"Bukan setiap orang yang berseru kepada-Ku: Tuhan, Tuhan! akan masuk ke dalam Kerajaan Sorga, melainkan dia yang melakukan kehendak Bapa-Ku yang di sorga."* Jika Anda memanggil Yesus "Tuhan, Tuhan," artinya Anda percaya bahwa Yesus adalah Kristus. Namun, Anda tidak dapat diselamatkan hanya dengan memanggil nama Tuhan dan berkebaktian di gereja pada hari

Minggu.

Orang yang Berbuat Jahat Tidak Dapat Diselamatkan

Allah berbicara tentang Penghakiman di dalam Matius 13:40-42:

> *Maka seperti lalang itu dikumpulkan dan dibakar dalam api, demikian juga pada akhir zaman. Anak Manusia akan menyuruh malaikat-malaikat-Nya dan mereka akan mengumpulkan segala sesuatu yang menyesatkan dan semua orang yang melakukan kejahatan dari dalam Kerajaan-Nya. Semuanya akan dicampakkan ke dalam dapur api; di sanalah akan terdapat ratapan dan kertakan gigi.*

Ketika seorang petani memanen, ia mengumpulkan gandum di dalam gudangnya, tetapi ia membakar sekam dengan api. Dengan cara yang sama, Allah menyatakan kepadamu bahwa mereka yang tidak benar dalam pandangan Allah harus menghadapi penghukuman.

"Segala sesuatu yang menyesatkan" merujuk pada semua orang yang mengaku percaya kepada Allah, tetapi mencobai saudara-saudari seimannya dan mengakibatkan mereka undur dari imannya. Maka, Anda tidak akan diselamatkan jika Anda menyebabkan orang lain berbuat dosa dan melakukan kejahatan.

Kalau demikian, apa itu kejahatan? Surat 1 Yohanes 3:4

menyebutkan, *"Setiap orang yang berbuat dosa, melanggar juga hukum Allah, sebab dosa ialah pelanggaran hukum Allah."*

Sebagaimana setiap negara memiliki sistem hukumnya masing-masing, dalam kerajaan Allah pun ada hukum rohani. Hukum dari kenyataan rohani ini adalah Firman Allah yang tertulis di dalam Alkitab. Siapa pun yang melanggar Firman Allah mendapat hukuman sama seperti siapa pun yang melanggar hukum mendapat hukuman sesuai dengan hukum. Karena itu, melanggar Firman Allah merupakan kejahatan dan dosa.

Hukum Allah secara umum dapat dibagi atas empat kategori: "lakukan", "jangan lakukan", "pelihara" dan "tolak." Karena Allah terang adanya, Ia menghendaki anak-anak-Nya melakukan apa yang benar, tidak melakukan apa yang salah, memelihara kewajiban sebagai anak-anak Allah, dan menghindari apa yang Allah benci karena Ia menginginkan anak-anak-Nya hidup dalam terang.

Dalam Ulangan 10:13, Allah menyuruh kita untuk *"berpegang pada perintah dan ketetapan TUHAN yang kusampaikan kepadamu pada hari ini, supaya baik keadaanmu."* Pada satu sisi, Anda akan menerima berkat jika Firman Allah itu Anda wujudkan dalam tindakan nyata. Pada sisi lain, Anda akan mendapatkan kematian abadi karena kejahatan dan dosa jika Anda tidak hidup oleh Firman-Nya.

Galatia 5:19-21 menyatakan pekerjaan-pekerjaan yang dilakukan oleh tubuh yang berdosa:

Perbuatan daging telah nyata, yaitu: percabulan, kecemaran, hawa nafsu, penyembahan berhala, sihir, perseteruan, perselisihan, iri hati, amarah, kepentingan diri sendiri, percideraan, roh pemecah, kedengkian, kemabukan, pesta pora dan sebagainya. Terhadap semuanya itu kuperingatkan kamu – seperti yang telah kubuat dahulu – bahwa barangsiapa melakukan hal-hal yang demikian, ia tidak akan mendapat bagian dalam Kerajaan Allah.

"Percabulan" merujuk pada segala jenis kenajisan seksual dan tidak tetap dalam kemurnian, termasuk memiliki hubungan seks sebelum secara resmi menikah. Yang dimaksud dengan "kecemaran" di sini adalah pelanggaran-pelanggaran di luar akal sehat yang asalnya dari tabiat yang penuh dosa.

"Hawa nafsu" adalah ketika Anda selalu mengikuti keberdosaanmu, imoralitas seksual dan hidup dengan kata-kata dan perbuatan yang tidak senonoh. "Penyembahan berhala" adalah menyembah benda-benda yang terbuat dari emas, perak, perunggu atau unsur apa pun, atau ketika Anda mencintai apa pun lebih daripada Allah.

"Sihir" adalah memikat seseorang yang tipu muslihat. "Perseteruan" adalah memiliki keinginan untuk menghancurkan orang lain dalam rasa permusuhan, bertentangan dengan kasih. "Perselisihan" merujuk pada upaya yang keras untuk mencari keuntungan sendiri dan kekuasaan. "Iri hati" adalah kebencian kepada orang lain karena Anda merasa orang itu lebih baik daripada diri Anda. "Amarah" tidak hanya berarti marah, tetapi menyebabkan kerusakan bagi orang lain karena kemarahan yang kelewat batas.

"Kepentingan diri sendiri" merujuk pada upaya membuat kelompok yang terpisah dan mengikuti pekerjaan setan karena Anda tidak setuju dengan orang lain. "Percideraan" adalah membuat suatu kelompok dan memisahkan diri dengan mengikuti pikiran Anda sendiri, bukan pikiran Roh Kudus. "Roh Pemecah" menunjuk pada penyangkalan Allah Tritunggal dan Yesus yang datang sebagai manusia, menumpahkan darah-Nya untuk menebus umat manusia dan menjadi Kristus.

"Kedengkian" adalah merusak atau mengakibatkan hal-hal yang berbahaya atas seseorang karena cemburu. "Kemabukan" adalah mabuk oleh minuman beralkohol, dan "pesta pora" bukan hanya berarti bermabuk-mabukan, memuaskan diri dengan bersenang-senang, dan kurang mengendalikan diri, tetapi juga gagal menjalankan tugas-tugas Anda dengan baik sebagai suami atau istri atau juga sebagai orangtua.

Selanjutnya, "dan sebagainya" berarti ada banyak tindakan dosa yang sama dengan hal-hal ini dan mereka yang melakukan hal-hal tersebut tidak akan diselamatkan.

Dosa yang Membawa pada Maut dan Dosa yang Tidak Membawa pada Maut

Di dalam dunia ini, "dosa" dianggap sebagai "dosa" ketika akibat dari dosa itu tampak jelas dan kerusakan fisik pada pihak lain didukung oleh bukti yang kuat. Namun, Allah, yang adalah terang, menyebutkan bukan hanya tindakan-tindakan dosa, melainkan juga segala kegelapan yang menentang terang adalah dosa.

Walaupun tidak diperlihatkan atau disaksikan, segala keinginan dosa dalam hatimu seperti perseteruan, kedengkian, iri hati, nafsu jahat, sikap menghakimi orang lain, pengutukan, tak berbelas kasih, dan pikiran yang tidak jujur adalah kejahatan dan juga merupakan perbuatan-perbuatan dosa.

Karena itulah Allah berkata kepada kita, *"Tetapi Aku berkata kepadamu: Setiap orang yang memandang perempuan serta menginginkannya, sudah berzinah dengan dia di dalam hatinya"* (Matius 5:28), dan *"Setiap orang yang membenci saudaranya, adalah seorang pembunuh manusia"* (1 Yohanes 3:15). Sebagai tambahan, dalam Roma 14:23 dikatakan, *"Dan segala sesuatu yang tidak berdasarkan iman, adalah dosa,"* dan Yakobus 4:17 mengatakan, *"Jadi jika seorang tahu bagaimana ia harus berbuat baik, tetapi ia tidak melakukannya, ia berdosa."* Karena itu, Anda seharusnya menyadari bahwa tidak melakukan apa yang diinginkan dan diperintahkan Allah adalah dosa dan bertentangan dengan hukum.

Namun, apakah semua orang mati jika mereka melakukan dosa-dosa ini? Anda harus menyadari bahwa jika seseorang mau tetap berdoa dan berupaya menjadi orang yang benar, maka ia hidup dalam iman. Walaupun mereka belum membuang seluruh ketidakjujuran di dalam hati mereka karena iman yang lemah, tidaklah benar bahwa mereka tidak akan diselamatkan karena dosa ini.

Surat 1 Yohanes 5:16-17 berkata, *"Kalau ada seorang*

*melihat saudaranya berbuat dosa, yaitu dosa yang tidak
mendatangkan maut, hendaklah ia berdoa kepada Allah dan
Dia akan memberikan hidup kepadanya, yaitu mereka, yang
berbuat dosa yang tidak mendatangkan maut. Ada dosa yang
mendatangkan maut: tentang itu tidak kukatakan, bahwa ia
harus berdoa. Semua kejahatan adalah dosa, tetapi ada dosa
yang tidak mendatangkan maut."*

Secara umum, dosa dibagi ke dalam dua kategori: dosa yang
mendatangkan maut dan dosa yang tidak mendatangkan maut.
Mereka yang melakukan dosa yang tidak mendatangkan maut
dapat diselamatkan jika Anda mendampingi dan memberi
sokongan, berdoa bagi mereka, dan menolong mereka untuk
bertobat dari dosa mereka. Namun, jika seseorang melakukan
dosa yang memdatangkan maut, orang itu itu tak dapat
diselamatkan walaupun Anda berdoa baginya.

Orang yang dianggap jujur kadang-kadang berdusta demi
kepentingan mereka sendiri, atau melakukan kecurangan
walaupun perbuatan-perbuatan tersebut tidak mencelakakan
orang lain. Anda dapat mengakui Anda juga adalah pendosa
ketika Anda menyadari kebenaran meskipun Anda berpikir
bahwa Anda sudah menjalani kehidupan yang benar sebelum
Anda percaya kepada Allah. Allah memperlihatkan kepada Anda
bukan hanya dosa-dosa yang dapat dilihat, melainkan juga
pikiran-pikiran jahat di dalam hatimu, yang semuanya
merupakan dosa.

Semua tindakan yang salah adalah dosa dan upah dosa adalah
maut. Namun, Yesus Kristus telah mengampuni semua dosamu
pada masa lalu, masa kini, dan masa mendatang dengan

mencucurkan darah-Nya di atas salib. Ada dosa-dosa yang dapat diampuni oleh kuasa darah Yesus jika Anda bertobat dan berbalik dari dosa-dosa itu. Ini adalah dosa-dosa yang yang tidak mendatangkan maut.

Jika Anda tidak bertobat dan terus berbuat dosa, hati nurani Anda akan mengeras. Lalu, perlahan-lahan Anda tidak dapat menerima roh pertobatan jika Anda melakukan suatu dosa yang mendatangkan maut. Maka, dosamu tidak dapat diampuni meskipun Anda mencoba bertobat.

Nah, mari kita lihat tiga dosa yang mendatankan maut: menghujat Roh, mempermalukan Anak Allah di muka umum secara berulang-ulang, dan sengaja berbuat dosa.

Menghujat Roh Kudus

Ada tiga hal dalam penghujatan kepada Roh Kudus. Anda menghujat Roh ketika Anda berkata-kata menentang Roh Kudus, ketika Anda menentang karya Roh Kudus, dan ketika Anda mempermalukan Roh Kudus.

Sebab itu Aku berkata kepadamu: Segala dosa dan hujat manusia akan diampuni, tetapi hujat terhadap Roh Kudus tidak akan diampuni. Apabila seorang mengucapkan sesuatu menentang Anak Manusia, ia akan diampuni, tetapi jika ia menentang Roh Kudus, ia tidak akan diampuni, di dunia ini tidak, dan di dunia yang akan datang pun tidak (Matius 12:31-32).

Setiap orang yang mengatakan sesuatu melawan Anak Manusia, ia akan diampuni; tetapi barangsiapa menghujat Roh Kudus, ia tidak akan diampuni (Lukas 12:10).

Pertama, "berkata-kata menentang orang lain" berarti mengumpat dan menghalangi pekerjaan orang lain. **"Menentang Roh Kudus"** berarti berupaya menghalangi penggenapan kerajaan Allah dengan menggangu pekerjaan Roh Kudus berdasarkan kehendak dan pikiran seseorang. Sebagai contoh, termasuk menentang Roh Kudus jika Anda menentang karya Allah karena hal itu tidak sejalan dengan pikiranmu sendiri walaupun sesungguhnya hal itu merupakan karya Roh Kudus.

Apabila Anda mengutuk seorang hamba Allah sebagai seorang yang sesat, padahal ia bukan orang yang demikian, dan mencoba menghentikan karya Roh Kudus, itulah dosa kepada yang sangat mengerikan yang tak dapat diampuni. Karena itu, Anda harus mampu membedakan roh-roh yang benar.

Tentu saja, Anda harus memperingatkan orang-orang dengan keras dan jangan membiarkan tingkah laku mereka jika mereka mencoba membuat orang lain menerima roh kejahatan atau mereka sungguh-sungguh penyesat dalam pandangan Allah. Titus 3:10 mengatakan, *"Seorang bidat yang sudah satu dua kali kaunasihati, hendaklah engkau jauhi."*

Saat ini banyak orang menuduh beberapa gereja sebagai penyesat atau bahkan menganiayanya dengan berbagai-bagai cara. Padahal, gereja-gereja itu mengakui Allah Tritunggal dan disertai dengan berbagai karya Roh Kudus. Sebabnya adalah orang-orang tersebut tidak mampu membedakan berbagai roh. Walaupun mereka mengaku percaya kepada Allah, mereka tidak memiliki pengetahuan Alkitab yang memadai tentang kesesatan. Bahkan, kadang-kadang mereka tidak tahu definisi sesat.

Dalam hal penganiayaan terhadap orang lain akibat kurangnya pengetahuan yang cukup, jika mereka itu bertobat dan berbalik, mereka dapat diampuni. Namun, jika mereka mengganggu karya Roh Allah dengan kejahatan yang sungguh-sungguh dan iri hati meskipun mereka tahu bahwa hal itu adalah karya Roh Kudus, mereka tak pernah akan dapat diampuni.

Anda dapat menemukan mengenai hal ini dalam Alkitab. Di dalam Markus 3, ketika Yesus melakukan tanda-tanda ajaib, mereka yang iri hati kepada-Nya menyebarkan rumor bahwa Ia adalah orang gila. Rumor itu menyebar sedemikian luas sehingga kaum kerabatnya datang untuk menjauhkannya dari muka umum.

Para ahli Taurat dan orang-orang Farisi mengeritik Yesus dengan berkata, *"'Ia kerasukan Beelzebul,' dan: 'Dengan penghulu setan Ia mengusir setan'"* (Markus 3:22). Mereka telah memiliki pengenalan yang luas akan Firman Allah. Mereka mengenal hukum Taurat dengan amat baik dan mengajarkannya kepada orang lain, namun mereka masih menentang karya Allah disebabkan oleh sifat mereka yang iri hati dan dengki.

Kedua, "menentang Roh Kudus" adalah menentang suara Roh Kudus yang Allah berikan, atau mengeritik dan mempersalahkan karya-karya Roh Kudus dan mencoba mencelakakan orang lain.

Sebagai contoh, menyebarkan rumor atau menerbitkan dokumen-dokumen, atau menuduh pendeta atau gereja sebagai "sesat" ketika karya Roh Kudus diperlihatkan, untuk mengganggu ibadah atau perkumpulan kebangunan rohani.

Kemudian apa artinya "Setiap orang yang mengatakan sesuatu melawan Anak Manusia, ia akan diampuni"? "Anak Manusia" dalam ayat ini menunjuk pada Yesus yang datang sebagai manusia sebelum Ia disalibkan di atas kayu salib.

Mengatakan sesuatu menentang Anak Manusia berarti tidak mematuhi Yesus, mengenal dan mengakui Dia hanya sebagai seseorang karena Ia datang sebagai manusia. Ketidakmampuan mengakui Yesus sebagai Juruselamat berasal dari kurangnya pengetahuan. Dalam hal ini, Anda akan diampuni dan dapat diselamatkan hanya jika Anda sungguh-sungguh bertobat dan menerima Tuhan.

Karena itu, jika Anda melakukan dosa seperti ini tanpa mengetahui kebenaran atau sebelum Anda menerima Roh Kudus, Allah memberikan kesempatan kepada Anda untuk bertobat dan diampuni.

Namun, jika Anda tidak mematuhi dan menentang Tuhan padahal Anda mengenal dengan tepat siapa Yesus Kristus itu, Anda harus sadar bahwa Anda tidak akan dapat diampuni karena hal itu sama artinya dengan menentang Roh Kudus dan menentang karya Roh Kudus.

Ketiga, penghujatan juga mengandung arti mempermalukan hal-hal yang ilahi, suci, dan murni. Penghujatan atas Roh Kudus juga berarti **mempermalukan Roh Kudus,** Roh Allah, dan keilahian Allah. Termasuk dosa yang mempermalukan kuasa dan keilahian Allah yang abadi itu jika Anda memfitnah karya Roh Kudus dengan mengatakan bahwa karya-karya itu merupakan pekerjaan setan, atau apabila Anda bersikeras bahwa hal itu adalah karya Roh Kudus, padahal bukan. Demikian juga, mengkhotbahkan kebenaran sebagai ketidakbenaran, menyatakan apa yang tidak benar seolah-oleh benar, dan mengutuk apa yang benar seolah-olah keliru, semuanya adalah "hujatan terhadap Roh Kudus."

Pada zaman dulu, jika seseorang ditangkap karena kata-kata dan tindakannya menghujat raja, hal itu dianggap sebagai pengkhianatan dan ia dihukum mati.

Apabila Anda menghujat keilahian Allah yang suci, Yang Mahakuasa dan tidak dapat dibandingkan dengan raja mana pun di dunia ini, Anda tidak akan pernah diampuni.

Bahkan Yesus, yang kepenuhan hakikat Allah dan yang datang ke dunia sebagai manusia, tidak menyalahkan siapa pun. Apabila Anda masih mempersalahkan saudara-saudarimu dan kemudian mempermalukan karya yang telah dilakukan oleh Roh Kudus, betapa mengerikan dosa itu! Apabila Anda berdiri di dalam kekaguman dan takut akan Allah, Anda tidak pernah dapat menentang, berkata-kata menentang, atau mempermalukan Roh Kudus.

Oleh karena itu, Anda mesti menyadari bahwa dosa-dosa ini dapat tak terampuni, baik di masa ini maupun di masa yang akan datang dan Anda seharusnya jangan pernah melakukan dosa-dosa ini. Meskipun Anda telah melakukan dosa-dosa ini, Anda seharusnya mencari anugerah Allah dan menyesalinya dengan segenap hatimu.

Mempermalukan Anak Allah di Muka Umum

Menyalibkan lagi Anak Allah dan menghina-Nya di muka umum mendatangkan maut bagi Anda. Hal itu dinyatakan dalam Ibranni 6.

Sebab mereka yang pernah diterangi hatinya, yang pernah mengecap karunia sorgawi, dan yang pernah mendapat bagian dalam Roh Kudus, dan yang mengecap firman yang baik dari Allah dan karunia-karunia dunia yang akan datang, namun yang murtad lagi, tidak mungkin dibaharui sekali lagi sedemikian, hingga mereka bertobat, sebab mereka menyalibkan lagi Anak Allah bagi diri mereka dan menghina-Nya di muka umum (Ibrani 6:4-6).

Beberapa orang meninggalkan gereja dan Allah akibat pencobaan dunia ini dan jatuh ke dalam sikap penghinaan kepada Allah. Hal itu mereka lakukan meskipun mereka telah menerima Roh Kudus, mengetahui bahwa ada surga dan neraka, dan percaya pada Firman kebenaran. Kita menyebut mereka sebagai orang yang melakukan dosa dengan menyalibkan kembali Anak Allah dan menghinanya di muka umum. Orang semacam ini tidak hanya melakukan banyak dosa yang dikendalikan oleh setan, tetapi juga menyangkal Allah dan menganiaya serta mempermalukan gereja dan orang-orang percaya.

Mereka sudah menyerahkan hati nurani mereka kepada setan sehingga hati mereka penuh dengan kegelapan.

Karena itu, mereka sama sekali tidak pernah berkeinginan untuk bertobat dan roh pertobatan tidak menghampiri mereka. Mereka tidak memiliki kesempatan apa pun untuk bertobat dan karena itu tidak mungkin diampuni.

Yudas Iskariot berbuat dosa semacam ini. Ia adalah salah seorang dari kedua belas murid Yesus. Ia menyaksikan banyak tanda dan mukjizat, tetapi ia menjadi tamak dan menjual Yesus demi tiga puluh keping uang perak. Kemudian, hati nuraninya tertampar dan ia dipenuhi rasa penyesalan, tetapi roh pertobatan tidak menghampiri Yudas. Dosanya tak dapat diampuni dan akhirnya ia melakukan bunuh diri karena ia tersiksa sedemikian hebat oleh rasa bersalahnya (Matius 27:3-5).

Sengaja Berbuat Dosa

Dosa terakhir yang membawa pada maut adalah sengaja berbuat dosa setelah Anda menerima pengetahuan akan kebenaran.

Sebab jika kita sengaja berbuat dosa, sesudah memperoleh pengetahuan tentang kebenaran, maka tidak ada lagi korban untuk menghapus dosa itu. Tetapi yang ada ialah kematian yang mengerikan akan penghakiman dan api yang dahsyat yang akan menghanguskan semua orang durhaka (Ibrani 10:26-27).

"Sengaja berbuat dosa sesudah memperoleh pengetahuan tentang kebenaran" berarti mengulang-ulang hal-hal yang bertentangan dengan hukum yang Allah tidak ampuni. Hal itu juga berarti terus berbuat dosa walaupun tahu bahwa hal itu merupakan suatu dosa sama seperti *"Anjing kembali lagi ke muntahnya" dan "Babi yang mandi kembali lagi ke kubangannya"* (2 Petrus 2:22).

Pada satu sisi, Daud adalah orang yang sangat mengasihi Allah. Namun, ketika ia berzinah, tindakan itu melahirkan banyak dosa; ia membunuh salah seorang prajurit yang paling setia. Namun, ketika Nabi Natan menunjukkan dosanya, Raja Daud segera bertobat.

Pada sisi lain, Raja Saul tetap berbuat dosa bahkan setelah Nabi Samuel menunjukkan dosanya. Daud bertobat dan menerima berkat Allah, sedangkan Saul ditinggalkan karena ia tidak bertobat dan tetap berbuat dosa.

Tambahan lagi, Bileam adalah seorang nabi yang memiliki kuasa berkat dan kutuk. Namun, ketika ia berkompromi dengan dunia ini demi mendapatkan kemakmuran dan ketenaran, ia menemui akhir hidup yang mengenaskan.

Pada satu sisi, Roh Kudus yang ada dalam hati orang yang sengaja berbuat dosa menyingkir perlahan-lahan karena Allah berpaling dari mereka. Lalu, mereka kehilangan iman mereka dan melakukan kejahatan dan kesalahan yang dikendalikan oleh iblis. Akhirnya, Roh Kudus yang tinggal di dalam mereka akan hilang sepenuhnya dan mereka tidak dapat diselamatkan karena mereka tidak dapat bertobat dan nama mereka akan dihapus dari Buku Kehidupan (Wahyu 3:5).

Pada sisi lain, ada orang-orang yang tetap berbuat dosa mereka mendapatkan pengenalan akan Allah hanya berdasarkan pengetahuan, tetapi mereka tidak percaya dalam hatinya. Dosa mereka dapat diampuni dan mereka dapat dibawa pada jalan keselamatan jika mereka sungguh-sungguh dan sepenuh hati bertobat dan memiliki iman sejati.

Oleh karena itu, Anda seharusnya tahu bahwa Anda tidak akan diselamatkan ketika Anda sengaja berbuat dosa dan melakukan tindakan-tindakan yang penuh dosa meskipun Adan mungkin pernah beroleh pencerahan, percaya bahwa ada surga dan neraka, dan mengalami anugerah Allah yang berlimpah.

Saya juga mengharapkan Anda akan memahami sepenuhnya bahwa segala dosa bertentangan dengan hukum dan merupakan kegelapan. Allah membencinya meskipun beberapa di antara dosa itu bisa saja tidak membawa pada maut. Hendaklah Anda menjadi orang percaya yang bijaksana yang tidak membiarkan atau melakukan dosa apa pun.

Tubuh dan Darah Anak Manusia

Untuk mempertahankan kesehatan hidup, Anda harus mengonsumsi makanan dan minuman yang tepat. Dengan cara yang sama, agar rohmu tetap sehat dan mendapatkan kehidupan yang kekal, Anda harus makan daging dan minum darah Anak Manusia.

Kini, Anda sedang belajar apa artinya daging dan darah Anak Manusia dan mengapa Anda harus makan daging dan minum darah-Nya untuk memperoleh kehidupan yang kekal, yang didasarkan pada teks Yohanes 6:53-55 berikut ini.

Maka kata Yesus kepada mereka: "Aku berkata kepadamu, sesungguhnya jikalau kamu tidak makan daging Anak Manusia dan minum darah-Nya, kamu tidak mempunyai hidup di dalam dirimu. Barangsiapa makan daging-Ku dan minum darah-Ku, ia mempunyai hidup yang kekal dan Aku akan membangkitkan dia pada akhir zaman. Sebab daging-Ku adalah benar-benar makanan dan darah-Ku adalah benar-benar minuman."

Apa itu Daging Anak Manusia?

Di dalam Alkitab Yesus mengatakan kepada Anda rahasia-rahasia surga dan kehendak Allah dengan berbagai perumpamaan. Bagi manusia yang hidup di dalam dunia tiga dimensi ini, amatlah sulit memahami dan menyadari kehendak Allah, yang berdiam di dalam dunia empat dimensi dan yang lebih lagi. Maka, Yesus membandingkan hal-hal surgawi dengan benda-benda mati, tumbuhan, hewan dan kehidupan yang ada di dunia untuk menolong kita memahami dengan lebih baik kehendak ilahi.

Itulah sebabnya mengapa Yesus, Sang Anak Allah satu-satunya, dibandingkan dengan batu karang dan bintang – yang adalah non-dimensi – juga dibandingkan dengan pohon anggur yang adalah dimensi satu, dibandingkan dengan domba, yang adalah dua dimensi dua, dan dibandingkan dengan Anak Manusia yang merupakan dimensi tiga.

Yesus disebut Anak Manusia, maka daging Anak Manusia adalah daging Yesus Kristus.

Yohanes 1:1 berkata kepada kita bahwa, *"Pada mulanya adalah Firman; Firman itu bersama-sama dengan Allah dan Firman itu adalah Allah."* Yohanes 1:14 melihat bahwa *"Firman itu telah menjadi manusia, dan diam di antara kita, dan kita telah melihat kemuliaan-Nya, yaitu kemuliaan yang diberikan kepada-Nya sebagai Anak Tunggal Bapa, penuh kasih karunia dan kebenaran."*

Yesus adalah seorang yang datang ke dalam dunia ini dalam rupa manusia sebagai Firman Allah. Oleh karena itu, daging Anak Manusia adalah Firman Allah, yang adalah kebenaran itu sendiri, dan memakan daging Anak Manusia berarti belajar Firman Allah di dalam Alkitab.

Bagaimana Memakan Daging Anak Manusia

Dalam Keluaran 12:5 dan ayat-ayat berikutnya, Yesus digambarkan sebagai "Domba":

Anak dombamu itu harus jantan, tidak bercela, berumur setahun; kamu boleh ambil domba atau kambing. Kamu harus mengurungnya sampai hari yang keempat belas bulan ini; lalu seluruh jemaah Israel yang berkumpul, harus menyembelihnya pada waktu senja. Kemudian dari darahnya haruslah diambil sedikit dan dibubuhkan pada kedua tiang pintu dan pada ambang atas, pada rumah-rumah di mana orang memakannya.

Secara umum, banyak orang percaya berpendapat bahwa domba ini merujuk pada orang percaya-baru, tetapi jika Anda menelaah Alkitab secara cermat, domba itu adalah simbol Yesus.

Yohanes Pembaptis, yang melihat Yesus sebagai orang yang datang sebelum dirinya, berkata dalam Yohanes 1:29, *"Lihatlah Anak domba Allah, yang menghapus dosa dunia."* Surat 1 Petrus 1:19 merujuk Tuhan sebagai *"anak domba yang tak bernoda dan tak bercacat."* Di samping hal-hal ini, ada banyak ungkapan lain yang membandingkan Yesus dengan domba.

Mengapa Alkitab membandingkan Yesus dengan domba? Di antara berbagai jenis ternak, domba adalah hewan yang berwatak lembut dan paling patuh. Domba mengenal suara gembalanya dan menaatinya. Tak seorang pun dapat membodohi domba bahwa jika seseorang mencoba meniru suara gembalanya. Domba memberikan bulu yang putih dan lembut, susu, daging, dan seluruh bagian tubuhnya kepada manusia.

Sama seperti domba yang mengurbankan segalanya bagi umat manusia, demikianlah Yesus menaati kehendak Allah secara sempurna dan mengurbankan apa pun demi kita.

Yesus datang ke dalam dunia ini dalam daging meskipun Ia

sepenuhnya memiliki tabiat Allah. Ia memberitakan injil surga, menyembuhkan banyak penyakit dan kelemahan, dan disalibkan. Yesus memberikan segala sesuatu untuk menebus Anda dari dosa-dosa Anda.

Yesus dibandingkan dengan domba sebab sifat dan tindakan-Nya menyerupai domba yang lembut itu, dan memakan domba menjadi simbol memakan daging Yesus, yakni daging Anak Manusia.

Lalu, bagaimana Anda seharusnya memakan daging Anak Manusia? Mari kita lihat Keluaran 12:9-10, yang mencantumkan petunjuk-petunjuk berikut ini.

Janganlah kamu memakannya mentah atau direbus dalam air; hanya dipanggang di api, lengkap dengan kepalanya dan betisnya dan isi perutnya. Janganlah kamu tinggalkan apa-apa dari daging itu sampai pagi; apa yang tinggal sampai pagi kamu bakarlah habis dengan api.

Pertama, Jangan Memakan Firman Allah Mentah

Apa artinya memakan daging Anak Manusia "mentah"?

Secara umum, tidaklah baik memakan daging mentah. Apabila Anda memakan daging mentah, Anda mungkin terjangkit virus atau bakteri dan membuat Anda sakit. Demikianlah pula, Allah berkata kepada Anda agar tidak memakan Firman Allah yang mentah sebab hal itu berbahaya.

Firman Allah ditulis melalui inspirasi Roh Kudus. Karena itu,

Anda mesti membacanya dan menjadikannya makananmu dengan inspirasi Roh Kudus.

Bagaimana jika Anda menafsirkan Firman Allah secara harfiah? Anda mungkin akan salah mengerti maksud Allah. Oleh karena itu, memakan "Firman Allah mentah" berarti menafsirkan Alkitab secara harfiah.

Sebagaimana Yohanes 1:1 berkata bahwa *"Firman itu adalah Allah,"* Alkitab mengandung hati dan kehendak Allah dan segala sesuatu digenapi sesuai dengan Firman ini.

Firman Allah mengatakan kepada kita bagaimana kita dapat mencapai surga. Anda harus memahami Firman Allah sepenuhnya untuk dapat meraih kehidupan kekal. Sebaliknya, manusia jasmani tidak dapat melihat atau memahami dunia rohani.

Sama seperti jengkrik yang tidak tahu bahwa ada langit ketika menjadi kepompong di tanah. Sama seperti ayam yang tidak mengetahui dunia luar ketika ia ada di dalam telur. Sama seperti bayi yang tidak mengetahui apa pun tentang dunia ketika ia masih di dalam rahim ibunya.

Demikianlah, sepanjang Anda ada di dalam dunia jasmani, Anda tidak mengetahui apa pun tentang dunia rohani.

Allah mengatakan kepada Anda bahwa ada dunia lain di balik dunia tiga dimensi ini. Sama seperti anak ayam yang belum lahir harus memecahkan cangkang telur, Anda pun harus memecahkan pikiran jasmanimu sendiri agar dapat memahami dan memasuki dunia rohani.

Sebagai contoh, dalam Matius 6:6 tercantum, *"Tetapi jika*

engkau berdoa, masuklah ke dalam kamarmu, tutuplah pintu dan berdoalah kepada Bapamu yang ada di tempat tersembunyi." Jikalau Anda menafsirkan ayat ini secara harfiah, Anda akan selalu harus berdoa di dalam ruangan Anda. Namun, Anda tidak dapat menemukan satu pun para pendahulu iman yang berdoa secara sembunyi-sembunyi di dalam kamar mereka.

Yesus tidak berdoa di dalam kamar-Nya, tetapi di atas bukit semalam-malaman (Lukas 6:12) dan di tempat yang sunyi pada subuh hari (Markus 1:35).

Sebagai tambahan, Daniel beroda tiga kali sehari dengan jendela terbuka menghadap Yerusalem (Daniel 6:10) dan Rasul Petrus berdoa di atas atap (Kisah Para Rasul 10:9),

Jadi, apa artinya ketika Yesus berkata, "Pergilah ke kamarmu, tutuplah pintu dan berdoalah"?

"Ruangan" di sini secara rohani menyimbolkan hati seseorang. Maka, masuk ke dalam kamarmu berarti menyingkirkan pikiran-pikiranmu dan masuk ke dalam lubuk hatimu, sama seperti kita melintasi ruang keluarga atau kamar tidur dan masuk ke dalam ruang khusus. Hanya dengan demikianlah Anda dapat berdoa dengan sepenuh hatimu.

Ketika Anda masuk ke dalam ruang khusus, Anda terasing dari kehidupan di luar. Demikian pula, ketika Anda berdoa, Anda harus menangkal seluruh pikiran yang tidak penting, kekhawatiran dan kecemasan dan berdoa dengan segenap hatimu.

Oleh karena itu, Anda seharusnya tidak makan daging Anak Manusia. Anda jangan menafsirkan Firman Allah secara harfiah. Artinya, Anda seharusnya menafsirkan Firman Allah secara rohani oleh inspirasi Roh Kudus.

Kedua, Jangan Makan Firman Allah yang Direbus di dalam Air

Apa arti "Jangan makan daging yang direbus di dalam hati?" Artinya bahwa kita tidak mungkin menambahkan apa saja pada Firman Allah, selain memakannya.

Tidaklah benar memberitakan Firman Allah dan mencampurnya dengan politik, kisah-kisah di dalam masyarakat, atau peribahasa, atau juga kisah-kisah sejarah pribadi.

Allah, yang menciptakan surga dan bumi dan mengature kehidupan dan kematian umat manusia, berkat dan kutuk, adalah Mahakuasa dan tidak kekurangan apa pun.

Surat 1 Korintus 1:25 berkata, *"Sebab yang bodoh dari Allah lebih besar hikmatnya dari pada manusia dan yang lemah dari Allah lebih kuat dari pada manusia."* Hal ini dicatat untuk membuatmu sadar bahwa orang yang paling bijaksana dan yang paling hebat tidak dapat dibandingkan dengan Allah.

Anda tidak dapat memberitakan segala sesuatu yang diliput di dalam Alkitab dalam seluruh hidupmu. Jadi, bagaimana mungkin Anda berani mencampur kata-kata manusia dan kata-kata Allah ketika Anda menyampaikan pesanmu?

Kata-kata manusia berubah seiring perjalanan waktu. Meskipun ada kebenaran apa pun di dalamnya, kata-kata itu sudah pernah dikatakan di dalam Alkitab, dan kata-kata itu diucapkan karena hikmat Allah.

Oleh karena itu, prioritas utamamu mestilah Firman Allah yang murni dalam mengajarkan Alkitab. Tentu saja, Anda dapat memberi sejumlah perumpamaan atau ilustrasi agar dapat membuat orang memahami Firman Allah dan rahasia dunia rohani secara lebih mudah.

Anda seharusnya menyadari bahwa hanya Firman Allah yang bersifat kekal serta kebenaran yang sempurna dan lengkap membawa Anda pada kehidupan kekal. Maka, hendaknya Anda tidak memakan Firman-Nya yang direbus di dalam air.

Ketiga, Makanlah Firman Allah yang Dipanggang di Api

Apa artinya "dipanggang di api – kepala, betis, dan bagian perutnya"? Artinya, Anda seharusnya menjadikan Firman Allah, danging Anak Manusia itu, sepenuhnya sebagai makanan rohanimu tanpa menyisakannya sedikit pun.

Sebagai contoh, beberapa orang menyangsikan fakta bahwa Musa membelah Laut Merah. Bahkan, beberapa orang tidak berusaha membaca Kitab Imamat karena ritus-ritus pengurbanan di dalam Perjanjian Lama sulit dipahami. Sebagian orang yang lain berkata bahwa mukjizat yang Yesus lakukan sulit dipercaya dan berpikir bahwa mukjizat-mukjizat itu hanya ada pada 2.000 tahun yang lalu. Mereka meninggalkan banyak hal yang tidak cocok dengan pemikiran manusia dan mencoba mengambil pelajaran-pelajaran moralnya saja.

Mereka pun tidak peduli untuk menyimpan dalam pikirannya kata-kata seperti "Kasihilah musuhmu", atau

"Jauhilah yang jahat" sebab semua kata itu tampaknya terlalu sulit untuk mereka patuhi. Mungkikah mereka diselamatkan?

Oleh karena itu, Anda seharusnya tidak hanya mengambil apa yang Anda inginkan dari Alkitab seperti orang yang bodoh. Anda seharusnya memakan semua kata di dalam Alkitab yang yang seluruhnya telah dipanggang di api, dari Kejadian hingga Wahyu.

Jadi, apa artinya memakan Firman Allah yang telah "dipanggang di api"? Di sini, api menunjuk pada Roh Kudus. Anda mesti dipenuhi dan diinspirasikan oleh Roh Kudus ketika Anda membaca dan mendengar Firman Allah sebab Firman Allah itu dituliskan melalui inspirasi Roh Kudus. Jika tidak demikian, Firman Allah itu hanyalah pengetahuan, bukan makanan rohani.

Untuk dapat memakan Firman Allah yang dipanggang di atas api, Anda perlu berdoa dengan sungguh-sungguh. Doa itu bagaikan minyak yang menjadi sumber kepenuhan Roh Kudus. Apabila Anda memakan Firman Allah melalui inspirasi Roh Kudus, rasa manisnya melebihi madu. Anda pun tidak akan pernah menjadi bosan meskipun khotbah yang Anda dengar sangat panjang, sebab khotbah itu demikian berharga dan Anda ingin sekali mendengar Firman Allah bagaikan rusa yang mencari sungai yang berair.

Seperti itulah memakan Firman Allah yang dipanggang di atas api. Hanya dengan cara seperti ini Anda dapat memahami Firman Allah, menjadikannya daging dan darah rohani Anda, dan menyadari serta mengikuti kehendak Allah. Demikianlah cara Anda melahirkan roh melalui Roh Kudus, menumbuhkan iman Anda, dan memulihkan citra Allah yang hilang dengan mencari tahu kewajiban-kewajiban manusia seutuhnya.

Namun, mereka yang memakan Firman Allah dengan pikirannya sendiri tanpa memanggangnya di atas api akan merasakan bahwa Firman Allah itu membosankan dan mereka tidak dapat mengingatnya sebab mereka mendengarkan dengan pikiran yang kosong. Mereka pun tidak dapat bertumbuh secara rohani dan juga tidak memperoleh kehidupan sejati.

Keempat, Jangan Tinggalkan Firman Allah Sampai Pagi

Apa yang dimaksud dengan "Janganlah kamu tinggalkan apa-apa dari daging itu sampai pagi; apa yang tinggal sampai pagi kamu bakarlah habis dengan api"?

Artinya, Anda mesti memakan daging Anak Manusia, Firman Allah itu sepanjang malam. Dunia tempat Anda hidup sekarang ini adalah dunia yang gelap yang dikendalikan oleh iblis. Secara rohani, hal ini menggambarkan malam hari. Ketika Tuhan kita datang kembali, seluruh kegelapan akan hilang dan segala seauatu akan dipulihkan; saat itu akan menjadi pagi hari, dunia yang terang.

Oleh karena itu, "janganlah kamu tinggalkan apa-apa dari daging itu sampai pagi" berarti Anda mesti mempelajari Firman Allah untuk mempersiapkan diri Anda sendiri sebagai seorang mempelai Tuhan kita sebelum Ia kembali.

Sebagai tambahan, tak peduli apakah kedatangan kembali

Tuhan akan berlangsung sebentar lagi atau tidak, Anda hanya hidup selama 70 atau 80 tahun dan Anda tidak tahu kapan Anda akan berjumpa dengan Tuhan. Hingga nanti Anda berjumpa dengan Tuhan, Anda bertumbuh secara rohani sejauh mungkin dengan memakan daging dan meminum darah Anak Manusia. Dengan demikian, Anda mesti mempelajari Firman Allah dengan tekun dan bertumbuh secara rohani.

Jikalau Anda memiliki iman bapak dengan menumbuhkan secara terus-menerus roh Anda, Anda akan menerima kemuliaan bagaikan matahari yang bersinar di dekat takhta Allah di dalam kerajaan-Nya sebab Anda mengenal siapa Allah sejak awal, mengolah sembilan buah Roh Kudus dan Ucapan Bahagia, dan menyerupai citra Allah.

Meminum Darah Anak Manusia

Agar dapat mempertahankan hidup, Anda harus makan dan juga minum. Jika Anda tidak minum air, makan tidak dapat dicerna dan Anda akan mati. Ketika makanan masuk ke dalam perut dan bercampur dengan air, makanan itu akan diolah, nutrisi akan diserap, dan yang tak berguna akan dibuang.

Dengan cara yang sama, ketika Anda memakan daging Anak Manusia, jika Anda tidak minum darah Anak Manusia, Anda tidak dapat mengolahnya. Oleh karena itu, Anda dapat memperoleh kehidupan kekal hanya dengan memakan daging Anak Manusia dan juga meminum darah Anak Manusia.

"Meminum darah Anak Manusia" berarti mewujudkan Firman Allah dalam tindakan yang disertai iman. Setelah Anda mendengar Firman Allah, bertindak sesuai dengan Firman Allah amatlah penting, dan itulah iman. Percuma Anda mendengar jika Anda tidak bertindak sesuai dengan Firman Allah setelah Anda mendengarkannya dan mengetahuinya.

Sama seperti nutrisi diserap dan yang tidak berguna dibuang ketika Anda mengolah makanan, demikianlah Firman Allah, yang adalah kebenaran, diserap dan ketidakbenaran dibuang ketika Anda bertindak sesuai dengan Firman Allah untuk memurnikan hati Anda yang kotor.

Kemudian, apa yang dimaksud dengan "menyerap kebenaran" dan "membuang ketidakbenaran"? Anggaplah Anda telah mendengarkan Firman Allah, "Jangan membenci, tetapi kasihilah satu akan yang lain." Jika Anda menjadikannya sebagai makanan Anda dan bertindak sesuai dengannya, nutrisi yang disebut kasih akan diserap dan hal yang tidak berguna, yakni kebencian dibuang. Secara otomatis, hatimu menjadi lebih murni dan semakin mengetahui apa yang benar dengan membuang pikiran-pikiran yang kotor.

Bertindak Berdasarkan Firman Allah

Bagaimanapun juga, jika Anda tidak melakukan Firman Allah, Anda tidak meminum darah Anak Manusia. Oleh karena itu, Firman Allah hanyalah sepenggal pengetahuan di dalam kepala dan Anda tidak dapat diselamatkan jika Anda tidak bertindak sesuai dengannya.

Meminum darah Anak Manusia, bertindak berdasarkan Firman Allah, tidak dapat dilakukan hanya dengan upaya manusia. Anda seharusnya memiliki kemauan dan upaya untuk bertindak sesuai dengan Firman-Nya, dan kemudian menerima anugerah dan kuasa Allah, serta pertolongan Roh Kudus dengan tekun berdoa.

Jika Anda dapat menyingkirkan dosa melalui upaya Anda sendiri, Yesus tidak perlu disalibkan dan Allah tidak perlu mengutus Roh Kudus.

Yesus Kristus disalibkan untuk mengampuni dosa-dosa Anda karena Anda tidak dapat memecahkan masalah dosa oleh diri sendiri. Allah telah mengutus Roh Kudus untuk menolong Anda mengubah hatimu yang kotor menjadi hati yang bersih.

Roh Kudus, Roh Allah, menolong anak-anak Allah untuk tinggal di dalam kejujuran dan kebenaran. Oleh karena itu, dengan pertolongan Roh Kudus, anak-anak Allah harus hidup sesuai dengan Firman Allah sambil menyingkirkan dosa-dosa mereka dan menerima kasih dan berkat Allah.

Pengampunan Hanya dengan Berjalan di dalam Terang

Dengan memakan daging dan meminum darah Anak Manusia berarti Anda sedang bertindak di dalam terang sesuai dengan Firman Allah. Lalu, menunjuk pada hal apa tindakan tersebut? Anda harus berkelakuan di dalam terang. Anda meninggalkan kegelapan dan bertindak di dalam terang ketika Anda memakan daging Anak Manusia, mengolahnya, dan menjadikan hatimu benar. Ketika Anda bertindak di dalam terang, darah Tuhan membasuh dosa Anda pada masa lalu, masa kini, dan masa akan datang.

Walaupun Anda memiliki dosa yang belum disingkirkan, jika Anda bertobat dengan segenap hati di hadapan Allah, dosa-dosa Anda itu dapat diampuni melalui anugerah Allah. Jika orang sungguh-sungguh percaya kepada Allah dan mencoba memenuhi kebenaran di dalam hati, mereka bukan lagi pendosa, melainkan orang-orang benar dan mereka dapat diselamatkan dan memperoleh kehidupan kekal.

Allah Adalah Terang

Surat 1 Yohanes 1:5 berkata bahwa *"Dan inilah berita, yang telah kami dengar dari Dia, dan yang kami sampaikan kepada kamu: Allah adalah terang dan di dalam Dia sama sekali tidak ada kegelapan."*

Rasul Yohanes, yang menulis Surat 1 Yohanes, diajar langsung oleh Yesus, yang datang ke dalam dunia ini dan menjadi terang bagi dunia ini dan jalan menuju Allah.

Karena itulah, dalam Injil Yohanes 1:4-5 disebutkan mengenai Yesus, *"Dalam Dia ada hidup dan hidup itu adalah terang manusia. Terang itu bercahaya di dalam kegelapan dan kegelapan itu tidak menguasainya."* Yesus menyebut diri-Nya sendiri, *"Akulah jalan dan kebenaran dan hidup. Tidak ada seorang pun yang datang kepada Bapa, kalau tidak melalui Aku"* (Yohanes 14:6).

Oleh karena itu, murid-murid Yesus menyaksikan fakta bahwa "Allah adalah terang" melalui Yesus dan berita yang mereka umumkan kepada Anda adalah bahwa "Allah adalah terang."

Secara Rohani Terang Berarti Kebenaran

Jadi, apa itu "terang"? Secara rohani, terang berarti kebenaran dan kebenaran bertentangan dengan kegelapan.

Allah berkata kepada kita di dalam Efesus 5:8, *"Memang dahulu kamu adalah kegelapan, tetapi sekarang kamu adalah terang di dalam Tuhan. Sebab itu hiduplah sebagai anak-anak terang."* Mereka yang mendengarkan berita bahwa "Allah adalah terang" dan mempelajari kebenaran dari Allah dapat bersinar dan menerangi dunia ini, sama seperti terang mengusir kegelapan.

Anak-anak terang yang bertindak sesuai dengan kebenaran melahirkan buah terang. Itulah sebabnya mengapa dalam Surat Efesus 5:9 dikatakan *"karena terang hanya berbuahkan kebaikan dan keadilan dan kebenaran."* Kasih rohani digambarkan di dalam Surat 1 Korintus 13 dan buah Roh Kudus seperti kasih, sukacita, damai sejahtera, kesabaran, kemurahan, kebaikan, kesetiaan, kelemahlembutan, penguasaan diri adalah buah terang.

Oleh karena itu, terang menunjuk pada semua perkataan kebenaran yang berbicara tentang kebaikan, kebenaran dan kasih seperti "kasihilah seorang akan yang lain, berdoalah, peliharalah hari Sabat, peliharalah Dasatitah" yang Allah katakan kepadamu di dalam Alkitab.

Secara Rohani Kegelapan Berarti Dosa

Kegelapan menunjuk pada keadaan yang di dalamnya tidak terdapat terang dan hal itu secara rohani berarti dosa. Segala hal yang tidak benar, yang bertentangan dengan kebenaran, adalah hal-hal seperti yang dituliskan di dalam Roma 1:29, *"kelaliman, kejahatan, keserakahan dan kebusukan, penuh dengan dengki, pembunuhan, perselisihan, tipu muslihat dan kefasikan, pengumpat, pemfitnah, pembenci Allah, kurang ajar, congkak, sombong, pandai dalam kejahatan, tidak taat kepada orang tua."* Semua hal ini adalah kegelapan.

Alkitab mengatakan kepada Anda untuk menyingkirkan segala hal yang berasal dari kegelapan seperti mencuri, membunuh, berzinah, dan segala jenis kejahatan.

Pada satu sisi, beberapa orang mengaku telah menjadi anak Allah walaupun mereka tidak menaati apa yang Allah perintahkan untuk mereka lakukan atau mereka pelihara. Sebaliknya, mereka melakukan apa yang Allah perintahkan untuk tidak mereka lakukan atau yang harus mereka buang. Kegelapan ini dikendalikan oleh setan si Musuh itu dan iblis. Kegelapan itu adalah milik dunia ini, maka kegelapan tidak pernah dapat bersama-sama dengan terang. Itulah sebabnya mengapa mereka yang bertindak di dalam kegelapan membenci terang dan menjauhinya.

Pada sisi yang lain, anak Allah yang sejati, yang adalah terang dan yang di dalamnya tidak ada kegelapan, seharusnya menjauhi kegelapan dan bertindak di dalam terang. Hanya dengan demikianlah Anda dapat berkomunikasi dengan Allah dan segala sesuatu di dalam hidup Anda akan berjalan dengan baik.

Hal-hal yang Membuktikan Adanya Persekutuan dengan Allah

Biasanya, ada persekutuan yang amat akrab yang didasarkan atas cinta antara orangtua dan anak-anak mereka. Dengan cara yang sama, nyatalah bagi Anda – yang percaya kepada Yesus Kristus – untuk memiliki persekutuan dengan Allah yang adalah bapa atas roh Anda (1 Yohanes 1:3).

Di sini persekutuan tidak hanya berarti seorang mengenal yang lain, tetapi kedua belah pihak saling mengenal dengan baik. Anda tidak dapat berkata bahwa Anda memiliki hubungan baik dengan presiden walaupun Anda mengenal banyak tentang dia. Demikian juga halnya dalam persekutuan Anda dengan Allah. Untuk dapat memiliki persekutuan yang sejati dengan Allah, Anda seharusnya mengenal-Nya sebagaimana Dia mengenal dan menerima Anda.

Surat 1 Yohanes 1:6-7 berkata, *"Jika kita katakan, bahwa kita beroleh persekutuan dengan Dia, namun kita hidup di dalam kegelapan, kita berdusta dan kita tidak melakukan kebenaran. Tetapi jika kita hidup di dalam terang sama seperti Dia ada di dalam terang, maka kita beroleh persekutuan seorang dengan yang lain, dan darah Yesus, Anak-Nya itu, menyucikan kita dari pada segala dosa."*

Hal ini berarti bahwa Anda memiliki persekutuan dengan Allah hanya jika Anda menyingkirkan dosa dan bertindak di dalam terang. Jika Anda berkata bahwa Anda memiliki persekutuan dengan Allah, padahal Anda masih bertindak dan hidup di dalam kegelapan, hal itu merupakan dusta.

Memiliki persekutuan dengan Allah berarti memiliki persekutuan rohani dan benar, bukan sekadar memiliki persekutuan yang tidak berdasarkan iman dengan mengenal-Nya hanya melalui pengetahuan di dalam kepalamu. Anda sendiri harus menjadi terang agar dapat memiliki persekutuan dengan Allah karena Dia adalah terang. Roh Kudus, yakni hati Allah, mengajarkan Anda kehendak Allah secara jelas hingga Anda tinggal di dalam kebenaran. Dengan demikian, Anda dapat memiliki komunikasi yang lebih dalam dengan Allah ketika Anda membaca Firman Allah dan berdoa.

Apabila Anda Berjalan di dalam Kegelapan

Anda disebut berdusta jika Anda mengaku memiliki persekutuan dengan Allah, tetapi Anda berjalan di dalam kegelapan dengan berbuat dosa. Itu berarti Anda tidak berjalan di dalam kebenaran dan pada akhirnya Anda akan menuju pada maut.

Di dalam Kitab 1 Samuel 2, anak-anak Imam Eli melakukan kejahatan dan berbuat dosa. Seharusnya, ia menghukum mereka, tetapi ternyata Eli hanya menegur mereka dengan mengatakan, *"Mengapa kalian melakukan hal-hal seperti itu? Janganlah kamu melakukan hal-hal itu."*

Pada akhirnya, murka Allah jatuh atas mereka. Dua anak Imam Eli itu tewas dalam pertempuran dan Eli jatuh telentang dari kursi di sebelah pintu gerbang, batang lehernya patah dan ia mati. Murka Allah menimpa keturunannya juga (1 Samuel 2:27-36; 4:11-22).

Oleh karena itu, sebagaimana disebutkan dalam Efesus 5:11-13, *"Janganlah turut mengambil bagian dalam perbuatan-perbuatan kegelapan yang tidak berbuahkan apa-apa, tetapi sebaliknya telanjangilah perbuatan-perbuatan itu. Sebab menyebutkan saja pun apa yang dibuat oleh mereka di tempat-tempat yang tersembunyi telah memalukan. Tetapi segala sesuatu yang sudah ditelanjangi oleh terang itu menjadi nampak, sebab semua yang nampak adalah terang."*

Jika ada orang yang mengaku bahwa ia memiliki persekutuan dengan Allah, tetapi ia tidak berjalan di dalam terang, Anda seharusnya menasihatinya dalam kasih. Jika ia masih belum berjalan dalam terang, Anda seharusnya menghardiknya untuk membawanya masuk dalam terang sehingga ia tidak mengarah pada jalan maut.

Pengampunan dengan Berjalan di dalam Terang

Ada hukum di dalam dunia ini dan jika seseorang melanggarnya, ia akan dihukum sesuai dengan tingkat perbuatannya. Namun, ia tidak dapat meringankan rasa bersalah di dalam hati nuraninya sebab kerusakan telah terjadi bahkan kalaupun ia membayar kesalahan yang telah ia buat dan ia dihukum.

Sama halnya dengan itu, Anda masih memiliki tabiat dosa di dalam hatimu meskipun Anda menerima Yesus Kristus dan

Anda menerima pengampunan dosa dan Anda dinyatakan benar. Oleh karena itu, Allah memerintahkan Anda menyunat hati Anda sehingga Anda tidak merasa bersalah, juga di dalam hati nurani Anda.

Sebagaimana disebutkan di dalam Yeremia 4:4, *"Sunatlah dirimu bagi TUHAN, dan jauhkanlah kulit khatan hatimu, hai orang Yehuda dan penduduk Yerusalem"*, sunat hati berarti mengerat kulit hatimu.

Mengerat kulit hati Anda berarti mengikuti apa yang Allah katakan di dalam Alkitab, seperti "lakukan", "jangan lakukan", "pelihara", atau "singkirkan." Dengan kata lain, hal itu berarti membuang segala sesuatu yang menentang Firman Allah seperti dusta, kejahatan, ketidakbenaran, pelanggaran hukum, dan kegelapan, membersihkan hatimu dan mengisinya dengan kebenaran.

Oleh karena itu, Anda harus tekun menjadikan Firman Allah itu makanan Anda, menyerap nutrisinya dengan berbuat yang sesuai dengan Firman Allah, dan membuang hal-hal yang tidak berguna seperi kejahatan dan dusta yang merupakan bagian dari kegelapan. Ketika Anda menyunat hati Anda, Anda dapat bertumbuh secara rohani.

Ketika Anda menjadi manusia rohani dan jujur, membuang dosa dan kejahatan sebagai hal yang tidak berguna, Anda memiliki persekutuan dengan Allah. Lalu, darah Yesus Kristus dapat membasuh dosamu karena Anda telah memiliki persekutuan ini.

Oleh karena itu, Anda seharusnya tidak hanya menerima Yesus Kristus dan dinyatakan benar, tetapi juga berubah menjadi manusia yang sungguh-sungguh benar dengan memakan daging, meminum darah Anak Manusia, dan menyunatkan hatimu.

Iman yang disertai Perbuatan adalah Iman yang Sejati

Mungkin Anda terkejut bahwa Anda melihat banyak orang yang tidak sepenuhnya memahami arti iman. Beberapa orang berkata, "Mengapa Anda tidak pergi saja ke gereja? Anda masih dapat diselamatkan."

Jika Anda menyimak Firman Allah dan mengetahuinya, tetapi Anda tidak melakukan sesuai dengannya, hal itu merupakan suatu bentuk iman yang hanya berdasarkan pengetahuan di dalam kepala, bukan iman yang sejati. Dengan cara ini, Anda tidak dapat diselamatkan. Iman apa yang Allah akui? Bagaimana Anda diselamatkan oleh iman?

Pertobatan yang Sejati Harus Berpaling dari Dosa

Surat 1 Yohanes 1:8-9 menyebutkan bahwa *"Jika kita berkata, bahwa kita tidak berdosa, maka kita menipu diri kita sendiri dan kebenaran tidak ada di dalam kita. Jika kita mengaku dosa kita, maka Ia adalah setia dan adil, sehingga Ia akan mengampuni segala dosa kita dan menyucikan kita dari segala kejahatan."*

Dengan demikian, apa itu mengaku dosamu?

Mari kita mengandaikan Allah berbicara kepada Anda,

"Berjalan ke timur adalah jalan kehidupan kekal dan kehendak-Ku, maka pergilah ke timur." Namun, jika Anda tetap berjalan ke arah barat dan berkata, "Allah, aku seharusnya pergi ke timur, tetapi saya justru pergi ke arah barat. Ampunilah saya," ini bukan pengakuan. Hal ini bukan contoh percaya kepada Allah atau takut akan Dia, tetapi justru mengejek-Nya. Pertobatan yang sejati dilakukan bukan hanya dengan mengakui dosa Anda dengan bibir, melainkan juga dengan sunguh-sungguh berbalik dari dosa melalui perbuatan-perbuatan Anda. Hanya dengan demikian Allah menerimanya sebagai pertobatan dan menganugerahkan pengampunan kepadamu.

Anda akan mati jika Anda tidak makan makanan apa pun walaupun Anda tahu bahwa Anda harus makan untuk mempertahankan hidup Anda. Demikian pula, Anda tidak dibasuh oleh darah Tuhan jika Anda mengaku dosa Anda hanya melalui bibir dan tidak berbalik dari dosa Anda itu.

Iman Tanpa Perbuatan-perbuatan Adalah Iman yang Mati

Dalam Yakobus 2:22 dikatakan, *"Kamu lihat, bahwa iman bekerjasama dengan perbuatan-perbuatan dan oleh perbuatan-perbuatan itu iman menjadi sempurna."* Ayat 26 melanjutkan lebih jauh, *"Sebab seperti tubuh tanpa roh adalah mati, demikian jugalah iman tanpa perbuatan-perbuatan adalah mati."*

Banyak orang pergi ke gereja karena mereka telah mendengar bahwa ada surga dan neraka. Namun, karena mereka tidak sungguh-sungguh percaya akan fakta ini dalam hati, kepercayaan mereka tidak disertai dengan perbuatan.

Hal ini menjadikan iman sekadar sebagai pengetahuan dan iman itu mati.

Sebagai tambahan, jika Anda mengaku dengan bibir saja bahwa Anda percaya, tetapi masih hidup di dalam dosa, bagaimana Anda dapat berkata bahwa Anda memiliki iman? Alkitab berkata bahwa dosa yang dilakukan dengan pengetahuan akan dosa lebih buruk daripada dosa yang dilakukan tanpa pengetahuan akan dosa.

Ketika Anda mengaku, "Aku percaya" tanpa perbuatan, Anda mungkin menyangka bahwa Anda memiliki iman. Namun, Allah tidak memandang hal ini sebagai iman yang sejati.

Orang Israel yang keluar dari tanah Mesir mengalami banyak karya Allah. Allah membelah Laut Merah, memberikan mereka manna dan burung puyuh, serta melindungi mereka dengan tiang awan pada siang hari dan tiang api pada malam hari.

Namun, ketika Allah memerintahkan mereka untuk memata-matai tanah Kanaan, hanya Yosua dan Kaleb yang percaya kepada Firman dan kuasa Allah. Akibatnya, orang-orang Israel yang tidak menaati Allah karena mereka tidak memiliki iman yang cukup teguh untuk masuk Kanaan, mengalami 40 tahun masa pencobaan di padang gurun dan akhirnya mati di situ.

Haruslah Anda sadari bahwa tak ada gunanya jika Anda tidak percaya atau bertindak sesuai dengan Firman Allah walaupun Anda menyaksikan dan mengalami begitu banyak karya Allah. Iman disempurnakan dengan perbuatan.

Hanya Mereka yang Memelihara Hukum Taurat yang Dibenarkan

Allah mengatakan kepada Anda dalam Surat Roma 2:13 bahwa *"Karena bukanlah orang yang mendengar hukum Taurat yang benar di hadapan Allah, tetapi orang yang melakukan hukum Tauratlah yang akan dibenarkan."*

Anda bukan orang benar dengan hanya menghadiri kebaktian dan mendengarkan khotbah. Anda dibenarkan hanya ketika hati Anda yang tidak benar itu diubah menjadi hati yang benar dengan bertindak sesuai dengan Firman Allah.

Orang-orang yang berkata bahwa Anda dapat diselamatkan hanya dengan memanggil Yesus Kristus "Tuhan" melalui bibir Anda sesungguhnya salah paham atas Surat Roma 10:13, *"Sebab, barangsiapa yang berseru kepada nama Tuhan, akan diselamatkan."* Bahkan, hal itu sepenuhnya salah. Sebagaimana dikatakan dalam Yesaya 34:16, *"Carilah di dalam kitab TUHAN dan bacalah: Satu pun dari semua makhluk itu tidak ada yang ketinggalan dan yang satu tidak kehilangan yang lain; sebab begitulah perintah yang keluar dari mulut TUHAN, dan Roh TUHAN sendiri telah mengumpulkan mereka."* Firman Allah memiliki pasangan dan Firman Allah menjadi sempurna hanya jika ditafsirkan dengan pasangannya.

Surat Roma 10:9-10 berkata, *"Sebab jika kamu mengaku dengan mulutmu, bahwa Yesus adalah Tuhan, dan percaya dalam hatimu, bahwa Allah telah membangkitkan Dia dari antara orang mati, maka kamu akan diselamatkan. Karena dengan hati orang percaya dan dibenarkan, dan dengan mulut orang mengaku dan diselamatkan.”*

Hanya mereka yang sungguh-sungguh percaya di dalam hati mereka bahwa Yesus dibangkitkan dapat membuat pengakuan mereka keluar dari bibir yang benar sebab mereka hidup sesuai dengan Firman Allah. Mereka akan diselamatkan ketika mereka mengaku dengan iman sejati ini dan menjadi orang yang semakin benar. Namun, mereka yang tidak mengaku dengan iman seperti ini tidak dapat diselamatkan.

Itulah sebabnya mengapa Yesus berkata di dalam Injil Matius 13:49-50, *“Demikianlah juga pada akhir zaman: Malaikat-malaikat akan datang memisahkan orang jahat dari orang benar, lalu mencampakkan orang jahat ke dalam dapur api; di sanalah akan terdapat ratapan dan kertakan gigi.”*

Di sini, “orang benar” menunjuk pada semua orang yang mengakui Allah dan mengaku memiliki iman. Memisahkan orang jahat dari orang yang benar berarti mereka yang tidak bertindak sesuai dengan Firman Allah tidak dapat diselamatkan meskipun mereka datang ke gereja dan memimpin kehidupan orang Kristen.

Allah Sungguh-sungguh Menginginkan Sunat Hati

Allah menginginkan anak-anaknya suci dan sempurna. Itulah sebabnya mengapa Ia berkata kepada kita di dalam Surat 1 Petrus 1:15, *“... tetapi hendaklah kamu menjadi kudus di dalam seluruh hidupmu sama seperti Dia yang kudus, yang telah memanggil kamu”* dan dalam Matius 5:48, *“... tetapi hendaklah kamu menjadi kudus di dalam seluruh hidupmu sama seperti*

Dia yang kudus, yang telah memanggil kamu, *"Karena itu haruslah kamu sempurna, sama seperti Bapamu yang di sorga adalah sempurna."*

Sepanjang masa Perjanjian Lama, orang diselamatkan oleh perbuatan-perbuatan sebagai gambaran akan apa yang datang kelak. Namun, selama masa Perjanjian Baru ketika Yesus Kristus menggenapi Hukum Taurat dengan kasih, Anda diselamatkan oleh iman.

"Diselamatkan oleh perbuatan-perbuatan" berarti bahwa meskipun Anda memiliki, sebagai contoh, hati yang kotor untuk membunuh, membenci, berzinah, berdusta, dan sebagainya, hal itu tidak dianggap sebagai dosa kecuali jika ditindaklanjuti dengan tindakan.

Allah tidak menghukum orang kecuali mereka melakukan perbuatan-perbuatan yang salah karena mereka tidak dapat menghapus dosa mereka sendiri tanpa Roh Kudus sepanjang masa Perjanjian Lama. Namun, sepanjang masa Perjanjian Baru, Anda diselamatkan hanya jika Anda menyunatkan hatimu dalam iman dengan pertolongan Roh Kudus, karena Roh Kudus telah datang bagi Anda. Roh Kudus menjadikan Anda sadar akan perbedaan antara dosa dan kebenaran, dan Penghukuman, dan memampukan Anda untuk hidup sesuai dengan Firman Allah. Oleh karena itu, Anda dapat mengenyahkan ketidakbenaran dan menyunatkan hatimu dengan pertolongan Roh Kudus.

Anda harus menyadari bahwa Allah sungguh-sungguh menyuruh Anda untuk menyunatkan hatimu, membuang dosa, menjadi kudus, dan ikut serta dalam tabiat ilahi. Rasul Paulus mengenal kehendak Allah ini dan mengajarkan sunat hati, bukan sunat jasmani (Roma 2:28-29). Ia menasihati Anda untuk bertahan bahkan sampai Anda menumpahkan darah dalam pergumulan menentang dosa, dengan mata tertuju pada Yesus, yang membawa iman itu pada kesempurnaan (Ibrani 12:1-4).

Saya berharap semoga Anda memiliki iman yang sejati yang disertai dengan perbuatan-perbuatan karena menyadari bahwa Anda tidak dapat memasuki surga hanya karena memanggil "Tuhan, Tuhan", tetapi hanya dengan berjalan dalam terang dan menyunatkan hatimu.

Bab 9

Dilahirkan dari Air dan Roh

- Nikodemus Menjumpai Yesus
- Yesus Menolong Nikodemus
   Mencapai Pengertian Rohani
- Ketika Dilahirkan dari Air dan Roh
- Tiga Pemberi Kesaksian: Roh,
   Air dan Darah

Adalah seorang Farisi yang bernama Nikodemus, seorang pemimpin agama Yahudi. Ia datang pada waktu malam kepada Yesus dan berkata: "Rabi, kami tahu, bahwa Engkau datang sebagai guru yang diutus Allah; sebab tidak ada seorang pun yang dapat mengadakan tanda-tanda yang Engkau adakan itu, jika Allah tidak menyertainya." Yesus menjawab, kata-Nya: "Aku berkata kepadamu, sesungguhnya jika seorang tidak dilahirkan kembali, ia tidak dapat melihat Kerajaan Allah." Kata Nikodemus kepada-Nya: "Bagaimanakah mungkin seorang dilahirkan, kalau ia sudah tua? Dapatkah ia masuk kembali ke dalam rahim ibunya dan dilahirkan lagi?" Jawab Yesus: "Aku berkata kepadamu, sesungguhnya jika seorang tidak dilahirkan dari air dan Roh, ia tidak dapat masuk ke dalam Kerajaan Allah."

Yohanes 3:1-5

Allah mengutus Yesus Kristus, Putra tunggal-Nya, dan membuka jalan keselamatan. Siapa pun yang mengakui-Nya menerima hak untuk menjadi anak Allah dan menikmati berkat dan kehidupan yang kekal, kini dan selamanya. Namun, pada masa kini Anda melihat bahwa banyak orang tidak memiliki kepastian akan keselamatan meskipun mereka telah menerima Yesus Kristus. Terlebih lagi, beberapa orang mengaku menerima keselamatan, tetapi kurang memiliki iman untuk dapat diselamatkan. Ada juga yang mengaku diselamatkan karena mereka pernah menerima Roh Kudus, tetapi mereka sama sekali tidak peduli pada perbuatan-perbuatan mereka.

Kini, untuk menyimpulkan pesan salib, mari kita perjelas tentang bagaimana meraih keselamatan yang sempurna, sejak Anda menerima Yesus Kristus, melalui kisah Nikodemus.

Nikodemus Menjumpai Yesus

Pada masa Yesus, kaum Farisi sangat menghargai Hukum Musa, dan tetap memelihara tradisi para tetua. Mereka merupakan pemuka agama di antara orang-orang Israel pilihan yang percaya kepada Allah yang Mahakuasa, percaya pada kebangkitan, malaikat, Penghakiman Terakhir, dan kedatangan

Mesias.

Namun, Yesus berkali-kali memarahi mereka, dengan berkata, Celakalah kamu, hai ahli-ahli Taurat dan orang-orang Farisi, hai kamu orang-orang munafik, sebab cawan dan pinggan kamu bersihkan sebelah luarnya, tetapi sebelah dalamnya penuh rampasan dan kerakusan. Hai orang Farisi yang buta, bersihkanlah dahulu sebelah dalam cawan itu, maka sebelah luarnya juga akan bersih (Matius 23:25-36).

Nikodemus Memiliki Hati yang Baik

Nikodemus adalah salah seorang di antara kaum Farisi yang duduk sebagai dewan pemerintah orang Yahudi yang disebut Sanhedrin. Namun, ia tidak menjatuhkan hukuman kepada Yesus, tidak seperti orang Farisi lainnya. Sebaliknya, ia percaya bahwa Yesus berasal dari Allah, melihat mukjizat dan tanda-tanda yang Yesus lakukan. Nikodemus ingin mengenal siapa Yesus sebenarnya karena ia memiliki hati yang baik.

Dalam Injil Yohanes 7:51, kepada orang Farisi yang ingin menangkap Yesus Nikodemus mengajukan pembelaan terhadap-Nya, *"Apakah hukum Taurat kita menghukum seseorang, sebelum ia didengar dan sebelum orang mengetahui apa yang telah dibuat-Nya?"*

Pada masa itu, sungguh tidak mudah berbicara seperti itu sebagai anggota Sanhedrin. Bahkan hingga masa kini, jika suatu pemerintahan mencabut perlindungan hukum atau menekan kekristenan dengan hukum, para pejabat pemerintah tidak dapat berdiri di pihak kekristenan. Demikian pula pada masa itu, orang Israel memandang semua agama selain agama Yahudi adalah palsu. Nikodemus tahu bahwa ia bisa saja dikeluarkan jika ia berdiri di pihak Yesus.

Namun, Nikodemus membela Yesus. Hal itu membuktikan bahwa ia orang yang jujurdan bahwa ia berdiri di atas iman yang teguh di dalam Yesus.

Injil Yohanes 19:39-40 mengggambarkan suatu peristiwa segera setelah kematian Yesus di atas kayu salib:

Juga Nikodemus datang ke situ. Dialah yang mula-mula datang waktu malam kepada Yesus. Ia membawa campuran minyak mur dengan minyak gaharu, kira-kira lima puluh kati beratnya. Mereka mengambil mayat Yesus, mengapaninya dengan kain lenan dan membubuhinya dengan rempah-rempah menurut adat orang Yahudi bila menguburkan mayat.

Oleh karena itu, Nikodemus percaya bahwa Yesus adalah utusan Allah, melayani Yesus tanpa tergoyahkan bahkan setelah penyaliban-Nya, dan memperoleh keselamatan dengan iman di dalam kebangkitan-Nya.

Nikodemus Menjumpai Yesus

Dalam Yohanes 3, ada suatu percakapan antara Yesus dan Nikodemus sebelum ia memahami kebenaran di dalam roh.

Suatu malam, Nikodemus datang kepada Yesus dan mengaku, *"Rabi, kami tahu, bahwa Engkau datang sebagai guru yang diutus Allah; sebab tidak ada seorang pun yang dapat mengadakan tanda-tanda yang Engkau adakan itu, jika Allah tidak menyertainya"* (ay. 2).

Pada awalnya, Nikodemus tidak mengetahui bahwa Yesus adalah Mesias dan Anak Allah. Namun, setelah ia menyaksikan mukjizat Yesus, Nikodemus menyadari dan mengakui Yesus sebagai utusan Allah sebab ia memiliki hati nurani yang baik. Melalui hati nurani yang baik itu, ia mengetahui bahwa hanya Allah yang Mahakuasalah yang dapat membangkitkan orang mati, membuat orang buta melihat, orang lumpuh berjalan, dan penderita kusta disembuhkan.

Lalu, mengapa ia menjumpai Yesus pada malam hari? Ia seperti orang yang tidak ingin secara terbuka datang ke gereja sebab orang seperti itu belum memiliki keyakinan kepada Allah Sang Pencipta.

Meskipun Nikodemus memiliki hati yang baik, ia tidak memiliki iman yang sejati. Ia belum memiliki keyakinan akan Yesus sebagai Anak Allah dan Mesias. Maka, ia tidak mengunjungi Yesus secara terbuka pada siang hari. Ia melakukannya pada malam hari.

Yesus Menolong Nikodemus Mencapai Pengertian Rohani

Yesus berkata kepada Nikodemus, *"Aku berkata kepadamu, sesungguhnya jika seorang tidak dilahirkan kembali, ia tidak dapat melihat Kerajaan Allah"* (Yohanes 3:3).

Bagaimanapun juga, Nikodemus sama sekali tidak dapat memahami hal ini. Maka, ia bertanya lagi, "Bagaimanakah mungkin seorang dilahirkan, kalau ia sudah tua?" Ia tidak memiliki iman rohaniah, maka dengan heran ia bertanya, "Dapatkah ia masuk kembali ke dalam rahim ibunya dan dilahirkan lagi?"

Maka Yesus berkata kepadanya tentang dilahirkan dari air dan Roh, *"Aku berkata kepadamu, sesungguhnya jika seorang tidak dilahirkan dari air dan Roh, ia tidak dapat masuk ke dalam Kerajaan Allah. Apa yang dilahirkan dari daging, adalah daging, dan apa yang dilahirkan dari Roh, adalah roh"* (Yohanes 3:5-6).

Ketika Nikodemus menjadi ingin tahu akan apa yang Yesus katakan, Yesus menjelaskannya dalam suatu perumpamaan: *"Angin bertiup ke mana ia mau, dan engkau mendengar bunyinya, tetapi engkau tidak tahu dari mana ia datang atau ke mana ia pergi"* (Yohanes 3:8).

Setelah ketidaktaatan Adam, setiap roh manusia mati dan sejak saat itu setiap orang sudah pasti akan mati. Namun, roh manusia hidup kembali setelah dilahirkan oleh Roh Kudus. Apabila ia menjadi manusia rohani, ia mengembalikan citra Allah dan ia diselamatkan. Namun, Nikodemus tidak memahami apa yang Yesus maksudkan (Yohanes 3:9).

Maka, ia bertanya, "Bagaimanakah mungkin hal itu terjadi?" Jawab Yesus:

Kamu tidak percaya, waktu Aku berkata-kata dengan kamu tentang hal-hal duniawi, bagaimana kamu akan percaya, kalau Aku berkata-kata dengan kamu tentang hal-hal sorgawi? Tidak ada seorang pun yang telah naik ke sorga, selain dari pada Dia yang telah turun dari sorga, yaitu Anak Manusia. Dan sama seperti Musa meninggikan ular di padang gurun, demikian juga Anak Manusia harus ditinggikan, supaya setiap orang yang percaya kepada-Nya beroleh hidup yang kekal (Yohanes 3:12-15).

Di dalam Kitab Bilangan 21:4-9, orang-orang Israel yang telah dibawa keluar dari tanah Mesir berkata-kata menentang Musa sebab perjalanan mereka menuju Kanaan menjadi semakin sulit dijalani. Maka Allh memalingkan muka-Nya dan mengirimkan ular-ular beracun yang mengigit orang-orang itu.

Ketika mereka berteriak minta tolong, Allah berkata kepada Musa untuk membuat sebuah ular tembaga dan meletakkannya pada sebuah tiang. Allah menyelamatkan siapa pun yang memandang ular tembaga tersebut, tetapi orang-orang yang keras kepala mati karena mereka tidak mau peduli untuk memandangnya sekalipun akibat ketidakpercayaan mereka.

Memahami Firman Allah secara Rohani

Mengapa Allah memberi perintah untuk membuat ular tembaga dan menaruhnya di atas sebuah tiang? Dari Kejadian 3:14 kita tahu bahwa ular dikutuk. Dalam Galatia 3:13 pun disebutkan, *"Terkutuklah orang yang digantung pada kayu salib!"*

Oleh karena itu, menaruh ular tembaga pada sebatang tiang menyimbolkan bahwa Yesus akan dipancangkan di atas kayu salib seperti ular yang terkutuk demi menebus Anda. Tambahan pula, sama seperti siapa pun yang memandang pada ular tembaga itu, siapa pun yang percaya kepada Yesus Kristus, ia diselamatkan.

Nikodemus tidak dapat memahami maksud Firman Allah ini sebab ia belum dilahirkan dari air dan Roh, dan mata rohaninya belum terbuka.

Bahkan hingga kini, jika Anda belum dilahirkan dari air dan Roh dan mata rohani Anda belum terbuka, Anda tidak dapat memahami maksud dari pesan rohani ini sebab Anda mungkin akan memahaminya secara harfiah dan salah memahaminya.

Anda harus berdoa dengan sungguh-sungguh agar dapat memahami pengertian rohani dari Firman Allah ini melalui inspirasi Roh Kudus. Lalu, Allah sumber anugerah itu akan membuka hati Anda dan Anda dapat memahami Firman Allah dan memiliki iman sejati.

Ketika Dilahirkan dari Air dan Roh

Yesus berkata kepada Nikodemus ketika ia menjumpainya pada malam hari itu, *"Aku berkata kepadamu, sesungguhnya jika seorang tidak dilahirkan dari air dan Roh, ia tidak dapat masuk ke dalam Kerajaan Allah. Apa yang dilahirkan dari daging, adalah daging, dan apa yang dilahirkan dari Roh, adalah roh"* (Yohanes 3:5-6).

Mari kita perjelas apa artinya dilahirkan dari air dan Roh. Bagaimana Anda dapat dilahirkan kembali oleh air dan Roh serta memperoleh keselamatan?

Air Melambangkan Air Kehidupan Kekal

Air menghilangkan dahagamu dan melancarkan organ-organ tubuh. Air juga membersihkan tubuhmu baik bagian luar maupun bagian dalam.

Karena itulah Yesus membandingkan air kehidupan kekal dengan air untuk menjelaskan bahwa air tersebut Anda dan membawa kehidupan.

Yesus berkata kepada kita dalam Yohanes 4:14, *"Tetapi barangsiapa minum air yang akan Kuberikan kepadanya, ia tidak akan haus untuk selama-lamanya. Sebaliknya air yang akan Kuberikan kepadanya, akan menjadi mata air di dalam dirinya, yang terus-menerus memancar sampai kepada hidup yang kekal."*

Jika Anda minum air, untuk sementara Anda tidak merasa haus, tetapi pada akhirnya Anda akan merasa haus lagi.Air yang dimaksud dalam kitab suci ini adalah air abadi. Siapa pun yang minum air yang Yesus berikan ini tidak akan pernah merasa haus lagi. "Mata air yang terus-menerus memancar sampai kepada hidup yang kekal" memberi Anda kehidupan. Yohanes 6:54-55, *"Barangsiapa makan daging-Ku dan minum darah-Ku, ia mempunyai hidup yang kekal dan Aku akan membangkitkan dia pada akhir zaman. Sebab daging-Ku adalah benar-benar makanan dan darah-Ku adalah benar-benar minuman."*

Artinya, daging Yesus dan darah-Nya adalah air abadi.

Lebih lanjut, "daging"-Nya menunjuk pada Firman di dalam Alkitab karena Yesus adalah Firman yang datang ke dunia di dalam daging. Memakan daging-Nya berarti memelihara Firman-Nya di dalam pikiran dengan membaca Alkitab.

Darah Yesus adalah kehidupan dan kehidupan adalah kebenaran. Kebenaran adalah Kristus dan Kristus adalah kekuatan Allah. Semuanya inia adalah darah Yesus. Karena kekuatan Allah muncul dalam iman, meminum darah Yesus berarti menaati Firman-Nya dengan iman.

Anda telah belajar bahwa secara rohani, air melambangkan daging Yesus – yakni Firman Allah dan Anak Domba Allah. Sebagaimana air membersihkan tubuhmu, demikianlah Firman Allah membasuh hal-hal yang kotor dari hatimu.

Itulah sebabnya mengapa Anda dibaptis dengan air di dalam gereja. Pembaptisan melambangkan bahwa Anda adalah anak Allah dan Ia mengampuni dosa-dosa Anda. Pembaptisan berarti pula bahwa Anda seharusnya merenungkan Firman Allah dan memberi diri Anda dibasuh oleh Firman Allah itu setiap hari.

Dilahirkan Kembali dengan Air

Lalu, bagaiman Anda dapat membasuh kotoran dari hatimu dengan Firman Allah yang merupakan air abadi?

Ada empat jenis perintah yang Allah berikan kepada kita: "Lakukan", "Jangan lakukan", "Pertahankan", dan "Buang." Sebagai contoh, Allah menyuruhmu agar jangan melakukan hal-hal tertentu seperti mendengki, membenci, menghakimi, mencuri, berzinah, dan membunuh.

Dengan cara yang sama, Anda seharusnya tidak melakukan apa yang dilarang dan bersamaan dengan itu, Anda seharusnya membuang segala hal yang jahat. Anda pun seharusnya memelihara hari Sabat, menginjili, berdoa, dan mengasihi satu sama lain. Maka, hati Anda secara perlahan-lahan akan diisi dengan kebenaran melalui pertolongan Roh Kudus, dan Firman Allah akan membersihkan ketidakbenaran atau dosa yang ada pada Anda. Dengan demikianlah hati Anda dapat disunat dan diubah menjadi benar dengan melakukan apa yang sesuai dengan Firman Allah dan inilah yang disebut "dilahirkan dari air."

Oleh karena itu, untuk dapat menerima keselamatan sepenuhnya, Anda seharusnya tidak hanya menerima Yesus, tetapi juga menyunatkan hatimu dengan menaati Firman Allah setiap saat dalam hidupmu.

Dilahirkan Kembali oleh Roh

Untuk menerima keselamatan, Anda seharusnya dilahirkan dari air dan juga Roh. Bagaimana Anda dapat dilahirkan dari Roh? Di dalam Kisah Para Rasul 19:2, Rasul Paulus bertanya kepada beberapa murid, *"Sudahkah kamu menerima Roh Kudus, ketika kamu menjadi percaya?"* Apa yang dimaksud dengan menerima Roh Kudus?

Adam sang manusia pertama terdiri dari "roh", "jiwa", dan "tubuh" (1 Tesalonika 5:23), tetapi rohnya mati akibat ketidaktaatannya. Maka, ia menjadi makhluk yang tidak lebih baik daripada seekor hewan yang diciptakan dengan hanya memiliki jiwa dan tubuh (Pengkhotbah 3:18).

Jika Anda bertobat dari dosa-dosa Anda, ketahuilah bahwa Anda adalah orang berdosa, Allah memberikan kepada Anda Roh Kudus sebagai karunia dan sebagai tanda bahwa Anda adalah anak-Nya (Kisah Para Rasul 2:38).

Setiap anak Allah, yang menerima Roh Kudus, mampu membedakan antara yang baik dan yang jahat dengan Firman Allah dan hidup sesuai dengan Firman Allah oleh kuasa dan kekuatan dari surga melalui doa yang sungguh-sungguh dan tak putus-putusnya.

Dengan cara demikianlah Anda berubah menjadi benar dan Anda memiliki iman rohani yang sedemikian rupa sehingga Anda melahirkan roh melalui Roh Kudus. Dalam Yohanes 3:6 tertulis, *"Apa yang dilahirkan dari daging, adalah daging, dan apa yang dilahirkan dari Roh, adalah roh"* dan Yohanes 6:63 berkata, *"Rohlah yang memberi hidup, daging sama sekali tidak berguna."*

Menjadi Manusia Roh dengan Mengikuti Roh Kudus

Ketika Anda dilahirkan dari air dan Roh Kudus, Anda datang untuk memperoleh kewargaan di dalam surga (Filipi 3:20). Sebagai anak Allah, Anda datang berkebaktian, memuji-Nya dengan sukacita, dan berjuang untuk hidup di dalam terang.

Sebelum menerima Roh Kudus, Anda hidup dalam kegelapan sebaga Anda tidak mengenal kebenaran. Namun, setelah Anda menerima Roh Kudus, Anda berupaya untuk hidup di dalam terang.

Seiring dengan perjalanan waktu, Anda menemukan bahwa sementara Anda memiliki sukacita di dalam hati, Anda terus-menerus bergumul. Hal itu disebabkan oleh huku Roh yang mengikuti keinginan Roh Kudus bergumul menentang hukum tabiat dosa yang telah mengikuti keinginan-keinginan manusia berdosa, keinginan mata, dan keangkuhan hidup (1 Yohanes 2:16).

Rasul Paulus berkata-kata tentang pergumulan ini: *"Sebab di dalam batinku aku suka akan hukum Allah, tetapi di dalam anggota-anggota tubuhku aku melihat hukum lain yang berjuang melawan hukum akal budiku dan membuat aku menjadi tawanan hukum dosa yang ada di dalam anggota-anggota tubuhku. Aku, manusia celaka! Siapakah yang akan melepaskan aku dari tubuh maut ini?"* (Roma 7:22-24)

Ketika Anda dilahirkan dari air dan Roh, Anda baru saja menjadi anak Allah. Hal itu tidak berarti Anda menjadi pribadi yang secara rohani sempurna.

Itulah sebabnya mengapa di Galatia 5:16-17 dikatakan demikian, *"Maksudku ialah: hiduplah oleh Roh, maka kamu tidak akan menuruti keinginan daging. Sebab keinginan daging berlawanan dengan keinginan Roh dan keinginan Roh berlawanan dengan keinginan daging – karena keduanya bertentangan – sehingga kamu setiap kali tidak melakukan apa yang kamu kehendaki."*

Agar dapat mengikuti Roh Kudus, sepatutnyalah Anda hidup sesuai dengan Firman Allah dan melakukan hal-hal yang diterima dan menyenangkan Allah. Maka, jika Anda mengikuti keinginan-keinginan Roh, Anda tidak akan dicobai dan akan mampu mengalahkan setan si musuh itu, yang mencobai Anda untuk mengikuti keinginan-keinginan tabiat yang penuh dosa. Anda dapat hidup berdasarkan kebenaran dan mengarahkan diri secara tepat kepada kerajaan Allah dan kebenaran-Nya.

Ketika Anda mengikuti keinginan-keinginan Roh Kudus, Anda berada di dalam sukacita. Namun, Anda akan merasakan kepahitan dan berbeban jika Anda mengikuti keinginan-keinginan tabiat yang penuh dosa.

Sejalan dengan kematangan iman Anda, Anda dapat mengenyahkan dosa-dosa Anda dan mengikuti keinginan Roh Kudus dalam segala hal. Keinginan yang ada di dalam diri Anda yang ingin mengikuti tabiat dosa akan menghilang. Terlebih lagi, Anda tidak perlu berjuang untuk mengenyahkan dosa-dosa dan tidak akan mengalami kepahitan lagi. Anda dapat bersukacita senantiasa di dalam segala hal.

Allah berkenan kepada mereka yang hidup dengan mengikuti keinginan-keinginan Roh. Ia memberikan kepada mereka keinginan-keinginan hati mereka sebagaimana yang Ia janjikan kepada kita di dalam Mazmur 37:4, *"Bergembiralah karena TUHAN; maka Ia akan memberikan kepadamu apa yang diinginkan hatimu."*

Jika Anda mengubah hati Anda menjadi hati yang hanya diisi dengan kebenaran, Allah sangat berkenan kepada Anda dan Ia memungkinkan segala sesuatu bagi Anda. Saya berharap bahwa Anda akan dilahirkan dari air dan Roh dan mengikuti keinginan-keinginan Roh.

Tiga Pemberi Kesaksian:
Roh, Air, dan Darah

Sebagaimana yang telah saya jelaskan, Anda seharusnya dilahirkan dari air dan Roh agar dapat diselamatkan. Namun, untuk menerima keselamatan yang sepenuhnya, Anda harus dimurnikan dari dosa-dosa oleh darah Yesus dengan berjalan dalam terang.

Jika hati Anda tidak dimurnikan, Anda masih memiliki dosa-dosa. Oleh karena itu, Anda memerlukan darah Yesus Kristus agar Anda dimurnikan dari dosa-dosa yang masih ada.

Untuk hal ini, 1 Yohanes 5:5-8 berkata kepada kita sebagai berikut:

> *Siapakah yang mengalahkan dunia, selain dari pada dia yang percaya, bahwa Yesus adalah Anak Allah? Inilah Dia yang telah datang dengan air dan darah, yaitu Yesus Kristus, bukan saja dengan air, tetapi dengan air dan dengan darah. Dan Rohlah yang memberi kesaksian, karena Roh adalah kebenaran. Sebab ada tiga yang memberi kesaksian [di dalam sorga: Bapa, Firman dan Roh Kudus; dan ketiganya adalah satu. Dan ada tiga yang memberi kesaksian di bumi]: Roh dan air dan darah dan ketiganya adalah satu.*

Yesus Datang dengan Air dan Darah

Dikatakan dalam Yohanes 1:1, *"Firman itu adalah Allah"*

dan Yohanes 1:14, *"Firman itu telah menjadi manusia, dan diam di antara kita."* Maksudnya adalah Yesus, Putra tunggal Allah dan Firman Allah, datang ke bumi di dalam rupa manusia untuk mengampuni dosa-dosa kita. Bahkan kini, Ia terus memurnikan kita dengan Firman Allah, Alkitab.

Namun, Anda tidak dapat hidup sesuai dengan Firman Allah tanpa pertolongan Roh Kudus. Mustahillah mengenyahkan dosa-dosa dengan kekuatanmu sendiri. Hendaklah Anda menerima pertolongan Roh Kudus melalui doa yang sungguh-sungguh sehingga Anda dapat menghilangkan keinginan-keinginan daging, keinginan mata, dan keangkuhan hidup. Hanya dengan demikianlah Anda dapat mengenyahkan kegelapan yang berasal dari ketidakbenaran dalam hati Anda.

Selanjutnya, Anda membutuhkan penumpahan darah agar dapat diampuni. Di dalam Ibrani 9:22 dikatakan bahwa *"tanpa penumpahan darah tidak ada pengampunan."* Anda membutuhkan darah Yesus karena hanya darah-Nya yang tidak bercacat dan tidak bernoda itulah yang memberikan Anda pengampunan.

Anda harus percaya di dalam Yesus, yang datang dalam air dan darah, dan menerima Roh Kudus sebagai karunia dari Allah untuk memperoleh keselamatan. Untuk itu, Anda memerlukan tiga hal berikut ini: Roh, air, dan darah.

Jika tidak ada penumpahan darah, tidak ada pengampunan dan Anda masih berada di dalam dosa. Anda tidak hanya membutuhkan Firman – air – untuk disucikan, tetapi juga membutuhkan Roh Kudus untuk menolong Anda hidup secara sempurna sesuai dengan Firman ini. Maka, tiga hal ini adalah satu adanya.

Oleh karena itu, setelah kita beroleh pengampunan atas dosa-dosa kita dengan menerima Yesus Kristus, hendaklah kita meneruskannya dengan memberi diri dilahirkan dari air dan Roh agar kita dapat memperoleh keselamatan yang sempurna sebab kita memahami fakta bahwa ketiga hal itu, yakni Roh, air, dan darah, menyelamatkan kita dan membawa kita ke surga.

Bab 10

Apakah Ajran Sesat Itu?

- Definisi Alkitab Tentang Ajaran Sesat
- Roh Kebenaran dan Roh Dusta

"Sebagaimana nabi-nabi palsu dahulu tampil di tengah-tengah umat Allah, demikian pula di antara kamu akan ada guru-guru palsu. Mereka akan memasukkan pengajaran-pengajaran sesat yang membinasakan, bahkan mereka akan menyangkal Penguasa yang telah menebus mereka dan dengan jalan demikian segera mendatangkan kebinasaan atas diri mereka. Banyak orang akan mengikuti cara hidup mereka yang dikuasai hawa nafsu, dan karena mereka Jalan Kebenaran akan dihujat. Dan karena serakahnya guru-guru palsu itu akan berusaha mencari untung dari kamu dengan ceritera-ceritera isapan jempol mereka. Tetapi untuk perbuatan mereka itu hukuman telah lama tersedia dan kebinasaan tidak akan tertunda."

2 Petrus 2:1-3

Sejalan dengan berkembangnya peradaban materialisme, orang-orang mulai menyangkal Allah karena mereka bergantung pada hikmat dan pengetahuan mereka. Karena dosa telah menyebar, roh manusia menjadi kelam dan orang menjadi rusak. Oleh karena itu, banyak orang dikelabui oleh kebohongan karena mereka tidak dapat membedakan antara apa yang benar dan apa yang salah. Mereka juga membuat kesalahan dengan menghakimi orang lain berdasarkan pengetahuan dan teori mereka sendiri yang dianggap benar.

Di dalam Injil Matius 12:22-32, Yesus menyembuhkan seorang yang dirasuki setan yang juga buta dan bisu. Namun, ketika orang-orang Farisi mendengar hal ini, mereka berkata, *"Dengan Beelzebul, penghulu setan, Ia mengusir setan."* Mereka menganggap karya Allah telah dilakukan oleh setan.

Yesus berkata kepada mereka di dalam Matius 12:31-32, *"Sebab itu Aku berkata kepadamu: Segala dosa dan hujat manusia akan diampuni, tetapi hujat terhadap Roh Kudus tidak akan diampuni. Apabila seorang mengucapkan sesuatu menentang Anak Manusia, ia akan diampuni, tetapi jika ia menentang Roh Kudus, ia tidak akan diampuni, di dunia ini tidak, dan di dunia yang akan datang pun tidak."*

Orang-orang Farisi menyimpulkan bahwa apa yang Yesus telah lakukan dengan kuasa Allah adalah karya setan. Ini merupakan penghujatan yang menentang Roh Kudus. Oleh karena itu, orang-orang Farisi ini tidak akan mungkin diampuni.

Apabila Anda membedakan secara jelas antara kebenaran dan dusta melalui Alkitab, Anda tidak akan menghakimi orang lain ataupun dikelabui oleh dusta.

Mari kita selidiki "ajaran sesat" lebih jauh berdasarkan sudut pandang Allah, bagaimana membedakan Roh Allah dan Roh iblis, dan beberapa aliran sesat yang harus Anda waspadai.

Definisi Alkitab Tentang Ajaran Sesat

Kamus Oxford mendefinisikan "ajaran sesat" sebagai "suatu keyakinan atau pendapat yang bertentangan dengan prinsip-prinsip agama tertentu."

Paulus, Dituduh sebagai Seorang Tokoh Aliran Sesat

Dalam Kisah Para Rasul 24:5 tertulis bahwa *"Telah nyata kepada kami, bahwa orang ini adalah penyakit sampar, seorang yang menimbulkan kekacauan di antara semua orang Yahudi di seluruh dunia yang beradab, dan bahwa ia adalah seorang tokoh dari sekte orang Nasrani."* Di sini "sekte Nasrani" menunjuk pada "aliran sesat", dan inilah untuk pertama kalinya kata "sesat" muncul dalam Alkitab.

Orang-orang Yahudi mengajukan tuduhan kepada Paulus di hadapan gubernur sebab mereka menganggap bahwa Injil yang

Paulus beritakan adalah sesat. Paulus menolak tuduhan tersebut dan memberikan kesaksian imannya sebagaimana tercatat di dalam Kisah Para Rasul 24:13-16.

Dan mereka tidak dapat membuktikan kepadamu apa yang sekarang dituduhkan mereka kepada diriku. Tetapi aku mengakui kepadamu, bahwa aku berbakti kepada Allah nenek moyang kami dengan menganut Jalan Tuhan, yaitu Jalan yang mereka sebut sekte. Aku percaya kepada segala sesuatu yang ada tertulis dalam hukum Taurat dan dalam kitab nabi-nabi. Aku menaruh pengharapan kepada Allah, sama seperti mereka juga, bahwa akan ada kebangkitan semua orang mati, baik orang-orang yang benar maupun orang-orang yang tidak benar. Sebab itu aku senantiasa berusaha untuk hidup dengan hati nurani yang murni di hadapan Allah dan manusia.

Apakah Rasul Paulus Memang Seorang Penyesat?

Hendaklah Anda melihat definisi ajaran sesat di dalam Alkitab karena Alkitab adalah Firman Allah, satu-satunya yang dapat membedakan kebenaran dari dusta. Istilah yang memiliki implikasi "aliran sesat" muncul lima kali di dalam Alkitab. Namun, definisi sesat hanya dibahas satu kali:

Sebagaimana nabi-nabi palsu dahulu tampil di tengah-tengah umat Allah, demikian pula di antara kamu akan ada guru-guru palsu. Mereka akan memasukkan pengajaran-pengajaran sesat yang membinasakan, bahkan mereka akan menyangkal Penguasa yang telah menebus mereka dan dengan jalan demikian segera mendatangkan kebinasaan atas diri mereka (2 Petrus 2:1).

"Penguasa yang telah menebus mereka" menunjuk pada Yesus Kristus. Pada awalnya manusia adalah milik Allah dan hidup sesuai dengan kehendak-Nya. Namun, setelah ketidaktaatannya, Adam menjadi orang yang berdosa dan menjadi milik iblis. Bagaimanapun juga, Allah berbelas kasihan kepada manusia yang berada pada jalan yang menuju pada maut. Allah mengutus Yesus, Putra tunggal-Nya, sebagai kurban pendamaian dan membiarkan-Nya disalibkan supaya Ia dapat membuka jalan keselamatan melalui darah-Nya.

Allah bekerja atas kita, yang sebelumnya milik iblis, untuk mengampuni dosa-dosa kita jika kita percaya di dalam Yesus Kristus. Kita pun menerima kehidupan dan menjadi milik Allah kembali. Itulah sebabnya mengapa kita dapat berkata bahwa Yesus telah menebus melalui penyaliban-Nya, dan Alkitab berkata kepada kita bahwa Yesus adalah "Penguasa yang telah menebus mereka."

Pengajar Sesat Menyangkal Yesus Kristus

Kini Anda tahu bahwa "pengajar sesat" menunjuk pada "mereka yang menyangkal Penguasa yang telah menebus mereka" – yang segera mendatangkan kebinasaan pada diri mereka sendiri." Istilah ini tidak pernah digunakan hingga Yesus menggenapi misi-Nya sebagai Juruselamat. Nama "Yesus" berarti "[dia yang] akan menyelamatkan umat-Nya dari dosa mereka." "Kristus" adalah "Yang Diurapi." Yesus menjadi Juruselamat hanya setelah Ia menuntaskan karya-Nya – disalibkan dan bangkit.

Itulah sebabnya mengapa Anda tidak dapat menemukan istilah ini di dalam Perjanjian Lama atau di dalam kitab-kitab Injil Matius, Markus, Lukas, dan Yohanes yang mencatat kehidupan Yesus. Bahkan, orang-orang Farisi, pengajar-pengajar Hukum Taurat itu, dan para imam yang menyiksa Yesus, tidak menggunakan istilah ini. Para imam besar pun tidak menggunakannya.

Hanya setelah Yesus bangkit untuk menggenapi misi-Nya sebagai Kristus, "orang-orang yang menyangkal Pengusa yang telah menebus mereka" muncul. Sejak itulah, Alkitab mulai mengingatkan kita untuk waspada terhadap para penyesat ini.

Oleh karena itu, jika orang percaya kepada Yesus Kristus sebagai "Penguasa yang telah menebus mereka," mereka bukanlah penyesat. Namun, jika mereka menyangkal, mereka adalah penyesat.

Rasul Paulus tidak menyangkal Yesus Kristus yang telah membelinya dengan darah-Nya yang mahal. Sebaliknya, Paulus bersyukur kepada Yesus Kristus yang ia beritakan ke mana pun ia pergi, dan Paulus dianiaya dan harus membayar harga yang mahal. Lima kali Paulus disesah orang Yahudi, setiap kali empat puluh kurang satu pukulan. Satu kali ia dirajam. Ia pernah dipenjarakan, dianiaya oleh orang-orang bukan Yahudi dan orang-orang sebangsanya, dan pernah dikhianati oleh orang yang dipercayainya. Walaupun demikian, Paulus menjadi orang yang memiliki kekuatan yang besar dengan mengatasi semua penderitaan tersebut melalui sukacita dan rasa syukur, dan ia memuliakan Allah dengan menyembuhkan orang-orang yang tidak terbilang banyaknya dalam nama Yesus Kristus hingga harinya tiba ia mati sebagai martir.

Paulus Memberitakan Injil dengan Kuasa Allah

Hendaknya Anda tahu bahwa kuasa Allah tidak dapat diperlihatkan oleh mereka yang menyangkal Allah Pencipta dan Yesus Kristus yang sepenuhnya memiliki hakikat Allah sebab Alkitab secara jelas berkata, *"Satu kali Allah berfirman, dua hal yang aku dengar: bahwa kuasa dari Allah asalnya"* (Mazmur 62:12).

Janganlah Anda menghakimi seseorang yang memperlihatkan kuasa Allah sebab kuasa itu membuktikan bahwa Allah ada di dalamnya dan bahwa orang tersebut sungguh-sungguh mengasihi Allah. Dalam Galatia 1:6-8, Paulus, yang disebut pemimpin sekte Nasrani, secara tegas mengingatkan untuk tidak mengikuti atau memberitakan injil yang lain daripada pesan salib:

Aku heran, bahwa kamu begitu lekas berbalik dari pada Dia, yang oleh kasih karunia Kristus telah memanggil kamu, dan mengikuti suatu injil lain, yang sebenarnya bukan Injil. Hanya ada orang yang mengacaukan kamu dan yang bermaksud untuk memutarbalikkan Injil Kristus. Tetapi sekalipun kami atau seorang malaikat dari sorga yang memberitakan kepada kamu suatu injil yang berbeda dengan Injil yang telah kami beritakan kepadamu, terkutuklah dia.

Bahkan hingga saat ini, beberapa orang dianggap mengajarkan ajaran sesat, walaupun mereka tidak pernah menyangkal Yesus Kristus, tetapi hanya memberitakan injil Kristus dan memproklamasikan Allah yang hidup dengan memperlihatkan dan bekerja dengan kuasa-Nya.

Jangan Menghakimi Orang Lain sebagai Penyesat secara Sembarangan

Saya juga pernah menderita dan menanggung berbagai cobaan dengan dituduh sebagai orang yang mengajarkan ajaran sesat sebab saya memperlihatkan kuasa Allah dan gereja saya tumbuh semakin besar. Nyatanya, gereja telah berkembang hingga memiliki anggota lebih dari 120.000 orang dalam tiga dasarwarsa terakhir ini sejak gereja ini dibangun pada tahun 1982.

Saya mengalami penderitaan dari banyak penyakit selama tujuh tahun, dan disembuhkan oleh kuasa Allah pada suatu waktu. Lalu, saya berusaha untuk hidup demi kemuliaan Allah dengan makan dan minum seperti yang Rasul Paulus pernah lakukan. Saya meletakkan kehidupan saya di tangan Allah dan memusatkannya pada "Hanya Yesus, selalu Yesus."

Sejak saya masih seorang awam, Ia berusaha bersaksi bahwa Allah telah menyembuhkan saya dan memberitakan Injil. Setelah dipanggil sebagai hamba Allah, saya memberitakan pesan salib dan memberitakan Allah yang hidup dan Yesus Sang Juruselamat. Saya pun bersaksi tentang Allah ketika memimpin ibadah pernikahan karena saya ingin sekali membawa lebih banyak orang ke jalan keselamatan.

Saya sadar bahwa baik Firman Allah yang penuh kuasa itu maupun bukti dari Allah yang hidup dibutuhkan untuk menjadi kesaksian akan Tuhan hingga akhir dunia. Maka, saya berdoa dengan rajin, sebagaimana yang dilakukan oleh para nenek moyang iman, untuk menerima kuasa Allah dan melewati semua cobaan dengan ucapan syukur dan sukacita.

Kadang-kadang ada pencobaan yang mirip dengan kematian. Namun, sebagaimana Yesus menerima kemuliaan kebangkitan setelah Ia mati sebagai orang yang tidak bersalah, Allah semakin menambah kekuatanku agar sesuai dengan kehendaka-Nya setiap kali saya mengatasi pencobaan-pencobaan itu satu per satu.

Akibatnya, setiap kali saya bersaksi di seluruh dunia mengapa Allah adalah satu-satunya Allah yang sejati dan mengapa Anda diselamatkan ketika Anda percaya kepada Yesus Kristus – di Kenya, Uganda, Honduras, Jepang, bahkan Pakistan yang memiliki penduduk Islam yang amat banyak serta India dengan penduduknya yang beragama Hindu yang juga sangat banya – sejak tahun 2000, puluhan ribu orang bertobat, yang buta dapat melihat, yang bisu berbicara, yang tuli mendengar, dan mereka yang mengidap penyakit yang tak tersembuhkan, seperti AIDS dan bermacam-macam penyakit kanker, disembuhkan. Mukjizat-mukjizat seperti ini memuliakan Allah dengan amat hebat.

Oleh karena itu, orang yang sepenuhnya memahami apa itu ajaran sesat tidak menghakimi orang lain secara serampangan sebagai penyesat. Dalam Kisah Para Rasul 5:33-42, Anda membaca tentang Gamaliel, seorang pengajar Hukum Taurat, yang dihormati oleh semua orang. Apa yang dilakukannya?

Saat itu, orang-orang Farisi di dalam Sanhedrin melarang Petrus dan Yohanes untuk bersaksi tentang Yesus Kristus, tetapi mereka dipenuhi oleh Roh Kudus dan tidak menaati dewan tersebut. Maka, anggota-anggota Sanhedrin ingin menghukum mati mereka. Namun, Gamaliel berdiri di tengah Sanhedrin dan memerintahkan orang-orang itu disuruh keluar sebentar. Kemudian, ia berkata kepada mereka:

"Hai orang-orang Israel, pertimbangkanlah baik-baik, apa yang hendak kamu perbuat terhadap orang-orang ini! Sebab dahulu telah muncul si Teudas, yang mengaku dirinya seorang istimewa dan ia mempunyai kira-kira empat ratus orang pengikut; tetapi ia dibunuh dan cerai-berailah seluruh pengikutnya dan lenyap. Sesudah dia, pada waktu pendaftaran penduduk, munculah si Yudas, seorang Galilea. Ia menyeret banyak orang dalam pemberontakannya, tetapi ia juga tewas dan cerai-berailah seluruh pengikutnya. Karena itu aku berkata kepadamu: Janganlah bertindak

terhadap orang-orang ini. Biarkanlah mereka, sebab jika maksud dan perbuatan mereka berasal dari manusia, tentu akan lenyap, tetapi kalau berasal dari Allah, kamu tidak akan dapat melenyapkan orang-orang ini; mungkin ternyata juga nanti, bahwa kamu melawan Allah" (Kisah Para Rasul 5:35-39).

Ketika Anda membaca nas ini, Anda menyadari bahwa jika suatu keajaiban bukan berasal dari Allah, keajaiban itu pada akhirnya akan lenyap walaupun tidak ada tindakan apa pun yang orang lakukan untuk menghentikannya. Namun, walaupun mereka menentang atau mengganggu suatu pekerjaan yang berasal dari Allah, mereka tidak akan mampu menghentikannya. Lagipula, usaha mereka itu sama saja dengan menentang Allah dan mereka akan menjalani penghukuman dan penghakiman-Nya.

Kadang-kadang orang menghakimi orang lain sebagai orang sesat karena perbedaan interpretasi Alkitab, penglihatan Roh Kudus, dan bahkan bahasa lidah meskipun mereka semua mengakui Trinitas dan bahwa Yesus Kristus datang sebagai manusia.

Sebagian orang bahkan berkata bahwa mereka tidak membutuhkan bahasa roh dan penglihatan, dan karya-karya Roh Kudus ini keliru sebab tidak ada catatan bahwa Yesus berbicara dalam bahasa lidah atau mengalami penglihatan. Namun, Alkitab berkata bahwa hal-hal ini baik bagi kita:

Tetapi kepada tiap-tiap orang dikaruniakan penyataan

Roh untuk kepentingan bersama. Sebab kepada yang seorang Roh memberikan karunia untuk berkata-kata dengan hikmat, dan kepada yang lain Roh yang sama memberikan karunia berkata-kata dengan pengetahuan. Kepada yang seorang Roh yang sama memberikan iman, dan kepada yang lain Ia memberikan karunia untuk menyembuhkan. Kepada yang seorang Roh memberikan kuasa untuk mengadakan mujizat, dan kepada yang lain Ia memberikan karunia untuk bernubuat, dan kepada yang lain lagi Ia memberikan karunia untuk membedakan bermacam-macam roh. Kepada yang seorang Ia memberikan karunia untuk berkata-kata dengan bahasa roh, dan kepada yang lain Ia memberikan karunia untuk menafsirkan bahasa roh itu. Tetapi semuanya ini dikerjakan oleh Roh yang satu dan yang sama, yang memberikan karunia kepada tiap-tiap orang secara khusus, seperti yang dikehendaki-Nya (1 Korintus 12:7-11).

Konsekuensinya, janganlah Anda memfitnah atau menghakimi mereka yang memiliki karunia Roh yang berbeda sebagai seorang penyesat hanya karena Anda sendiri tidak mengalaminya.

Roh Kebenaran dan Roh Dusta

Di dalam 2 Petrus 2:1-3, ada suatu penjelasan tentang ajaran sesat. Alkitab mewanti-wanti Anda tentang nabi-nabi dan guru-guru palsu yang secara diam-diam memperkenalkan kesesatan yang menghancurkan, *"Banyak orang akan mengikuti cara hidup mereka yang dikuasai hawa nafsu, dan karena mereka Jalan Kebenaran akan dihujat. Dan karena serakahnya guru-guru palsu itu akan berusaha mencari untung dari kamu dengan ceritera-ceritera isapan jempol mereka. Tetapi untuk perbuatan mereka itu hukuman telah lama tersedia dan kebinasaan tidak akan tertunda"* (2 Petrus 2:2-3).

Juga dalam 1 Yohanes 4:1-3 dikatakan, *"Saudara-saudaraku yang kekasih, janganlah percaya akan setiap roh, tetapi ujilah roh-roh itu, apakah mereka berasal dari Allah; sebab banyak nabi-nabi palsu yang telah muncul dan pergi ke seluruh dunia. Demikianlah kita mengenal Roh Allah: setiap roh yang mengaku, bahwa Yesus Kristus telah datang sebagai manusia, berasal dari Allah, dan setiap roh, yang tidak mengaku Yesus, tidak berasal dari Allah. Roh itu adalah roh antikristus dan tentang dia telah kamu dengar, bahwa ia akan datang dan sekarang ini ia sudah ada di dalam dunia."*

Ujilah Setiap Roh Apakah Ia berasal dari Allah atau Tidak

Ada roh-roh yang baik yang berasal dari Allah yang membawa Anda pada keselamatan sementara ada juga roh-roh jahat yang mengelabui Anda menuju kehancuran.

Pada satu sisi, orang yang mendapat Roh Allah mengakui bahwa Yesus Kristus datang sebagai manusia. Ia percayai

Tritunggal – Allah, Yesus Kristus, dan Roh, maka ia dimeteraikan sebagai anak Allah. Ia dapat memahami kebenaran dan hidup sesuai dengan kebenaran atas pertolongan Roh.

Pada sisi lain, orang yang memiliki roh antikristus menentang Yesus Kristus dengan Firman Allah dan menyangkal penebusan-Nya. Anda harus berhati-hati dan mampu membedakan yang mana antikristus karena seorang antikristus sering berkarya di tengah orang-orang percaya dengan menggunakan Firman Allah secara keliru.

Dalam hal apa pun, menyangkal Yesus Kristus sama saja dengan melawan Allah yang telah mengutus-Nya ke dalam dunia ini.

Alkitab memberi peringatan tentang antikristus di dalam 2 Yohanes 1:7-8,

Sebab banyak penyesat telah muncul dan pergi ke seluruh dunia, yang tidak mengaku, bahwa Yesus Kristus telah datang sebagai manusia. Itu adalah si penyesat dan antikristus. Waspadalah, supaya kamu jangan kehilangan apa yang telah kami kerjakan itu, tetapi supaya kamu mendapat upahmu sepenuhnya.

Dalam 1 Yohanes 2:19 ada juga peringatan yang lain untuk kita:

Memang mereka berasal dari antara kita, tetapi mereka tidak sungguh-sungguh termasuk pada kita; sebab jika mereka sungguh-sungguh termasuk pada

kita, niscaya mereka tetap bersama-sama dengan kita.
Tetapi hal itu terjadi, supaya menjadi nyata, bahwa
tidak semua mereka sungguh-sungguh termasuk pada
kita.

Ada dua jenis antikristus: orang yang dirasuki oleh roh antikristus dan orang yang dikelabui oleh roh antikristus. Keduanya mencoba mengelabui manusia mana pun yang di dalamnya berdiam Roh Kudus. Mereka menangkap manusia untuk menentang Firman Allah dan mengelabui mereka melalui pikiran-pikiran mereka. Orang-orang yang pikirannya sudah sepenuhnya dikendalikan oleh roh antikristus disebut "kerasukan setan."

Jika seorang pelayan memiliki roh antikristus, jemaatnya akan mengarah pada jalan kehancuran karena telah direbut oleh roh antikristus.

Oleh karena itu, Anda harus mengetahui secara jelas tentang Roh kebenaran dan roh yang menyesatkan agar tidak dapat tertipu oleh roh antikristus, tetapi hidup sesuai dengan kebenaran dan terang.

Bagaimana Membedakan Roh

Surat 1 Yohanes 4:5-6, *"Mereka berasal dari dunia; sebab itu mereka berbicara tentang hal-hal duniawi dan dunia mendengarkan mereka. Kami berasal dari Allah: barangsiapa mengenal Allah, ia mendengarkan kami; barangsiapa tidak berasal dari Allah, ia tidak mendengarkan kami. Itulah tandanya Roh kebenaran dan roh yang menyesatkan."*

Istilah "yang menyesatkan" menunjuk pada "pernyataan yang tidak benar." Roh kesesatan adalah roh duniawi yang menipu Anda untuk mempercayai apa yang tidak benar seolah-olah sebagai kebenaran, dan roh itu membuat Anda meninggalkan batas-batas iman. Artinya, orang yang berasal dari Allah mendengarkan Firman kebenaran, tetapi orang yang menjadi milik dunia ini mendengarkan perkataan-perkataan duniawi, bukan kebenaran. Maka, mudah saja mengenali mereka. Menjadi nyata bagi Anda apakah sesuatu itu terang atau gelap jika Anda mengetahui kebenaran. Kemudian, Anda dapat berkata, "Orang ini ada dalam kebenaran, tetapi orang itu ada dalam kegelapan."

Sebagai contoh, jika seseorang berkata pada hari Minggu, "Mari pergi bertamasya pada sore hari. Mari berkebaktian pada pagi hari saja. Bukankah hal itu juga baik?" atau jika ia mencoba menghancurkan kerajaan Allah dengan membuat tipuan yang jahat dan tetap saja mengakui bahwa ia percaya kepada Allah, itulah pekerjaan roh yang menyesatkan.

Anda dapat memahami banyak hal yang Allah karuniakan secara cuma-cuma kepada Anda jika Anda menerima Roh kebenaran yang berasal dari Allah (1 Korintus 2:12). Itulah sebabnya mengapa Roh Kudus berdiam di dalam Anda – anak Allah yang berharga. Dialah Roh kebenaran dan Ia memimpin Anda ke dalam seluruh kebenaran. Dia tidak berkata-kata dari diri-Nya sendiri; Ia berkata-kata hanya tentang apa yang Ia dengar, dan Ia akan mengatakan kepada Anda apa yang akan datang.

Oleh karena itu, Yesus berkata dalam Injil Yohanes 14:17, *"Roh Kebenaran. Dunia tidak dapat menerima Dia, sebab dunia tidak melihat Dia dan tidak mengenal Dia. Tetapi kamu mengenal Dia, sebab Ia menyertai kamu dan akan diam di dalam kamu."* Yohanes 15:26 memberikan kepada kita hal yang dapat kita ingat tentang Roh Kudus: *"Jikalau Penghibur yang akan Kuutus dari Bapa datang, yaitu Roh Kebenaran yang keluar dari Bapa, Ia akan bersaksi tentang Aku."*

Juga 1 Korintus 2:10, *"Karena kepada kita Allah telah menyatakannya oleh Roh, sebab Roh menyelidiki segala sesuatu, bahkan hal-hal yang tersembunyi dalam diri Allah."* Sebagaimana tertulis, Roh Kudus adalah satu-satunya yang mengetahui dan merasakan sepenuhnya pikiran Allah.

Konsekuensinya, mereka yang menerima Roh kebenaran mendengarkan Firman kebenaran dan menaatinya. Semakin luas kerajaan Allah dan kebenaran-Nya, semakin mereka bersukacita. Mereka penuh dengan kehidupan, merindukan dengan sangat kerajaan surgawi.

Namun, beberapa orang hanya datang ke gereja tanpa merasa sukacita karena mereka tidak memiliki iman yang berasal dari Allah. Mereka masih menjadi milik dunia ini dan lebih menyukai hal-hal duniawi seperti uang dan kesenangan-kesenangan duniawi. Oleh karena itu, mereka tidak dapat hidup di dalam kebenaran, merindukan kerajaan surgawi, atau mengasihi Allah dengan sepenuh hati.

Di atas semuanya ini, orang-orang tersebut meninggalkan Allah karena roh yang menyesatkan. Hal itu disebabkan karena mereka adalah milik dunia ini dan mereka tidak memiliki Roh kebenaran. Lagi pula, jika seseorang memfitnah atau bergosip tentang saudara dan saudarinya seiman, atau mengganggu orang lain dalam rasa dengki karena orang tersebut setia kepada kerajaan Allah dan kebenaran-Nya, ia tidak berasal dari Roh kebenaran.

Jangan Biarkan Seorang Pun Menyesatkan Anda

Surat 1 Yohanes 3:7 mendorong kita sebagai berikut: *"Anak-anakku, janganlah membiarkan seorang pun menyesatkan kamu. Barangsiapa yang berbuat kebenaran adalah benar, sama seperti Kristus adalah benar."* Janganlah Anda berbalik dari Firman Allah sehingga Anda tidak akan dikelabui oleh pengetahuan yang menipu sebab hanya Firman Allah yang dapat mengajar Anda. Hanya dengan demikianlah, Anda dapat menerima keselamatan yang sempurna, berkelimpahan do dalam dunia ini, dan menikmati kehidupan kekal di dalam kerajaan surgawi.

Namun, iblis membuat upaya apa pun untuk mencegah anak-anak Allah hidup berdasarkan Firman dan membuat Anda berkompromi dengan dunia, berbalik dari Allah, meragukan-Nya, dan menentang-Nya. Di dalam 1 Petrus 5:8 dikatakan, *"Sadarlah dan berjaga-jagalah! Lawanmu, si Iblis, berjalan keliling sama seperti singa yang mengaum-aum dan mencari orang yang dapat ditelannya."*

Lalu, bagaimana setan dapat mengelabui anak-anak Allah? Anda dapat memahami hal ini dengan membandingkannya pada wanita yang digoda oleh pria. Jika seorang wanita membawakan dirinya sendiri dengan anggun dan bermartabat, dan berperilaku dengan sepatutnya, pria tidak berani menggodanya. Sebaliknya, pria dengan mudah menggoda wanita yang berperilaku dengan sepantasnya. Sama halnya dengan itu, setan akan mendekati orang yang tidak teguh berdiri dalam kebenaran dan yang bimbing akan Allah. Iblis mencobai orang-orang ini untuk berbalik dari Allah dan pada akhirnya membawa mereka pada maut. Hawa juga dicobai oleh iblis karena ia disergap oleh pemutarbalikan Firman Allah.

Sudah barang tentu, Anda mungkin berhadapan dengan pencobaan-pencobaan meskipun Anda tidak bersalah. Sebab, Allah ingin memberkati kita. Contoh yang dapat Anda lihat adalah pencobaan Daniel yang dibuang ke sarang singa atau pencobaan yang Abraham alami ketika ia disuruh untuk mengorbankan anaknya sebagai korban bakaran.

Ketika Anda mengahadapi pencobaan-pencobaan atau kesulitan-kesulitan karena Anda tidak berdiri teguh di atas kebenaran, hendaknya Anda segera berbalik dari dosa-dosa Anda dengan bertobat, mengenyahkan semua godaan dan cobaan dengan Firman Allah, dan berusaha sebaik mungkin untuk berdiri teguh pada batu karang kebenaran.

Berdirilah Teguh di dalam Kebenaran; Jangan Mau Diperdaya

Di dalam 1 Timotius 4:1-2, penulis menulis, *"Tetapi Roh dengan tegas mengatakan bahwa di waktu-waktu kemudian, ada orang yang akan murtad lalu mengikuti roh-roh penyesat dan ajaran setan-setan oleh tipu daya pendusta-pendusta yang hati nuraninya memakai cap mereka."* Nas ini merujuk pada waktu-waktu kemudian ketika beberapa orang yang mengaku memiliki iman akan berbalik dari iman mereka dengan mengikuti roh-roh penyesat dan ajaran setan-setan.

Para penyesat itu adalah orang-orang yang munafik meskipun apa yang mereka lakukan tampaknya dilakukan dalam iman dan benar. Mereka berdoa di hadapan orang lain, dan mencoba tampak beriman karena uang, bukan karena bersyukur kepada Allah atas anugerah-Nya. Pada akhirnya, mereka meninggalkan iman mereka dan mengarah ke jalan kematian karena hati nurani mereka telah dicap dengan kebohongan, hidup tanpa kebenaran, dan menyukakan hati dengan kesenangan-kesenangan duniawi.

Dengan tegas Allah memberi peringatan kepada Anda melalui Alkitab agar Anda tidak disesatkan. Yesus mengingatkan kita di dalam Matius 7:15-16: *"Waspadalah terhadap nabi-nabi palsu yang datang kepadamu dengan menyamar seperti domba, tetapi sesungguhnya mereka adalah serigala yang buas. Dari buahnyalah kamu akan mengenal mereka. Dapatkah orang memetik buah anggur dari semak duri atau buah ara dari rumput duri?"*

Kata-kata dan tindakan seseorang mencerminkan pikiran dan kehendaknya. Artinya, Anda dapat mengenali orang melalui buahnya. Jika seseorang memiliki buah kejahatan seperti kebencian, kedengkian, dan cemburu, dan bukan buah kebenaran, kebaikan, dan keadilan, ia adalah seorang nabi palsu.

Banyak nabi palsu, antikristus, sudah ada di dunia ini. Oleh karena itu, anak-anak Allah perlu memiliki pemahaman yang jelas dan benar tentang ajaran sesat dan membedakan antara roh kebenaran dan roh yang menyesatkan. Setan dan iblis tidak pernah melewatkan kesempatan untuk menyesatkan anak-anak Allah dan membuat mereka berdosa kapan saja mereka terputus dari kebenaran. Ketika Anda kokoh dalam iman dan menaatinya, Anda tidak akan terperdaya oleh roh yang menyesatkan, tetapi Anda akan mengalahkannya dengan mudah walaupun roh itu mendekati Anda.

Anda harus menerima atau mengikuti ajaran lain apa pun atau diperdaya oleh ajaran-ajaran itu. Sebaliknya, taatilah Firman Allah dan turutilah keinginan Roh Kudus sehingga Anda dapat teguh dan tak bercacat pada kedatangan Tuhan Yesus Kristus untuk yang kedua kalinya.

Yesus berkata kepada kita, *"Orang yang baik mengeluarkan hal-hal yang baik dari perbendaharaannya yang baik dan orang yang jahat mengeluarkan hal-hal yang jahat dari perbendaharaannya yang jahat. Tetapi Aku berkata kepadamu: Setiap kata sia-sia yang diucapkan orang harus dipertanggungjawabkannya pada hari penghakiman. Karena menurut ucapanmu engkau akan dibenarkan, dan menurut ucapanmu pula engkau akan dihukum"* (Matius 12:35-37). Manusia yang baik memiliki hati yang baik dan tidak dapat menghasilkan kejahatan dan mencelakakan orang lain, tak peduli apakah tindakannya menguntungkan dirinya sendiri atau tidak. Namun, manusia yang jahat tidak dapat bersukacita di dalam kebenaran. Ia membawa bermacam-macam kejahatan untuk menjatuhkan orang lain karena kedengkian dan kecemburuannya. Walaupun kata-katanya tampaknya benar dan adil, Anda tidak dapat menyebutnya sebagai orang yang baik jika ia bermaksud untuk menjelek-jelekkan orang lain atau membuat seseorang terpisah dari yang lain.

Oleh karena itu, Anda harus selalu berdoa dan berjaga-jaga sehingga Anda tidak akan terperdaya. Anda harus mampu membedakan mana roh yang benar dan mana yang tidak benar dan berdiri di dalam iman Tritunggal – Bapa, Anak, dan Roh Kudus dengan mempercayai seluruh Alkitab dan menaatinya.

"Ya Tuhan Yesus, datanglah!"

Penulis:
Dr. Jaerock Lee

Dr. Jaerock Lee lahir di Muan, Provinsi Jenona, Republik Korea, pada tahun 1943. Pada saat ia berumur dua puluhan, Dr. Lee menderita berbagai penyakit yang tak tersembuhkan selama 7 tahun dan menunggu kematian dengan tanpa harapan sembuh. Namun, pada suatu hari di musim semi tahun 1974, ia dibawa ke gereja oleh kakak perempuannya dan saat ia berlutut untuk berdoa, Allah yang hidup seketika menyembuhkannya dari segala penyakitnya.

Dari saat Dr. Lee bertemu Allah yang hidup melalui pengalaman indah tersebut, ia telah mengasihi Allah dengan segenap hati dan ketulusannya, dan pada tahun 1978 ia dipanggil untuk menjadi hamba Allah. Ia berdoa dengan tekun dan tak terhitung banyaknya melakukan doa puasa sehingga ia dapat memahami dengan jelas kehendak Allah, melakukannya sepenuhnya, dan menaati Firman Allah. Pada tahun 1982, ia mendirikan Gerja Pusat Manmin di Seoul, Korea, dan tak terhitung banyaknya pekerjaan Allah, termasuk penyembuhan yang ajaib, tanda-tanda dan mukjizat, telah berlangsung di gerejanya.

Pada tahun 1986, Dr. Lee ditahbiskan sebagai pendeta di Sidang Tahunan Jesus's Sungkyul Church of Korea, dan empat tahun kemudian pada 1990, khotbah-khotbahnya mulai disiarkan di Australia, Rusia, Filipina, dan banyak lagi melalui Far East Broadcasting Company, Asia Broadcast Station, dan Washington Christian Radio Station System.

Tiga tahun kemudian di 1993, Gereja Manmin Pusat terpilih sebagai salah satu dari "50 Gereja Terkemuka Dunia" oleh majalah *Christian World* (AS) dan ia menerima gelar Doktor Kehormatan bidang Keagamaan dari Christian Faith College, Florida, AS, dan pada 1996 gelar Ph.D dalam Pelayanan dari Kingsway Theological Seminary, Iowa, AS.

Sejak 1993, Dr. Lee telah menyasar penginjilan dunia melalui kebaktian-kebaktian penginjilan di Tanzania, Argentina, L.A., Kota Baltimore, Hawaii, dan Kota New York AS, Uganda, Jepang, Pakistan, Kenya,

Filipina, Honduras, India, Rusia, Jerman, Peru, Republik Demokrasi Kongo, Israel dan Estonia.

Pada tahun 2002 ia disebut sebagai "tokoh kebangkitan dunia" oleh koran-koran Kristen utama di Korea atas pelayanannya yang penuh kuasa di berbagai kebaktian penginjilan luar negeri. Khususnya 'New York Crusade 2006' yang diadakan di Madison Square Garden, arena paling terkenal di dunia ditayangkan ke 220 negara, dan di 'Israel United Crusade 2009' yang diadakan di International Convention Center di Yerusalem ia dengan berani menyatakan bahwa Yesus Kristus adalah Mesias dan Juru Selamat. Khotbah-khotbahnya disiarkan ke 176 negara via satelit termasuk GCN TV dan ia terdaftar sebagai satu dari 10 Pemimpin Kristen Paling Berpengaruh tahun 2009 dan 2010 oleh majalah Kristen Rusia terkenal *In Victory* dan agensi baru *Christian Telegraph* untuk pelayanan siaran TV-nya yang penuh kuasa dan pelayanan kependetaan-gereja luar negerinya.

Pada bulan Februari 2014, Gereja Pusat Manmin adalah sebuah jemaat dengan lebih dari 120.000 anggota jemaat dan 10.000 gereja cabang domestik dan luar negeri di seluruh penjuru dunia, dan menugaskan lebih dari 123 misionari ke 23 negara, termasuk Amerika Serikat, Rusia, Jerman, Canada, Jepang, Cina, Perancis, India, Kenya, dan banyak lagi.

Sampai hari ini, Dr. Lee telah menulis 88 buku, termasuk yang menjadi bestseller yaitu *Merasakan Hidup Kekal sebelum Mati, Hidupku Imanku, Pesan Salib, Ukuran Iman, Surga I & II, Neraka, Kuasa Allah,* dan tulisannya telah diterjemahkan ke lebih dari 76 bahasa.

Dr. Lee saat ini memimpin banyak organisasi dan asosiasi misionari termasuk, Ketua dari The United Holiness Church of Jesus Christ, Presiden dari Manmin World Mission, Pendiri dan Ketua Dewan dari Global Christian Network (GCN), Pendiri dan Ketua Dewan dari The World Christian Doctors Network (WCDN), serta Pendiri dan Ketua Dewan dari Manmin International Seminary (MIS).

Surga I & II

Sketsa mendetil tentang indahnya lingkungan hidup yang dinikmati oleh warga sorga pada tingkat kelima kerajaan sorga.

Merasakan Hidup Kekal sebelum Mati

Riwayat kesaksian Pendeta Dr. Jaerock Lee, yang dilahirkan kembali dan diselamatkan dari lembah kematian dan telah menjalani kehidupan Kristen yang teladan.

Neraka

Sebuah pesan yang sungguh-sungguh kepada seluruh umat manusia dari Allah yang tidak ingin satu jiwa pun jatuh ke kedalaman neraka! Anda akan menemukan penjelasan yang belum pernah terungkap sebelumnya mengenai kenyataan kejam tentang Hades dan neraka.

Hidupku Imanku I & II

Autobiografi Dr. Jaerock Lee yang memberikan aroma rohani yang paling wangi kepada para pembacanya, karena kehidupannya disarikan dari kasih Allah yang mekar dalam gelombang gelap, kuk yang dingin, dan keputusasaan paling mendalam.

Ukuran Iman

Tempat tinggal seperti apakah, serta mahkota dan upah yang bagaimana yang disediakan bagi Anda di surga? Buku ini memberikan dengan hikmat dan bimbingan bagi Anda untuk mengukur iman Anda dan menanam iman yang terbaik dan paling dewasa.